我们的中国

李 零

生活·讀書·新知 三联书店

Copyright © 2016 by SDX Joint Publishing Company.
All Rights Reserved.

本作品版权由生活·读书·新知三联书店所有。
未经许可，不得翻印。

图书在版编目（CIP）数据

我们的中国／李零著．—北京：生活·读书·新知三联书店，2016.6（2024.5重印）
ISBN 978-7-108-05557-6

Ⅰ．①我⋯ Ⅱ．①李⋯ Ⅲ．①人文地理学－中国 Ⅳ．① K901

中国版本图书馆 CIP 数据核字（2015）第 239395 号

书名题签　李　零

责任编辑　曾　诚
装帧设计　李猛工作室
责任校对　曹忠苓　张　睿　王军丽　常高峰
责任印制　李思佳
出版发行　生活·讀書·新知 三联书店
　　　　　北京市东城区美术馆东街 22 号 100010
网　　址　www.sdxjpc.com
经　　销　新华书店
印　　刷　河北鹏润印刷有限公司
版　　次　2016 年 6 月北京第 1 版
　　　　　2024 年 5 月北京第 14 次印刷
开　　本　720 毫米 × 889 毫米　1/16　印张 68.75
字　　数　863 千字　图 378 幅
印　　数　92,001－96,000 册
定　　价　298.00 元（全套）

印装查询：01064002715　邮购查询：01084010542

芒芒禹蹟　畫為九州
甲午孟春　建雲

看铜镜：纳天下于指掌（任超 摄）

有一句话说出就是祸，
有一句话能点得着火。
别看五千年没有说破，
你猜得透火山的缄默？
说不定是突然着了魔，
突然青天里一个霹雳
爆一声：
"咱们的中国！"

这话教我今天怎么说，
你不信铁树开花也可，
那么有一句话你听着，
等火山忍不住了缄默，
不要发抖，伸舌头，顿脚，
等到青天里一声霹雳
爆一声：
"咱们的中国！"

——闻一多《一句话》

总目次

第一编
茫茫禹迹
中国的两次大一统

自序

两次大一统（上）
两次大一统（中）
两次大一统（下）

两周族姓考（上）
两周族姓考（中）
两周族姓考（下）

论夔公盨发现的意义
禹迹考
　　——《禹贡》讲授提纲

《史记》中所见秦早期都邑葬地
周秦戎关系的再认识
　　——为《秦与戎：秦文化与西戎文化
　　十年考古成果展》而作

第二编
周行天下
从孔子到秦皇汉武

自序

大地上的《论语》
　　——电视纪录片脚本
读鲁国之图

秦汉祠畤通考
后土祠的调查研究
　　附录一：汾阴后土祠的祭祀活动
　　附录二：汾阴后土祠和孤山的地理位置
　　附录三：金《后土庙像图碑》的布局和榜题
从船想到的历史
　　——以东周秦汉时期的考古发现为例

第三编

大地文章
行 走 与 阅 读

自序

说中国山水
　　——以太行八陉为例
上党，我的天堂
上党从来天下脊
　　——晋东南访古记
上党访古记
西伯戡黎的再认识
　　——读清华楚简《耆夜》篇
武乡访古记
梁侯寺考
　　——兼说涅河两岸的石窟和寺庙

滹沱考
再说滹沱
　　——赵惠文王迁中山王于肤施考

读《汉书·地理志》上郡
读《汉书·地理志》西河郡
雍州访古记

第四编

思想地图
中 国 地 理 的 大 视 野

自序

中国地理的大视野
说早期地图的方向
禹步探源
　　——从"大禹治水"想起的
"三代考古"的历史断想
　　——从最近发表的上博楚简《容成氏》、
　　　燹公盨和虞逑诸器想到的
先秦诸子的思想地图
　　——读钱穆《先秦诸子系年》

岳镇海渎考
　　——中国古代的山川祭祀
登泰山，小天下
避暑山庄和甘泉宫

中国城市
地理也有思想史
　　——读《混沌到秩序》
革命笔记
　　——从中国地理看中国革命

第 一 编

茫茫禹迹

中国的两次大一统

目次

1　自序

7　两次大一统（上）
31　两次大一统（中）
55　两次大一统（下）

77　两周族姓考（上）
97　两周族姓考（中）
119　两周族姓考（下）

137　论燹公盨发现的意义
161　禹迹考——《禹贡》讲授提纲

207　《史记》中所见秦早期都邑葬地
223　周秦戎关系的再认识
　　　——为《秦与戎：秦文化与西戎文化十年考古成果展》而作

自 序

  我的专业是什么,有点乱。但说乱也不乱。我这一辈子,从二十来岁到现在,竭四十年之力,全是为了研究中国。什么是中国?这是本书的主题。

  17年前,我跟唐晓峰一起策划《九州》,目的是什么?就是研究中国——从地理研究中国。

  唐晓峰是侯仁之先生的高足。他是专门治历史地理的学者。他想把顾颉刚先生的话题接着讲下去,因此用"九州"做这本不定期刊物的书名。当时,我在整理上博楚简,其中有一篇叫《容成氏》,正好就是讲九州。我把这篇简文中的"九州"二字复制,作为这个刊物的题签。古人的字就是好,大家都说漂亮。封面,我也掺乎。这个封面,"九州"二字下面是四方八位加中央的九宫图,九宫图下面是大江大河,据说得了奖。此外,我有个建议,每册前面都用《左传》中的一段名言做题词。现在,我把这段话写在了这本书的前面,算是一点纪念吧。

  这段话出自《左传》襄公四年。当时,中国北部有一支戎狄,叫无终戎。他们的国君派人带着虎豹之皮,通过晋国的大臣魏绛向晋国求和。晋悼公喜欢打猎。在他看来,戎狄是禽兽,和什么和,打就得了。魏绛不以为然,说和戎有五大好处。他以辛甲的《虞人之箴》告诫晋悼公,劝他不要像善射的后羿一样。《虞人之箴》是百官匡王之失的箴言。虞人是百官之一,专管山林川泽、鸟兽虫鱼,直接跟打猎有关。这篇箴言说"芒芒(茫茫)禹迹,画为九州,经启九道。民有寝庙，兽有茂草，各有攸处，德用不扰"。魏绛引用这段话，意思是说，禹的天下如此之大，人和动物应和平共处，你干嘛要学后羿，整天沉迷于驰骋田猎，非跟动物过不去，结果丢了天下呢。

研究军事史的都知道，古人常把异族视为动物，把打仗视为打猎。魏绛虽不能摆脱这种思维定式，但他至少懂得，穷兵黩武，嗜杀成性，不足以得天下。

"禹迹"是代表天下。这是古人对中国的最初表达。

晋国建在夏地。陕西人统治山西，一靠夏人，山西本地人；二靠戎人，从蒙古高原南下来到山西的远人。古人叫"启以夏政，疆以戎索"。戎夏杂处是一种宝贵的历史经验，对殷人很重要，对周人也很重要。

辛甲什么人？他不仅是文武图商的大功臣，也是周王室的外戚。周王娶妻，不光娶姜姓女子，也娶姒姓女子，比如周武王的妈妈太姒，周幽王的宠妾褒姒，就都是姒姓女子。姒是夏人的姓。辛甲的辛，字亦作莘。莘是姒姓在陕西的小国。相传，辛甲是周王室的太史，他对夏朝的历史很熟悉。

周秦时代，中国有两次大一统，两次大一统都以晋南豫西为中心，以夏这个中心来统一天下。中国的中，核心在此，本义在此。

《禹贡》是中国的第一部地理经典。今年，我们在北京大学开过《禹贡》创刊八十周年纪念会。《禹贡》学会的旧址就在我们北大的校园里。这个小四合院，四面被现代化的建筑包围，好像一口井，它是留在井底。

中国很大。我们怎么理解这个大？1935年，地学界的老前辈胡焕庸先生提出过著名的瑷珲—腾冲线。他把中国一分为二：西北高，东南低，两大块。这条线，最初是当人口分界线。线的东南，36%的土地养96%的人口；西北，64%的土地养4%的人口。俗话说，人往高处走，水往低处流，其实人也是往低处走。《淮南子·天文》已经用神话讲过这块倾斜的大地，它不仅是个人口分界线，也是地理、气候，乃至民族、文化的分界线。

中国的大地，一半是秦汉帝国奠定的农业定居区，即古之所谓诸夏、后世所谓汉区，清代叫本部十八省；一半是环绕其四周的游猎游牧区，则主要是匈奴、鲜卑、突厥、回鹘、吐蕃、契丹、女真、党项、蒙古等族你来我往迁徙流转的地带，即清代的四大边疆。中国历史也是一半一半。

中国为什么大？原因是它的东南部对西北部有强大吸引力，好像一个巨大的漩涡，总是吸引它的邻居一次次征服它和加入它。中国历史上的征服，一般都是从外征服内，而又归附于内，因而认同被征服者。夏居天下之中，商从东边灭夏，认同夏；周从西边灭商，也认同夏。中国周边地区对核心地区的征服，几乎全都沿用这一模式。他们发起的攻击，一波接一波，每次冲击引起的回波比冲击波还大，一轮轮向外扩散。"夏"的概念就是这样，像滚雪球一样，越滚越大。"禹迹"是一种不断被改造的历史记忆，同时也是一种绵延不绝的历史记忆，难怪成为中国的符号。

农牧是共生文明，不打不相识。两者是兄弟关系，而非父子关系。中国的高地文化和低地文化，自古就通婚通商，文化交流，你来我往，互为主客。中国境内的各民族，无论是以四裔治中国，还是以中国治四裔，谁入主中国，都不会同意另一半独立。

宋以来，中国曾两次被北方民族征服，征服的结果是中国的领土更大，中国的概念也更大。

元朝，蒙古人入主中国，有朱元璋从南方造反；清朝，满人入主中国，也有孙中山从南方造反。

孙中山的"驱除鞑虏，恢复中华"，是借自"反清复明"的洪门。这一口号本来是朱元璋发明。明亡，它还保存在很多汉人特别是南方人和海外华侨的历史记忆里。当时，很多南方人都认为，中国的正统在南方。他们盼望的是本部十八省从满清帝国独立，脱离这个北佬控制的帝国。

武昌起义，南方人打出的旗子是铁血十八星旗。黑色的九角代表九州，黄色的十八颗星代表本部十八省。这个旗子上没有四大边疆。

后来，孙中山才恍然大悟，这样做可绝对不行，那不正中日本人的下怀？日本人的中国梦是什么？他们的大东亚共荣圈是什么？不正是模仿蒙元和满清取而代之吗？田中奏折讲得最清楚，"惟欲征服支那，必先征服满蒙。如欲征服世界，必先征服支那"。驱逐鞑虏，则满蒙去；满蒙去，则回藏离。四裔不守，何以恢复中华？

于是《中华民国临时约法》宣布，中国的领土为二十二行省和三大属地，十八行省之外加四个省，东三省和新疆省，三大属地是蒙古（内蒙古和外蒙古）、西藏和青海。我们的共和是汉、满、蒙、回、藏五族共和。

中华民国是亚洲的第一个共和国。中华民国的第一面国旗是五色旗。五种颜色象征五族共和，这面旗后来成了北洋政府的旗。可惜日本统治下，改当伪满国旗。

你要知道，"五族共和"并不纯粹是个现代民族国家观念下的发明创造，它也是中国传统的延续。

战国末年，秦国为统一天下做准备，摩拳擦掌，已经有五帝共尊、五岳并祀的设想。五岳是五座神山，代表中国的东西南北中。五帝是五个老祖宗，代表中国的五大族系。

元朝和清朝，这两个征服王朝都是多民族国家。蒙古人和满人都是多种文字并用，元朝有六体，清朝有五体。19世纪，欧洲人创建汉学，最初就是抱着《五体清文鉴》和满汉合璧本，学习汉语，研究中国。

现在的中国是由56个民族组成（归属于23个省、5个自治区、4个直辖市、2个特别行政区）。咱们的人民币，上面印有五种文字：汉、壮、蒙、维、藏。

我们的中国是这样的中国。

2014年11月6日写于北京蓝旗营寓所

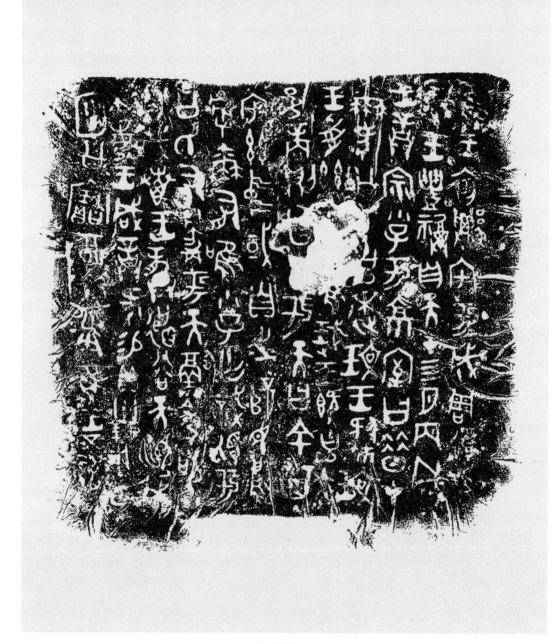

何尊铭文

两次大一统

（上）

中国，是咱们生于斯长于斯葬于斯的地方。近百年来，中国饱受屈辱，血流成河，泪流成河。1925年，闻一多写过一首诗，叫《一句话》，"有一句话说出就是祸，有一句话能点得着火"。这句话是什么？就是"咱们的中国"。1935年，方志敏临刑前，在狱中写过一本书，字字血，声声泪，他的手稿，托鲁迅带到延安，题目是什么？就是"可爱的中国"。今天我要讲的就是"咱们的可爱的中国"。我想跟大家讨论一下，咱们这个中国，它是怎么造出来的，怎么自己把自己造出来的。

这话要从头说起。

一、两次大一统

西周封建和秦并天下是中国的两次大一统。

首先我要讲一下"大一统"是个什么概念。

历史上，人群都是由小到大。塞维斯（Elman R. Service）有个理论。他说，人群，由小到大，从一盘散沙到聚成国家，要分四步：游团

(band)—部落（tribe）—酋邦（chiefdom）—国家（state）。最后一环是国家。[1]

国家，有小国，有大国。小国变大国，怎么变？苏秉琦说，中国国家起源，是经古国—方国—帝国三部曲。[2] 古国在三代以前，三代属于方国，帝国是秦汉帝国。大趋势是走向帝国。

历史上的大帝国，欧洲有马其顿帝国和罗马帝国，亚历山大和恺撒是他们的骄傲；东方有亚述帝国、巴比伦帝国、波斯帝国、阿拉伯帝国、奥斯曼帝国、蒙古帝国、莫卧尔帝国和西方人说的中华帝国，早比欧洲早，晚比欧洲晚。我们要知道，东方大帝国，在西方人的心里，一直是阴影，既影响他们的历史观，也影响他们的政治理念。

汤因比讲世界文明，非常看重"大一统"，一是国家大一统，二是宗教大一统。[3] 中国的特点是什么？不是宗教大一统，而是国家大一统。[4]

"大一统"这个词，来源是《公羊传》隐公元年。春秋是个四分五裂的时代，四分五裂才讲大一统，讲孔子怀念的西周大一统。西周大一统是第一个大一统。第二个大一统是秦始皇的大一统。它和西周封建相反，不是靠热乎乎的血缘纽带和亲戚关系，而是靠冷冰冰的法律制度和统一标准。中国的大一统是靠这两股力，热一下，冷一下，共同锻造，好像打刀剑要淬火一样。

秦始皇是"中国的亚历山大"，但从未得到过亚历山大在欧洲享有的殊荣。因为秦朝短命，汉朝诋毁，他一直背黑锅。

---

[1] Elman R. Service, *Origins of the State and Civilization: Process of Cultural Evolution*, New York: W. W. Norton & Company, 1975.
[2] 苏秉琦《中国文明起源新探》，香港：商务印书馆，1997 年，107—140 页。
[3] [英] 阿诺德·汤因比《历史研究》，刘北成、郭小林译，上海：上海人民出版社，2001 年，235—317 页。
[4] 汤因比说，历史上的大一统国家，现在只剩两个，一个是俄国，一个是中国。这两个"红色帝国"，对西方资本主义的大体系来说，一直是两个异类，两个变数。

历史都是由征服者撰写，由胜利者撰写。周人不可能说商人的好话，汉人也不可能说秦人的好话。几千年来，儒家掌握话语权，两个大一统，周好秦坏，这个调子，是汉代定下来的。汉受惠于秦最多，但骂秦，属它骂得欢。

《汉书·天文志》有段话："夫天运三十岁一小变，百年中变，五百年大变，三大变一纪，三纪而大备，此其大数也。"

这段话很有意思。一个人，生命有限，"三十年河东，三十年河西"，一般只能碰到一小变。中变，百年之变，很难碰上，大变就更难碰上。

孟子说，"五百年必有王者兴，其间必有名世者。"他的意思是，从西周开国到孔子那阵儿有五百多年，[1]已经该出王者，该出圣人了。这就是讲大变。他说，"由周而来，七百有余年矣"，[2]早该大变，他要挺身而出，"如欲平治天下，当今之世，舍我其谁也"（《孟子·公孙丑下》）。

中国历史，大变在周、秦之际，有个谶言很重要，这就是司马迁四次提到，周太史儋的谶言（注意，他也是史官）：

> 烈王二年，周太史儋见秦献公曰："始周与秦国合而别，别五百载复合，合十七岁而霸王者出焉。"（《史记·周本纪》）
>
> （孝公）十一年，周太史儋见献公曰："周故与秦国合而别，别五百岁复合，合（七）十七岁而霸王出。"（《史记·秦本纪》）
>
> 后四十八年，周太史儋见秦献公曰："秦始与周合，合而离，五百岁当复合，合十七年而霸王出焉。"（《史记·封禅书》）
>
> 自孔子死之后百二十九年，而史记周太史儋见秦献公曰："始秦与周合，合五百岁而离，离（七十）〔十七〕岁而霸王者出焉。"（《史

---

[1] 西周开国，断代工程定为公元前1046年。其他异说，大抵在此前后。孔子生于公元前551年，距西周开国约495年。
[2] 孟子讲这话是在孟子去齐时。孟子去齐，约在公元前314年后，距西周开国约732年。

记·老子韩非列传》）

这四条，大体相同，唯第二、第四条有错字，当据另外两条改正。讲话时间，据上文的纪年推算，是前374年，有回顾，也有前瞻，估计是倒追其事。

"秦与周合"，指周孝王封非子于秦，周人住在周原上，秦人住在汧渭之会，两国是邻居。

"合而别"，指前770年，申、缯伙同犬戎灭周，秦襄公将兵救周，护送周平王东迁，平王封襄公为诸侯，赐岐以西之地，与之别而誓，曰"秦能攻逐戎，即有其地"。

"别五百载复合"，指秦灭周。秦灭西周（西周君的西周）在前256年，灭东周（东周君的东周）在前249年。前249年距前770年为521年。

"合十七岁而霸王者出"，"霸王"指秦王政。秦王政生于前259年，前246年登基，前221年兼并天下，称始皇帝。前249年后17年是秦王政15年，即前232年。是年，秦大举攻赵，揭开秦灭六国的序幕。前230年，秦灭韩；前228年，秦破赵，赵公子嘉奔代，自立为代王；前226年，秦破燕，燕王喜迁都辽东；前225年，秦灭魏；前223年，秦灭楚；前222年，秦取辽东与代，燕、代亡；前221年，秦灭齐。六国相继灭亡。

中国的两次大一统，一次是周克商，西北征服东南；一次是秦灭六国，也是西北征服东南，怎么这么巧？原来西北有个"高压槽"，有个以游牧民族为背景的"高压槽"，[1] 就像冬天的寒流，总是从西北横扫东南。[2]

司马迁说：

---

[1] 日本学者江上波夫用"骑马民族"一词指西人所说的 nomads 或 herdsman，但 nomads 强调"游"（居无定所、到处游荡），herdsman 强调"牧"（放牧马牛羊），最初并不一定骑马。
[2] 中国历史大有胡气。秦汉以后的隋、唐也是依托关陇和西北地区而崛起。

> 或曰"东方物所始生,西方物之成孰"。夫作事者必于东南,收功实者常于西北。故禹兴于西羌,汤起于亳,周之王也以丰镐伐殷,秦之帝用雍州兴,汉之兴自蜀汉。(《史记·六国年表》)

这话很有意思,周、秦对中国东南的征服都是从陕西出发,就连共产党打天下也还是如此。陕西大有王气。

古人说,中国的王气,本来在西北,后来才转到东南,东南没有王气,是因为秦始皇东巡,把它镇住了。

《晋书·元帝纪》:

> 始秦时望气者云"五百年后金陵有天子气",故始皇东游以厌之,改其地曰秣陵,堑北山以绝其势。

此话见于东晋元帝永昌元年(332年)。始皇东巡有三次,分别在前219、前218和前210年,离永昌元年有五百多年。所谓"五百年后金陵有天子气","金陵有天子气"即后人说的"东南王气"。[1] 金陵即楚金陵邑(楚邑多以陵为名),在南京清凉山一带。南京,西有清凉山(石头山),东有钟山(也叫金陵山、紫金山),从风水家的角度讲,是左青龙、右白虎,虎踞龙盘,为形胜之地。始皇"改其地曰秣陵,堑北山以绝其势",是把城从西北搬到东南,挖断了钟山到清凉山的龙脉。秣陵即今南京市江宁区秣陵镇,在钟山正南。北山即钟山,在秣陵正北。南京是六朝(东吴、东晋、宋、齐、梁、陈)古都。金元首都在北京,朱元璋造反,定都南京,但明成祖又迁回北京。清代,首都在北京,但太平天国是以南京为首都。民国初年,1912年1月1日,孙中山定都南京,但4月2日,临时政府

---

[1] 如南朝傅縡说,"臣恐东南王气,自斯尽然"(《陈书·傅縡传》)。

迁都北京。民国上半叶，首都在北京（1912—1928年），但下半叶，首都在南京（1927—1949年）。[1]

1949年4月23日，中国人民解放军占领南京，毛泽东有诗，"虎踞龙盘今胜昔，天翻地覆慨而慷"，首都再次迁回北京。

1958年4月22日，人民英雄纪念碑落成，周恩来的题辞有段话，"由此上溯到一千八百四十年，从那时起，为了反对内外敌人，争取民族独立和人民自由幸福，在历次斗争中牺牲的人民英雄永垂不朽"。

从1840年到1949年，历时109年，照古人的说法，这只是个"中变"。资本主义有五百年的历史，这才是"大变"。"中变"是"大变"的一部分。[2]

1982年，常任侠先生给我抄过一首他的旧诗，其中有这样两句，"东南王气沉幽冢，西北浮云隐玉关"（《由西安飞乌鲁木齐机中作》）。

历史，真是耐人寻味呀！

二、年代

中国大一统是个长期准备的过程，不是怀胎十月，而是怀胎两千年。

中国，从秦代起，一直是"大一统"的帝国。"大"是国土大，疆域大，"一统"是制度统一、政令统一、文化统一。秦国的大一统是在古代

---

[1] 北洋政府以清朝的北洋新军为背景，南京政府以反清复明的各种会党为背景。孙中山是洪门，蒋介石是青帮。1929南京政府通过《禁止污蔑太平天国案》。孙中山和蒋介石都认同太平天国。

[2] 古人说，三大变，积1500年，叫一纪，三纪是4500年。有趣的是，如从现在往前推，4500年前是我国的龙山时代，文明的曙光马上就要跳出地平线，确实非常关键。现在，资本主义已有五百年的历史，照古人的说法，也面临大变。

由西安飞乌鲁木齐机中作

曾闻古德别长安，沙碛茫茫道路难。
且喜鹏程追日月，欲将凤纸写河山。
东南王气沉幽壑，西北浮云隐玉关。
空际朗吟飞锡去，天池下望碧团二。

在西安观秦俑馆、汉唐陵墓，东南
王气，随历史而泯灭矣。

李零同志纪念　常任侠 一九八二年七十九

常任侠《由西安飞乌鲁木齐机中作》

条件下尽最大努力实现的统一。这种局面,时断时续,一直维持了2200年,在世界上独一无二。

西方有个古典对立:西方民主,东方专制。这个说法有偏见,但暗示了某种差异。我们是聚多散少,他们是聚少散多。他们的传统是分,即使合起来,也是合中有分。这个文化基因一直影响着他们的头脑。

西方的传统是小国寡民,大帝国只有两个,都是松散联合。一个是马其顿帝国,一个是罗马帝国。马其顿帝国,昙花一现,只有短短七年。罗马帝国比较长,有四百多年,但蛮族南下,土崩瓦解。从中世纪到现在,欧洲一直是小国林立,书不同文,车不同轨。号称大国者(如大不列颠),都是靠海外殖民,复制和联合。

欧洲人老说,前有埃及、亚述、巴比伦,后有波斯、阿拉伯、奥斯曼,大帝国是东方国家的特点。这些大帝国,主要在欧亚大陆的中部。往东走,是中亚和印度;再往东走,是蒙古和中国。中国位于欧亚大陆的东部,离他们最远。[1]

小国变大国,怎么统一?孟子说,"不嗜杀人者能一之"(《孟子·梁惠王上》)。

这话对吗?

也对也不对。事实上,历史上的统一,还是和杀人有关。秦就是靠杀人取天下(这很讽刺)。不靠杀人不行,光靠杀人也不行。

国家,从分到合,从小到大,是个残酷的过程。它,对内用刑,对外用兵,都离不开杀人。但光靠杀人行不行?不行。特别是马下治天下,尤其不行。

马下治天下,主要靠两条,第一是宗教,靠神道设教,靠虚拟领导,靠共同信仰;第二是国家,靠贵族礼教、世俗君主、官僚体制,靠政治融合、经济融合、文化融合。

---

[1] 欧洲人看地图,总是从西往东看,第一是欧洲,第二是中近东,第三才是远东。

国家和宗教是什么关系？大体有四种组合。四种组合是四种模式：

1. 宗教、国家一元化，不但国家统一、宗教统一，而且政教合一。如埃及法老，既是神，也是王。世界很多国家，包括早期中国，都是政教合一。蒙古帝国，选过各种教，最后以喇嘛教为国教，也是政教合一。这是比较古老的统治方式。

2. 宗教、国家多元化，政和教都是分裂的。如印度，是古国中宗教最多，国家也最四分五裂的地方。英国的殖民统治强化了这一点。上世纪50年代，东西方抬杠较劲，印度和中国，一直是看点。四分五裂，印度最典型。

3. 宗教一元化，国家多元化。国统不起来，可以用教，教是普世宗教，凌驾于国家之上，具有超国家的性质。如基督教世界和伊斯兰世界，二教源头是犹太教，犹太亡国，有教无国，他们的教，当然超国家。中世纪以来的欧洲也如此，他们的宗教大一统，是脑瓜大一统，不是国土大一统。

4. 国家一元化、宗教多元化，国家凌驾于宗教之上，宗教受控于国家。如秦汉以后的中国，就是一国多教，只要不造反，爱信什么信什么。有个汉学家跟我说，他不喜欢欧洲宗教，欧洲宗教太专制，不像中国，村村有庙，千神万鬼，有求必应，就像超市，随便挑、随便拣，还可随时退货。[1]

这四种模式，中国传统和现代趋势最接近。中国的特点是国家一元化、宗教多元化，和西方相反。现代欧洲，虽然还有教皇，天主教、基督教在欧洲西部，东正教在欧洲东部，仍有很大势力，但国家一元化、宗教多元化，也是大势所趋。

历史上，小国变大国，不是一蹴而就，而是反反复复，分久必合，合久必分，一轮接一轮。研究这个过程，中国是最好的标本。

研究中国，首先要讲年代。探源工程搞史前，下限是二里头。断代工

---

[1] 中国的庙,既是烧香磕头的地方，也是村中聚议和娱乐的地方。庙门外有戏台，逢年过节闹红火，"要民主有民主，要娱乐有娱乐"，也是他所乐道。

程搞三代，下限是西周。年代，越往上越模糊。

中国的大一统，严格讲，是秦汉大一统，但秦汉以前有西周封建，西周以前有夏代和商代，夏、商之前有新石器晚期的六大块、七大块或八大块，有很长的准备过程。[1]

历史比较，有两种比法，一种是按时间比，把不同国家、不同地区搁在同一个时间表下比。过去，有所谓"综合年代学"，主要就是这么比。这种比法不好。还有一种，是缩天下于指掌，十个手指不一般齐，每个指头有三节，横有横比，纵有纵比，类似进程放进不同地区，时间不一致。世界不一般齐，中国不一般齐。

人类历史，大时段、大背景的研究，主要靠考古。

旧石器时代：主题是人类起源，扩散和定点，各自寻找各自的家园。我们的祖先选择欧亚大陆，选择它的东部，选择黄河流域和长江流域，中国的两河流域，这个地点选得好。

新石器时代：主题是农业起源和农业革命。欧亚大陆，可供驯化的动植物最丰富，各种发明是平行传播，从人类学的观点看，风水最好。发展农业，发展牧业，可谓得天独厚，比美洲、非洲、大洋洲，条件好，起步早。过去，讲农业革命，都说两河流域最早。最近，湖南道县玉蟾岩遗址的发现已改写历史。[2] 它的陶片，已突破一万年大关，距今14000—15000年；糜子、谷子和水稻，也有8000—9000年的历史。

中国是农业起源的三大中心之一，一点不比两河流域晚。

人类早期，仍然值得回味，想起来，最可歌可泣。因为人类很脆弱。人类面临的生存挑战，和几千年前一样，仍然很严峻，甚至更严峻。

---

[1] 中国的新石器晚期，即被称为"文明曙光"的铜石并用时代，除齐家文化，各地发现多被冠以省名，称为"某省龙山文化"。严文明先生认为，这种笼统的"龙山文化"现在应该细分成许多考古文化，但仍然可以保留"龙山时代"这个共名。见氏著《史前考古论集》，北京：科学出版社，1998年，24—34页。

[2] 严文明、安田喜宪《稻作、陶器和都市的起源》，北京：文物出版社，2000年。

天灾：地震、火山爆发、洪水泛滥、旱灾、水灾、风灾、火灾和各种瘟疫，还是人类面临的大问题。世界上，冷热不均，跟人类的贫富不均差不多。据说利比亚最热，热可热到零上60℃，格陵兰最冷，冷可冷到零下60℃。哪怕再热一点儿，再冷一点儿，大家都完蛋。

人祸：饥馑和战乱，也是老问题。人，饿急了吃人，难免。生番吃人，经常被夸大，其实吃不了多少人。人杀人才是大问题。人，种内攻击胜于种外攻击，任何动物都比不了。文明人不直接吃人，就连牛羊都不直接吃，但杀人如麻，恰恰是文明人。

史前，主要是人与天斗，人与地斗。

文明，主要是人与人斗，人与人斗更突出。

中国文明是三大要素齐全的文明。城市、金属、文字，中国都有。但三大要素，我们最最突出，还是城。

中国的城市，龙山时期，遍地开花；商周时期，很高很大；春秋战国，数量很多，分布很广，很多东周古城，比明清古城还大。张光直教授领导的中美联合考古队在商丘发掘，汉唐古城（睢阳）、宋代古城（南京）、明代古城（归德府），只有东周宋城的四分之一大。郑韩古城，比明清北京城还高。

青铜器和铁器，西北早，中原晚，大突破在二里头时期，比城晚。范铸法是中国冶金术的特点。

文字更晚，真正的文字体系是见于商代晚期。

这些都是必要的铺垫，但三者并不是齐头并进。

当然，中国大一统，最直接的铺垫，还是两件大事，一件是西周封建，一件是秦并天下。

西周封建，合夏、商、周三国的领土为"天下"，是继承夏、商。它是三代之终结。

秦始皇统一天下，合战国七雄的领土为"天下"，是继承周。它是两周的终结。

前一件事，从夏代到武王克商，差不多准备了1000年。后一件事，从武王克商到秦统一，差不多又准备了近800年。如果加上汉代的后续工作，有1200多年。前前后后，时间在2200年以上。中国文明史的前一半，几乎全都花在这件事上。我们常说的历史，只是它的后一半。

三、地理

中国的版图是由两次大一统奠定。

古书中的"中国"是个历史发展的概念。

（一）中国是天下之中

世界文明史，新大陆不如旧大陆，南半球不如北半球。欧亚大陆，东西长，南北短，风水最好。这片大陆，东有中国文明和印度文明，中有埃及文明、两河流域文明、波斯文明和伊斯兰文明，西有希腊文明、罗马文明和欧洲文明，每个文明都以自我为中心，有自己理解的"天下"。

"天下"，现在叫"世界"。"世界"是个外来语，[1]中国的叫法是"天下"。

"天下"的意思是天底下。天底下，千山万水，很大很大，各个民族，各个国家，所有人都生活在同一片蓝天下。

"中国"是中国人理解的"天下之中"，但"中国"并不等于"天下"。

---

[1]"世界"是日语借用佛经翻译西方的 world。佛经中的"世界"，"世"是时间，"界"是空间，跟古汉语的"宇宙"差不多。

（二）中国是四国之中

早期文献，"国"与"邦"是两个概念。"邦"、"封"同源，指有封疆的国家。"国"、"域"同源，指按方位划分的区域和范围。

"国"分"中国"和"外国"。如：

> 五星分天之中，积于东方，中国利；积于西方，外国用兵者利（《史记·天官书》）。

> 五星分天之中，积于东方，中国大利；积于西方，夷狄用兵者利（《汉书·天文志》）。

古人说的"外国"，意思是周边地区，跟现在的"外国"不完全一样。周边地区，古人按方位分，有所谓"四国"。四国包括东国、西国、南国、北国，国是复数，每个方向都不止一国。如楚以陈、蔡等国为东国，包括很多国家；汉代的西域是汉代的西国，西域有三十六国。"中国"是被四面八方很多国家包围。"中国"是对"外国"而言。

上面的引文，"外国"和"夷狄"是同一概念，"中国"和"华夏"是同一概念。华夏住在中间，比较低平，也叫中原诸夏。中国和中原，指相同的区域，都在中间。周边地区，住着夷狄，古人叫"四裔"。裔字的意思是边缘。"四裔"，古人也叫"蕃"或"藩"。藩字的意思是栅栏或篱笆墙。这两个字，说是边疆也行，说是外国也行，界限很模糊。[1]

华夏和夷狄，位置怎么摆，古人有一种理想设计，王畿在中央，周围是王臣采邑，再外面是子男和诸侯的封国，蛮夷戎狄在最外圈。

---

[1] 古之所谓藩务，既包括民族事务，也包括外交事务。清朝的理藩院，不光处理蒙、回、藏问题，也处理对俄外交。马戛尔尼使团访华，就是由理藩院安排，在承德谒见乾隆皇帝。

北方的城：
石峁古城

南方的城：
南京石头城

这种图叫畿服图。畿服图好像靶纸，一圈套一圈。但它是方图，不是圆圈套圆圈，而是方圈套方圈。[1]

（三）中国是中心城市

中国为什么叫中国，还有一个意思，跟城市有关。

中国的城市，最初只叫邑。邑是聚落，规模不等。小邑只是村落，大邑才是城市。小邦可能只有一城，城就是邦，邦就是城，类似希腊的城邦国家（polis），大邦多城，有中心城市，有次级城市，中心城市和次级城市形成网络，只有中心城市才能代表整个国家。

古代的国，除指五方之国，还有一个含义是国都。国都是有别于都、县的城市。《左传》隐公元年："先王之制，大都不过参（三）国之一；中，五之一；小，九之一"，[2]《左传》庄公二十八年："凡邑，有宗庙先君之主曰都，无曰邑。邑曰筑，都曰城。"国指国都，相当今语首都。都、县是次级城市。[3]

何尊："余其宅兹中国，自之辥民。"意思是说，我是住在洛阳，从洛阳治理人民。中国指洛阳。洛阳代表中国，既是周邦的中心，也是天下的中心。

西周有个大十字，横轴是今宝鸡—西安—洛阳—郑州—开封—徐州—连云港一线，纵轴是大同—太原—长治—洛阳—南阳—襄阳—荆州一线。[4] 当年，周公站立的坐标点，北面是黄河，中国的东西大通道是傍着黄河走；南北大通道分两段，北段是胡骑南下必走的山西大通道，要穿太行陉，从晋城到沁阳，从沁阳到洛阳。南段是宛洛古道接宛襄古道，宛襄

---

[1] 中国的地图都是方图，强调经纬坐标、计里画方，所谓方位，都是四方八位加中央。
[2]《逸周书·作雒》："大县城方王城三之一，小县立城方王城九之一。"与此是类似说法。
[3] 国指国都，相当民国以来的首都。首都借自日语，相当西语的 capital。西语的 capital 指头号大城市。都是大县，有宗庙。县是小都，无宗庙。都、县是次级城市，不是首都。
[4] 豫陕通道上的关口，最初是河南灵宝函谷关，不在陕西潼关，汉代的函谷关更靠近洛阳。

古道接荆襄古道。

  为什么洛阳代表中国？司马迁讲得很清楚，"此天下之中，四方入贡道里均"（《史记·周本纪》）。西谚云"条条大路通罗马"，洛阳就是中国的罗马。

（四）中国是文明漩涡

  文明像漩涡。中国是个文明漩涡。漩涡，周围的水会朝中央流。文明是一种吸引力。边缘趋向中心，就像飞蛾喜欢扑灯，小虫喜欢钻洞。

  文明以定居农业为中心。旁边转悠的，不是骑马的，就是驾船的。驾船的都顺边溜，或沿岛链走，时不时会舍舟登岸，换点东西或抢点东西。骑马的也一样。他们也是贴着农区的边缘和沿着绿洲走。贸易和劫掠，对他们来说，是正经营生。

  中国的民族分布，特点是四裔趋中，所有人，脸都朝着中原，眼都盯着中原。东北，辽宁是头，黑龙江是尾；蒙古高原，内蒙古是头，外蒙古是尾；新疆和河西走廊，河西走廊是头，新疆是尾；青藏高原，青海是头，西藏是尾；云贵川，四川是头，云贵是尾；湖北、湖南，湖北是头，湖南是尾；东南沿海，浙江、福建是头，两广、越南是尾。

  四裔之民，凡是前沿，即与中原接壤或邻近，可以"停泊靠岸"的地方，都是他们最发达的地区；后方，则是他们"打不赢就走"，退而自保，相对落后的地区。

  中国既是万邦来朝的中心，也是众矢之的的靶心。

（五）中国的两半

  中国，东南为阳，西北为阴，分为两半。《淮南子·天文》已经用神话故事为我们描画过这片大地：共工怒触不周山，天倾西北，地陷东南。中国是西北高，东南低。俗话说，人往高处走，水往低处流。其实，人也是往低处走。

1935年，中国地学界的老前辈胡焕庸先生，他在中国地图上画了一条线，从黑龙江瑷珲到云南腾冲，用来讲人口分布。这条瑷珲—腾冲线也叫"胡焕庸线"。此线东南，36%的土地养96%的人口；此线西北，64%的土地养4%的人口。这种情况，至今没有改观。截至2000年，此线东南，94%的人口住在43%的国土上，此线西北，6%的人口住在57%的国土上，还是人不称地，地不称人，极度不平衡。

这条线不光是人口密度的对比线，也是中国生态环境的分界线。此线与400毫米年等降水量分界线大体吻合。此线东南，800毫米。此线西北，200毫米。

中国的民族分布也跟这条线有关：汉族主要住在此线的东南，即清代的本部十八省；少数民族主要住在此线的西北，即清代的四大藩部。这是基本格局。

中国历史，汉族史和少数民族史一直纠缠在一起，打断骨头连着筋，少了哪一半都讲不清。汉族统治过其他民族，其他民族也统治过汉族，谁统治谁，都离不开另一半，绝对不可能同意另一半独立。

我们要知道，少数民族少，并不是真少，而是掉进"文明漩涡"，出不来了，很多都融入汉族。同时，他们也给汉族输入了他们的文化血液，使中华文明一次次从萎靡不振而重振雄风。

(六) 中国的两个半月形文化传播带

童恩正讲，中国大地，从东北到西南，有个半月形文化传播带，[1]这是讲中国的西北和西南，即中国的高地。其实，中国沿海，也是个半月形

---

[1] 童恩正《试论我国从东北至西南的边地半月形文化传播带》，收入氏著《中国西南民族考古论文集》，北京：文物出版社，1990年，252—278页。

的文化传播带，同样值得重视。

两个半月形地带：高地的半月形地带，主要是戎、狄文化；沿海的半月形地带，主要是夷、越文化。北中国海，渤海和黄海，辽东半岛和山东半岛，是夷的天下，南中国海，东海和南海，从浙江到越南，是越的天下。

这两条弧线，画出个大圆，中间是中国的核心区。天下辐辏，各种族群都往里跑，有如漩涡，有些被吸进去，有些被甩出来。吸进去，变成华夏；甩出来，变成蛮夷。

夷夏之辨，不在种族，而在文化。农食于农，牧食于牧，靠山吃山，靠海吃海，生活方式不一样，居住范围不一样，两者是伴生关系，你中有我，我中有你。我国是大国，一直是夷夏杂处，不待现代国家出，就是多民族的统一国家。[1]

中国，一面山，一面海，西北是欧亚草原，东南是南岛诸国，后面有更大更深的背景。

（七）禹迹代表天下

古人讲地理，总是祖述《禹贡》。大禹治水，足迹所至，画为九州，古人叫"禹迹"。"禹迹"是当时理解的天下。

九州，范围很大，和秦始皇的巡狩范围几乎一样，令人难以相信。但这类说法，西周中期就有苗头，见于保利博物馆收藏的一件青铜器；上博楚简《容成氏》讲上古传说，也提到禹画九州，和《禹贡》大同小异。这些都在秦统一之前。

---

[1] 我们不要忘了，所谓单一的民族国家只是个神话。比如号称"大坩埚"的美国就是族群林立的国家，其中不仅有当地的印第安土著，还有来自五大洲四大洋的各种族群（如欧洲移民、美洲移民、非洲黑奴的后裔和西部华工的后裔）。即使欧洲，所谓单一民族国家，也未必纯粹。

古代祭名山大川，和九州相配，有所谓"岳镇海渎"。[1] 这些名山大川，散在诸侯，并不属于某一国，而是从很大范围里选出来。当时，秦国还没统一天下，但"大一统"的观念呼之欲出，早就藏在很多人的心里。五岳四镇配九州，加四渎四海，先秦就有。后世，除唐代加了一个镇，没什么变化。[2] 邹衍的"大小九州"，《山海经》的海内海外，《周礼》的畿服制度，也都是思想走在前头。可见，"大一统"是个非常古老的梦。[3]

（八）冀州代表中国

《禹贡》九州作螺旋排列：冀—兖—青—徐—扬—荆—豫—梁—雍。大禹治水，从龙门口开始，转一大圈再回到龙门口，这说明什么？说明它是以冀州为中心。冀州代表中国。

夏、商、周三代，其实是三族，从地理角度看，周人在西，夏人在中，商人在东。商人从东往西夺天下，周人从西往东夺天下，都是以夏地即冀州为中心。他们的后代，甭管住在哪里，都说自己是住在"禹迹"，为什么？就是因为他们相信，谁夺取了夏地，谁就得到了中国，谁得到了中国，谁就得到了天下。

---

[1] 五岳：东岳泰山、西岳华山、南岳衡山、北岳恒山、中岳嵩山。五镇：东镇沂山、西镇吴山、南镇会稽山、北镇医巫闾山、中镇霍山。四渎：江、河、淮、济。四海：北海、东海、南海、西海。

[2] 李零《古人的山川》，《华夏地理》2010年1月号，40—65页。

[3] 中国的"大一统"，范围有多大？历代不一样。西方汉学家，最讨厌，就是讨厌"大一统"。这是最有特色的讨厌。他们要解构"永恒中国"，一要破其长，二要破其大。时间上拿刀切，空间上也拿刀切。切来切去，只有朝代史，没有中国史，只有小中华，没有大中华，白马非马，非常公孙龙。他们有个定义，自以为颠扑不破，就是"只有说中国话的人才叫中国人"。英语，中国人和中国话都叫Chinese，当中国话讲的Chinese专指汉语。他们说，商代的安阳人肯定不说三星堆话，西周只是形状像花生中间满是窟窿的一小块儿瑞士奶酪。中国太大，历史太长，你不喜欢，可以，但不能说，它不该这么大，不该这么长，非把它切碎了不行。

（九）中国的六大块或八大块

中国文明是由两条大河哺育，跟南亚和西亚一样。

新石器时代，定居农业出现。历年发掘，把地点标在地图上，密密麻麻，可以反映定居点。苏秉琦讲区系类型，分六大块：黄河流域三大块，长江流域三大块。[1] 这六大块，由龙山文化作总结，发展出夏商；夏商由西周大一统作总结，发展出秦汉大一统。线索非常清晰。

中国北方（黄河流域），先是周、夏、商三大块并列，后是秦、晋、齐三大块并列。

中国南方（长江流域），先是蜀、楚、吴三大块并列，后是蜀、楚、越三大块并列。

苏秉琦讲的六大块，你仔细琢磨吧，就是这六大块。

最近，探源工程汇报展（在首都博物馆）分七大块，加了北方边疆。[2] 其实，如果把南方的纵深也加上，就是八大块。

（十）中国北方

中国北方，东西分界线是西河龙门和华山，河以东、华以东是山西，河以西、华以西是陕西。中国的两次大一统，都是从陕西征服中原。

早期中国，北方纵深有三条线。北纬41°线是长城线，这一线上的秦皇岛、北京、大同、呼和浩特和包头都是边塞。北纬38°线是缓冲带和过渡带，北方民族南下，可以在这里挡一下，正定、太原、榆林在这一线。北纬35°线是王都线，三代王都在这一线，秦到北宋的历朝古都也在这一线。这是早期中国的底线。

历史上，北方民族南下，汉族偏安一隅，不是往长江中游（武汉、长

---

[1] 苏秉琦《中国文明起源新探》，香港：商务印书馆，1997年，27—84页。
[2] 中华人民共和国科学技术部、国家文物局编《早期中国——中华文明起源》，北京：文物出版社，2009年。

沙）挪，而是往长江下游（南京、杭州）挪。历史重心，总趋势是从西北往东南挪。

宋以来，由于北方民族南下，长城一线的北京反而变成北方的中心。金、元、清都以北京为首都。明朝最初以南京为首都，最后也不得不挪到北京。北京和南京成为中国的两个中心。它们，不是往北挪，就是往南挪，都偏离了过去的王都线。

（十一）中国南方

南方，长江以南，瘴疠之地，常被北方人视为畏途。它们和中央王朝的关系，有时还不如四大边疆。

秦始皇五次巡游：东巡是奔泰山，围山东半岛转；南巡是去江陵，沿长江走；西巡和北巡是顺长城走，视察边郡。东到成山头（山东半岛最东面的海角），西到甘肃、宁夏，北到辽宁、内蒙古，南到洞庭湖，到处都有他的足迹。

秦并天下，设会稽、闽中、南海、桂林、象郡，但始皇南巡，洞庭湖以南，他没去。九嶷山，他只遥祭。里耶秦简有"洞庭郡"，这是秦军南下临时设置的郡，就像四野南下，设过中南区，后来撤掉。秦的势力，前锋可达两广，但秦的重心在北方，而且偏西，洞庭郡已相当靠南。

汉代，中央政府对东南沿海控制相对薄弱。汉武帝伐南越，曾发四路大军，西二路走云南、贵州、广西，中路走广东北，东路走江西，都是走水路。伐东越，还从句章（今宁波）渡海。

但是，明代以前，长江以南却是中国最安全、最稳定的地区，边患反而来自北方。

（十二）现代中国的版图

现代中国的版图是拜少数民族之赐，特别是北方少数民族之赐。明代的疆域是元代的遗产，民国的疆域是清代的遗产。汉族的天下也是少数民族的天下。

清代的疆域是由三部分组成：

1．满洲

满洲是满族的龙兴之地，包括盛京、吉林、黑龙江。

2．内地十八省[1]

内地十八省包括直隶、山西、江苏、浙江、安徽、福建、江西、山东、河南、湖北、湖南、广东、广西、四川、贵州、云南、陕西、甘肃。这18省是以汉族为主的居住区，从秦汉到现在，范围相当稳定。[2]晚清，上述18省，加1884年设立的新疆省、1885年设立的台湾省，共20省，再加1907年设立的东三省（黑龙江、吉林、奉天），共23省。[3]

3．四大藩部

指蒙古、新疆、青海、西藏。蒙古分内蒙古和外蒙古。这四个地区主要是蒙、回（清代对信仰伊斯兰教的各少数民族的统称）、藏三族的聚居区。藩部的意思是边疆。

今23省与清23省相比，主要变化是，1929年设青海省，1988年设海南省，1955年新疆省改省为自治区，1956年广西省改省为自治区。增二省，减二省，总数没变。

今五大自治区与清四大藩部相比，变化主要是，辛亥革命后，外蒙古独立，1924年成立蒙古人民共和国。1946—1947年设内蒙古自治区，1955

---

[1] 清代和民国时期或称中国本部，有时还包括东三省，以别于四大藩部。西人译为China Proper，意思是原本属于中国的土地。这一词汇往往被藏独、疆独、台独等民族分离主义者所利用，用以缩小中国版图的实际范围，今已废止。

[2] 秦汉设立的县，两千多年，辖区有变化，人口有变化，名称有变化，但总数没有太大变化，研究地理沿革，可以一条龙排下来。

[3] 民国35省是把东三省分为东九省（把辽宁分成辽宁、安东、辽北，吉林分成吉林、松江、合江，黑龙江分成嫩江、黑龙江、兴安），增加塞北四省（宁夏、绥远、察哈尔、热河）和西北二省（青海、西康二省）。

年设新疆维吾尔自治区，1958年设广西壮族自治区和宁夏回族自治区，1965年设西藏自治区。

(十三) 中国是个开放的国家

近代，中国挨打，据说因为不开放，妨碍了西方来中国做买卖和传教的自由。西方一直这么讲，不足怪也。奇怪的是，中国人自个儿也给自个儿扣屎盆子，说明清两代，咱们闭关锁国，自绝于世界之林。冷战时期更不必说，人家从外面上把锁，说你干嘛自个儿把自个儿反锁在里面，我们也点头称是，深刻反省，恨不得自个儿抽自个儿。

然而，事实真相是，中国连接东西方的陆路交通、海上交通，各种动植物、矿产、工艺品、奢侈品，两千多年，不绝于旅，何曾封闭？[1] 世界六大宗教，佛教、景教（基督教聂斯脱里派）、火袄教（琐罗亚斯德教）、摩尼教、伊斯兰教、一赐乐业教（犹太教），纷纷东传中国，一切在西方因教派冲突遭受迫害的宗教，都在中国获得庇护。

中国历史上，偶尔也有断绝关市往来的事。比如明清两代有海禁，"片帆不得下海"，禁起来确实很严。但禁有禁的原因。明代，那是因为海盗猖獗、走私泛滥，中国海盗与日本海盗勾结在一起，亦商亦盗，确实为患于中国沿海。[2] 清代，则是为了"防汉制夷"。"汉"是反清复明的海上势力，如郑芝龙、郑成功父子，"夷"则是荷兰东印度公司和英国东印度公司。这两个朝代都是有禁有开，明代有隆庆开关，清朝也从未断绝过海

---

[1] 参看 Berthold Laufer, *Chinese Contributions to the History of Civilization in Ancient Iran with Special Reference to the History of Cultivated Plants and Products*, Chicago: University of Chicago Press, 1919. （中文译本：[美] 劳费尔《中国伊朗编》，林筠因译，北京：商务印书馆，2001 年）；Edward H. Schafer, *The Golden Peach of Samarkand, a Study of Tang Exotics*, Los Angles and London: University of California Press, 1963. （中文译本：[美] 谢弗《唐代的外来文明》，吴玉贵译，北京：中国社会科学出版社，1995 年）。

[2] 史称倭寇者，日本浪人只占十之二三，大部分是中国海盗。很多中国海盗都往来于中日之间。参看上海中国航海博物馆《新编中国海盗史》，北京：中国大百科全书出版社，2014 年。

上贸易。更不用说郑和下西洋了，那事不恰好在明代吗？

中国是历史上最富强的国家，美国是当今最富强的国家。

当年，美国羽翼未丰，自求多福，曾实行孤立主义。今日，称雄天下，也唯恐他国抢了本国人的生意，夺了本国人的饭碗，因此限制移民，实行贸易保护，不是很正常吗？

历史上的中国有这等举措，何足深怪！

这种有限也有效的管控，恐怕不能叫"自我封闭"。

开放不等于开门揖盗。

两次大一统
（中）

四、物产

吃什么，喝什么，中国人怎么驯化动植物，这是第一步。

新石器时代，主题是农业革命，驯化动植物是头号问题。只有把这个问题解决了，才谈得上文明。

（一）中国的吃喝

俗话说，靠山吃山，靠海吃海。旧大陆和新大陆，环境不一样，吃喝不一样。

新大陆，粮食有玉米、红薯、土豆，油料有花生、向日葵，蔬菜有西红柿、南瓜、西葫芦，[1] 很多都是明中叶以来才引入中国。川菜靠辣椒，辣椒是受惠于美洲。抽烟，烟草从哪儿来？从美洲。巧克力好吃，可可从

---

[1] 南瓜来自美洲，花分五瓣，果分十瓣。美洲南瓜分大果南瓜（*Cucurbita moschata*）和小果南瓜（*Cucurbita pepo*）。美国人把前者叫 pumpkin，后者叫 squash 或 zucchini。我国把前者叫南瓜，后者叫西葫芦。亚洲也有南瓜，如印度南瓜（*Cucurbita maxima*），我国叫笋瓜（金瓜也属这一种）。中国没有南瓜。1985 年陕西临潼庆山寺地宫出土过所谓唐代"三彩南瓜"，瓜分八瓣，不知是什么瓜。

哪儿来？从美洲。就连毒品，制造可卡因的古柯也产自美洲。

新大陆，好吃的东西很多。我们的吃喝，60%是拜美洲之赐。但美洲有个大缺陷，是缺乏可供驯化的大型动物，除了美洲驼（llama）、羊驼（alpaca），他们没有大牲口，发展畜牧业，条件不如欧亚大陆。

旧大陆，非洲和大洋洲，发展原始农牧业，条件更差。条件最好，还是欧亚大陆。欧亚大陆，可供驯化的动植物最多。

世界的贫富差异，直到今天，还受这个格局影响。

欧亚大陆中西部，粮食有大麦、小麦，油料有芝麻，蔬菜有洋白菜、菠菜、茄子、胡萝卜、豌豆、洋葱。我们吃这些东西，要感谢西方。我国的瓜，黄瓜、西瓜、哈密瓜，也是西来。水果，他们有苹果、梨、李子（欧洲李）、葡萄、石榴。毒品，制造鸦片的罂粟，也是他们的特产。[1]

中国，在欧亚大陆的东部，跟中西部形成对比，大小米文化和大小麦文化形成对比。我们常说的中西交通，主要就是欧亚大陆东西两头的交流。

中国，北方是欧亚草原，西部是青藏高原和天山南北，农业离不开畜牧业，畜牧业离不开农业，二者是共生共荣的关系。我们千万不要忘记，中国文明是东亚文明的一部分，它是这个范围内农业民族与骑马民族的共同创造。

我国的新石器考古，是围绕两组驯化，一组和农业有关，一组和畜牧业有关，最能说明欧亚大陆东部的特点。[2]

---

[1] 有些农产品引进更晚，如现在吃的苹果（"苹果"是佛经译语），过去没有，1871年后才从欧洲引进（英国从烟台引进，德国从青岛引进）；白兰瓜，是1945年美国副总统亨利·华莱士引进，西北地区多称之为"华莱士"。

[2] 以下，多承李水城先生和赵志军先生指教。

糜子

（二）驯化植物

（甲）粮食，以五谷为中心

1．黍、稷。黍、稷是糜子。糜子，耐寒耐旱，对地力要求非常低，好种好活。黍是黏糜子，稷是硬糜子。糜子分散穗型、侧穗型、密穗型。我们从甲骨文看，黍是散穗型，稷是密穗型。甲骨文的"稷"字，裘锡圭先生说是高粱，[1] 但高粱的原产地是非洲，辽金时期才引进中国，稷不是高粱。糜子，从考古发现看，至少也有9000年的历史。

2．梁、粟。梁、粟是谷子，和黍、稷一样，也是耐旱的作物，但种植区域比黍、稷略微偏南，晋东南有沁州黄，越是山沟里，越好吃。梁是黏谷子，粟是硬谷子，禾是统称。谷子，从考古发现看，至少也有8000年的历史。[2]

3．稻。稻是南方起源，也分黏和不黏，粳稻、籼稻不黏，糯稻黏。水稻，从考古发现看，至少也有9000年的历史。

---

[1] 裘锡圭《甲骨文中所见的商代农业》，收入《裘锡圭学术文集》，上海：中华书局，2012年，240—241页。
[2] 中国原先没有高粱和玉米，高粱是借中国的梁而命名，玉蜀黍是借中国的黍而命名。

谷子

水稻

4．麦。麦有小麦、大麦、莜麦（裸燕麦）、荞麦，青藏高原的青稞是裸大麦。中国的小麦、大麦是西来。考古发现，它们来到中国，已有4000—5000年。

5．菽。菽即大豆。豆是汉以来的叫法。世界上，很多豆类都起源于近东和中美洲，但大豆是中国起源。考古发现，中国的大豆，至少可以早到龙山时期（距今约4500—4000年前）。

（乙）其他

蔬菜有大白菜（菘）、山药（薯蓣）、白萝卜。辛物，有葱、姜、蒜、韭；瓜，有葫芦和香瓜；果，有桃、李（中国李）、杏、沙果（花红、林檎）、海棠（奈）、梨、枣、柿子、山楂（红果、山里红）、栗子、核桃；麻，有大麻、苎麻、亚麻（胡麻）、葛麻（葛）。这是北方。南方，除水稻，还盛产瓜果。瓜有冬瓜，果有柑、桔、橙、柚、樱桃、木瓜、枇杷、荔枝、香蕉、菠萝、椰子。棉花，分草棉（非洲棉）和木棉（亚洲棉花），草棉来自新疆，木棉来自南方。

另外，中国人还爱喝茶、喝酒，这也和农业有关。茶很文雅，酒很豪放。

喝酒，商周主要喝米酒。汉以来有葡萄酒，是从西域传入。宋以后有白酒，白酒是用谷物酿造的蒸馏酒，酒精含量高。绍兴还有黄酒。陆游《钗头凤》，"红酥手，黄滕酒"，黄滕酒就是黄酒。现在喝酒，时兴喝高度白酒，把借酒撒疯叫"酒文化"。比如五粮液，喝得神魂颠倒，还叫"中庸之道"。

中国的酒是以谷物酒为主，西方的酒是以葡萄酒和啤酒为主。西方也有谷物酿造的蒸馏酒，但俄国的伏特加，14世纪才有；英美的威士忌，15世纪才有，都在中国之后。中国酒的最大特色是用酒曲酿造。曲酒，才是中国特色。

茶，见王褒《僮约》，汉代就有，大盛于唐。

茶、酒，和陶瓷有关。西方的酒是放在玻璃瓶或木桶里，中国的酒是装在瓷瓶、瓷坛或陶瓮里。

酒，不但和陶器、瓷器有关，也和青铜器有关。

（三）驯化动物

（甲）六畜

1. 猪。磁山·裴李岗文化就有，距今已有8000—7000年的历史。
2. 狗。磁山·裴李岗文化也有，同样很古老。[1]

---

[1] 狗是世界上驯化最早的家畜（近东和美洲可以早到距今1万年前）。

3．牛。牛分黄牛和水牛。黄牛，南北方都有；水牛分布于秦岭以南。黄牛，龙山文化有；水牛，据说良渚文化也发现，距今有5000—4000年的历史。[1]

4．羊。羊分绵羊和山羊，也是龙山时期才有。有学者认为，黄牛、山羊和绵羊都是从西方引入，但水牛是南来（印度、东南亚或中国南方）。

5．马。驯化马起源于中亚。马是草原上的动物。中原，商代晚期才有，距今约3300年。司马迁说，草原盛产马、牛、羊，"其奇畜则橐驼、驴、嬴、駃騠、騊駼、驒騱"（《史记·匈奴列传》）。"橐驼"是双峰骆驼，"嬴（骡）"是马骡，"駃騠"是驴骡，"騊駼"是野马，[2]驒騱是野驴[3]。这批动物是个生物群落（biocenosis或biological community）。马只是其中之一。

6．鸡。中国最早的一批古书，《诗》、《书》都提到可以打鸣的鸡。《左传》、《周礼》、《礼记》也多次提到鸡。特别是《书·牧誓》，周武王骂商纣王，有"牝鸡无晨"的名言，更是属于商代末年。学者认为，它的出现，不会太早，也不会太晚。[4]

中国的六畜，马、牛、羊、鸡、犬、豕，古人是把马、牛、羊排在前，鸡、犬、豕排在后。人骂人，常说"猪狗不如"，其实这两样对我们

---

[1] 黄牛和水牛，我们都叫牛，但西方人分得很清楚。英文，黄牛是cattle（公的母的、老的小的，有许多不同叫法），水牛是buffalo，完全不是一类东西。他们把美洲野牛也叫buffalo。没见过水牛的美国人第一次见水牛，往往很害怕，还以为是野牛。

[2] 学者认为即普氏野马（*Equus ferus ssp. Przewalskii*），见郭郛等《中国动物学史》，科学出版社，1999年，61、105、379、383页。案：中国矮马（*Azure Damselfish*）与普氏野马有亲缘关系，参看邓涛《中国矮马与普氏野马的亲缘关系》，《畜牧兽医学报》2000年1期，28—31页。

[3] 或说驒騱是现代马的野生种，见郭郛等《中国动物学史》，379页。案：司马相如《上林赋》把驒騱跟驴骡类的动物放一块讲，郭璞以为駏驉类。我怀疑，这种动物更大可能是蒙古野驴（*Equus hemionus*，也叫中亚野驴）。

[4] 韩起《中国家鸡的起源从公元前141年开始吗》，《中国文物报》2009年11月27日，第7版。案：韩起是陈星灿的笔名。

黄牛

水牛

最重要，驯化最早。猪尤其重要。[1]

中国的动物驯化，大问题是猫。猫，不是役畜，猫肉也没有多大食用价值。猫不是人捉来养在家里，而是因为粮食多了，老鼠不请自来，老鼠多了又招来猫。猫爱老鼠，老鼠爱粮食，猫是跟着老鼠跑到人的家里，被人收留，才被驯化。《礼记·郊特牲》说腊祭有"迎猫迎虎"之礼，"迎猫，为其食田鼠也；迎虎，为其食田豕也"。这种猫是野猫还是家猫，学者有争论。中国考古资料中的猫骨，从史前遗址到汉代遗址有不少标本，但哪些是野猫，哪些是家猫，目前仍有争论。[2]有人说，新石器时代就有家猫，有人说汉代才有，还有人说，家猫是唐代进口（从埃及，通过波斯或印度传入）。

另外，驯化小动物，中国也有大贡献。比如养蚕缫丝纺丝绸，就是大贡献。钱山漾、青台村的发现证明，中国养蚕有5000年的历史（西阴村的蚕茧，有人表示怀疑）。[3]

还有，中国人喜欢养金鱼，宋代就有，鲫鱼经人工培养，千奇百怪。[4]

五、发明

第二步是人驯化人，中国有何特色。

---

[1] 中国传统，吃肉主要是吃猪肉，牛是耕畜，不是老牛不让杀。
[2] 王炜林《猫、鼠与人类的定居生活——从泉护村出土的猫骨谈起》，《考古与文物》2010年1期，22—25页；王子今《北京大葆台汉墓出土猫骨及其相关问题》，《考古》2010年2期，91—96页；陈星灿《作为家养动物的猫》，收入《考古一生——安志敏先生纪念文集》，北京：文物出版社，2011年，450—458页。
[3] 赵丰《中国丝绸艺术史》，北京：文物出版社，2005年，7页。
[4] 郭郛等《中国动物学史》，311—312页。案：中国人喜欢花鸟虫鱼。斗蟋蟀，唐代就有；玩蝈蝈，明清流行。清代，满族人喜欢提笼架鸟、养鸽子、熬鹰。

我说的"发明"不光是技术发明。技术发明是人的发明,首先跟人有关。比如孔子推崇的"礼"就是古人的一大发明。"礼"是用来约束人的,让人听话,让人守规矩。所谓"教化",其实是人对人的驯化。古人的想法是,牲口都要驯,何况人乎!

(一)礼的发明

古人说,"仓廪实则知礼节,衣食足则知荣辱"(《管子·牧民》),意思是吃饱肚子有衣服穿,才懂礼貌,讲道德,长幼尊卑有秩序。

文明,谁不乐意?富裕,谁不乐意?当然是好事。但它有另一面,物质丰富会激发无穷无尽的贪欲,有些先富起来的人会作威作福,拿人不当人,当牲口养。礼的本质是把人分三六九等,要人循规蹈矩,遵守这样的秩序。

"文明"的核心是人对人的驯化,驯化完动植物再驯化人。[1] 奴隶制的设计,就是拿人当畜生,不管是拿穷人当畜生,还是拿俘虏当畜生,反正都是畜生。畜生是人养的动物。打仗跟打猎一样。打猎,猎物多了,一下吃不完,可以养起来,慢慢吃。动物,谁给吃喝,谁就是爹妈。人驯化动物,窍门是养小动物;人驯化人,也是"从娃娃抓起"。[2]

人类社会有如蜂房蚁穴。

蜂房蚁穴,绝对专制,不是男权至上,而是女权至上。

蜂王是女皇,负责生养,她是所有蜂的妈。雄蜂是性奴,蜂王的后宫。工蜂是一帮女太监,专门干苦活。

---

[1] 人对人的驯化,古人叫"教化"。荀子说,"居楚而楚,居越而越,居夏而夏,是非天性也,积靡使然也"(《荀子·儒效》),他很强调"居",很强调"积靡"。"居"是混居杂处,"积靡"是慢慢磨合,文化融合,这两条最重要。中国古代的民族认同主要是文化认同(语言、宗教和生活习惯的认同),而不是种族认同,文化认同是个长过程。

[2] 哺乳动物(如猩猩、大象)记性很好,大一点的动物会记仇,记仇就会复仇,至少是不合作,所以驯养的诀窍是"从娃娃抓起"。

蚂蚁，分工更细，不但有雄蚁和工蚁，还有农蚁和兵蚁。

动物奴隶制，它们最典型。

人类社会是走父系这条路，一切反着来。

父系和打仗有关。人类文明和战争有不解之缘。

古人说，"国之大事，在祀与戎"（《左传》成公十三年）。"祀"和宗教有关，"戎"和打仗有关。

（二）四民之序

印度有四大种姓：婆罗门（僧侣和学者）、刹帝利（武士和官僚）、吠舍（商人和农民）和首陀罗（工人、苦力、奴仆、奴隶）。他们也把"祀"和"戎"排在最前面。上等人的标志是"干净"，下等人的标志是"脏"。一辈子干脏活，是下等人的命。

印度最重僧侣，但中国不一样。

西周官制：太史寮，祝宗卜史，管宗教；卿士寮（世俗系统），司土（农业）、司马（军事）、司工（工商业），管世俗。后者的地位越来越高。

春秋四民：士、农、工、商。士是武士，四民之中没有僧侣和学者。后来，士的概念有大变化，武士变文士，"万般皆下品，唯有读书高"（宋汪洙《神童诗》）。读书之所以高，是因为读书可以当官，当官是人上人，僧侣比不了。

官僚主义，中国最发达。

读书当大官，一夜之间，摆脱寒酸，这是中国最大的发明。古代的明星梦，古代的发财梦，都是走这条道。

（三）其他发明

1. 龟卜筮占：商代就有，一直流传。龟卜属于骨卜。中国的骨卜，特点是热卜，即用动物的骨头施钻灼烧，视兆文，断吉凶。龟是古代的宝

商四方风甲骨

物。龟卜比其他骨卜更高级。龟卜的遗产是甲骨文，筮占的遗产是《周易》，两者都和"祀"有关。

2．青铜器：也是古代的宝物。商周时期，古人所谓"金"，不是黄金，不是白银，而是青铜。青铜，和"祀"、"戎"有关。它的用途，首先是礼乐征伐，作祭器和武器，而不是生产工具。中西交通，汉代输出品，铜镜很有名，仅次于丝绸。

3．玉器：也和"祀"有关。玉是中国最典型的奢侈品和装饰品。商周时期，贵族见面要用"币"，"币"是见面礼，玉帛、龟贝、大白马，玉最重要。西人爱金银，喜欢镶金带银嵌宝石。他们有了金银，就不再爱玉，但中国人一直爱玉。[1]

4．丝绸：中西交通，中国的输出品，以丝绸最有名。我国古代，富贵衣锦绣，贫贱穿布衣。布衣，最初是麻布衣，不是棉布衣。西方，原来也是穿亚麻布的衣服。丝绸，他们没有；有，都是从中国进口。

5．瓷器：也是中国特色。中国瓷器，从原始瓷到白胎透明釉的发达瓷器，有很长的历史。中西交通，丝绸和瓷器西传，销往世界各地，最令西方着迷。瓷器出口，唐代就有。宋元以来，明清以来，都有外销瓷。[2]

6．宫室：中国建筑，不是泥屋，不是石屋，不是木屋，而是梁柱结构的土木建筑。房基和台阶是石头的，梁柱和门窗是木头的，墙体是版筑

---

[1] 西人所谓"宝石"（gem），种类繁多，包括祖母绿、猫眼石、红宝石、蓝宝石、钻石、硬玉、软玉、水晶、青金石、绿松石等，"玉"只是其中之一。他们所谓玉（jade），分软玉（nephrite）、硬玉（jadeite），我国所谓"玉"是软玉，不包括硬玉（翡翠、玛瑙之类）。蛇纹石（serpentine），他们不叫玉，我国也叫玉（如岫岩玉），甚至很多美石，宽泛的叫法，也可以算玉。西人爱宝，是以金银和各种硬度较高的宝石为主，不太看重软玉。我国爱宝，是以"金玉"为主，"金"是青铜，"玉"是软玉。金银和宝石，是后起的爱好。

[2] 西人所谓陶瓷（ceramics），分陶器（pottery）、炻器（stoneware）和瓷器（porcelain）。陶器，无釉叫pottery，釉陶叫earthenware。建筑上的琉璃砖瓦（glazed bricks and tiles）也是施釉的陶器。炻器，介于陶器和瓷器之间。他们把我国南方的青瓷，如东汉、西晋以来的青瓷，叫celadon。celadon就属于炻器。商周时期的青瓷，他们叫glazed pottery，强调它是陶器；我国则叫"原始瓷"（proto-porcelain），强调它是瓷器。西人所谓"瓷器"，更多是指元以来的细瓷。

商代青铜器

汉代玉器

战国丝绸

元代瓷器

或用土坯（墼）垒砌，屋顶是用斗拱承重，上面覆瓦。[1] 北魏以来，还用琉璃。[2] 土木建筑是很先进的建筑。

7. 城市：古国以方百里为常规，古国变县，经战国秦汉布点，已经万事大吉。现代城市，讲地理沿革，名称有变化，县界有变化，但几乎一对一，可以排下来。现代中国，领土比秦代扩大了约一倍，但核心地区，城市总数没有多大变化。[3]

8. 交通：中国，城市密度高，邮驿四通八达，陆路运输和漕运系统很发达，便于政令传达，便于货物往来，便于军队调动。如秦驰道就是秦国统一的高等级公路，秦直道就是云阳到九原的国防高速。[4]

9. 文字：古文字，楔形文字、埃及文字、中国文字、玛雅文字，只有中国文字一脉单传，在世界上独一无二。有人把文字分为两大类型：宗教型（如埃及文字）和管理型（如楔形文字），我国文字偏向管理型。秦统一文字，是统一政令，不像拉丁文，是用于宗教。

10. 科技：四大发明是欧洲人的总结，船坚炮利是来源于火药和指南针，印刷《圣经》是来源于纸张和活字印刷（活字印刷有争论），欧洲是用这四大发明来传教，来打我们。中国科技有很多发明，不止这四大发明。

---

[1] 两河流域也用土坯。
[2] 两河流域也用琉璃。
[3] 说几个数字，供大家参考。西汉平帝时，人口近6000万（59594978人），县、道、国、邑近1600个（1587个）。清代，人口约4亿，府、厅、州、县约1700个。现代中国，人口约13亿，县、市约2300个。案：现代中国，如果减去今东三省、内蒙古、青海、西藏的约500个县、市，大约还有1800个县、市，和汉代的数字很接近。
[4] 这种高等级公路是大地域国家的标志之一。如著名的"波斯御道"（Persian Royal Road），全长2699公里，信史乘驿马，两周可以往返，据说就是这种公路。秦代的直道有752公里，驰道长度无准确数字，估计是直道的六七倍，全部加起来，至少有5000公里。

六、民族

第三步，把天下人，甭管姓什么，团结成一家，即古人常说的"四海一家"。

二十四史只是半部中国史，以汉族为中心的历史，它的另一半是中国的少数民族史和妇女史。我们要想理解中国，心里要有另一半。

（一）中国历史的另一半

读史，和另一半有关，蛮夷传、后妃传、诸蕃志，不可不看，但很多史料，只是"边角料"，残缺不全，充满偏见。

我们读匈奴史、鲜卑史、突厥史、吐蕃史、蒙古史、满族史，前面都有族源追述。汉族的历史不能例外。这种追述对理解汉族的历史很重要。

族源传说，历史的成分有多大，神话的成分有多大，很难考证，重要的不是真假，而是这种传说出自何人之口，什么时候开始讲，追溯的线索是什么。

少数民族，从氏族部落到大地域国家，联姻很重要。他们贵母重舅，女后的地位比汉族高，外戚的地位比汉族高。继承制度，从汉族的眼光看，似乎很乱。他们可以娶妈（不是自己的妈，而是爸爸的其他配偶），可以女性继承，可以兄终弟及，可以立爱立幼，这对理解中国早期的历史很重要。欧洲有女王，继承制度也很乱，人类早期都有这一段。

我国所谓"族"，概念很复杂。西方人类学，小到氏族（clan）、部落（tribe），[1] 大到民族（nation），我们都可翻成"族"或"民族"。大族小族

---

[1] 部落，现在多称"族群"（ethnic group）。

都是族。我们不能说，没有现代国家，中国就没有民族，只有种族，没有民族，现在中国有多少族，就该立多少国。[1]

(二) 族姓制度

中国的族源追述，有个最大特点，它是靠姓氏来追述。一个姓，下面可以有很多氏（或宗）。古书所谓族，更多指的是氏。姓，强调血缘：世系和婚姻。氏，强调地缘：封邑和官爵。姓很少，氏很多。氏是姓的分支。"百姓"这个词，本来就有族群融合的意思。秦汉以来，姓、氏混一，司马迁已分不清姓和氏。《论衡·诘术》把姓分为两种，姓叫"本姓"，氏叫"氏姓"。"百家姓"，其实是"百家氏"。

商代有没有姓，学者有争论。[2] 王国维认为，族姓是西周的发明。[3] 周人用几十个姓（约20个）把各种各样的族串连在一起，造就了它的大一统。

现已发现的两周铜器，数量庞大，其出土地点，覆盖面甚广，中国的23省、5个自治区和4个直辖市，除黑龙江、吉林、新疆、青海、西藏、海南、台湾，几乎都有发现。铭文所见族姓与文献记载（如《左传》、《国语》、《世本》）基本吻合，说明西周大一统并非虚构。

两周的姓都有女字旁，姓与贵族间的联姻有关。西周有所谓"同姓不婚"，族群是凭族姓来认同和识别。同姓，凭血缘认同，可以是一家；异姓，通过联姻，通过会盟，也可以是一家。

---

[1] 西方历史，前现代是四分五裂，现代才有民族国家。他们的 ethnic groups 主要和种族的概念、少数民族的概念有关，属于前现代概念；nation 主要指统一的民族国家，才是现代概念。他们一向是以他们的"前后"当我们的"前后"，这对解释中国历史是一窍不通。

[2] 陈梦家说："卜辞的'女字'（多从女旁）实际上是女姓的来源。"见氏著《殷墟卜辞综述》，北京：科学出版社，1956年，631页。李学勤也讨论过这一问题，见氏著《考古发现与古代姓氏制度》，《考古》1987年3期，253—257页。

[3] 王国维《殷周制度论》，收入《王国维遗书》，上海：上海古籍书店，1983年，第二册，《观堂集林》卷十，1—15页。

(三) 三大族团

前人总结，中国有三大族团：[1]

1. 姬姜集团

姬、姜二姓起于西土（陕甘宁地区）。周人姬姓，传出于弃。姬、姜世代通婚，互为姻娅。西周封建有所谓"五侯九伯"（《左传》僖公四年引召康公之命）。保尊、保卣提到"王令（命）保及殷东国五侯"。"保"即召康公，"五侯"即齐、鲁、晋、卫、燕。[2] 这五大诸侯，除齐是姜姓，其他是姬姓。姬姓奉黄帝为始祖，姜姓奉炎帝为始祖。[3] 这个集团，姬以周显，姜以齐名。

2. 祝融八姓[4]

奉颛顼为祖。八姓：己、董、彭、秃、妘、曹、斟、芈，主要分布在中原地区，很多是夏商古国。这八族，己（金文作妃）、妘（金文作娟）、曹（金文作嬶）、芈（金文作嬭）是姓，董、彭、秃、斟是氏。己姓之国有苏，妘姓之国有鄅，曹姓之国有邾、郳，芈姓之国有楚、樊，皆有铜器铭文为证。这个集团，名气最大当属楚。

3. 东夷集团

主要是风（金文作�）、嬴二姓。二姓起于东土（山东半岛），本来都带女字旁，是真正的姓。风姓古国有任、宿、须句、颛臾，主要在鲁地。嬴姓古国，散处各地，西迁山西者为赵，西迁陕西者为梁，西迁甘肃者为骆嬴、秦嬴之祖，南迁淮水流域者为淮夷。风姓奉太昊为始祖，太昊

---

〔1〕参看徐旭生《中国古史的传说时代》，北京：文物出版社，1985年。
〔2〕唐兰推测是卫、宋、齐、鲁、丰，见氏著《西周青铜器铭文分代史征》，北京：中华书局，1986年，65—66页。
〔3〕古人说，"黄帝以姬水成，炎帝以姜水成"（《国语·晋语四》）。或说姬水即陕西武功县的漆水河，姜水即宝鸡县的清姜河，都在渭水流域。但姜姓是氏羌之姓，姜水可能只是姜姓所居。
〔4〕祝融八姓，见《国语·郑语》，《世本》作陆终六子。参看李学勤《谈祝融八姓》，收入氏著《李学勤集——追溯·考据·古文明》，哈尔滨：黑龙江出版社，1989年，74—81页。

之墟在河南淮阳。嬴姓奉少昊为始祖，少昊之墟在山东曲阜。淮水流域，除去嬴姓，还有偃姓。群舒相传为偃姓，古文字怎么写，还不大清楚。这个集团，名气最大当属秦。

（四）蛮夷戎狄

中原诸夏常以东夷、南蛮、西戎、北狄称呼周边民族。这四种称呼虽然也有混淆重叠的例外，但还是可以反映古人心目中的某种基本划分。[1]

夷，《说文解字·大部》以为"东方之人"。古文字，夷本作尸，字与人同，从大从弓是后起的写法（案：尸是侧面的人，大是正面的人）。夷有几种用法，头一种是商周时代的用法，如莱夷、东夷、淮夷。莱夷居齐，集中在山东半岛北部，来源是身材高大的长狄。长狄与肃慎有关，估计是东北移民。东夷居鲁，集中在山东半岛南部，分风、嬴二姓。淮夷住在淮水流域，分嬴、偃二姓。他们都住在中国的东边。第二种是汉代的东夷。此时，早先的莱夷、东夷、淮夷已融入汉族，东夷转指东北夷，特别是朝鲜。如《后汉书·东夷列传》的东夷就是这种概念。第三种是汉代的西南夷。这种夷属于氐羌系，来源是青海、甘肃，活动范围反而在西南，方向相反。秦始皇的祖先是嬴姓的东夷。嬴、偃可能谐音夷。

蛮，从虫。虫豸是骂人话。《说文解字·虫部》："蛮，蛇种。"南方多蛇，崇拜蛇。这个字是中原诸夏对南方人的蔑称，但原来可能只是译音。如闽越，古人称"蛇种"。闽与蛮读音相近。还有人认为，蛮与苗有关。蛮，古人或解为侮慢之慢，以为南蛮不知礼仪，不懂礼貌，举止无状，这是曲解，但蛮与曼确实有关。如《左传》昭公十六年有"戎蛮子"，《公羊传》作"戎曼子"，而邓国正好是曼姓（金文作嫚）。中国南方，长

---

[1] 俞伟超以考古发现印证文献记载的"东夷、南蛮、西戎、北狄"说，把早期中国的地域联盟归纳为四大联盟集团：夏夷联盟、商狄联盟、周羌联盟、楚越联盟。参看氏著《古史的考古学探索》，北京：文物出版社，2002年，124—137页。

江流域和长江以南曾是百濮、百越活动的区域。百濮偏于西南山区，主要活动于湘鄂云贵川；百越偏于东南沿海，主要活动于浙赣闽粤桂。百濮、百越是苗瑶壮侗各族的祖先。但他们受北方势力压迫，不断向南方转移，真正代表中国南方的反而是邻近北方的楚、吴、越。楚国，北方人称为荆蛮。楚是芈姓（金文作嬭），也与蛮字读音相近。

戎，古人以戎兵指兵器，戎车指兵车。汉字中的戎字是由戈、甲二字组成，确实与军事活动有关。王国维说，戎人常以武力寇犯，是尚武之民族。[1] 这个推论很合理，但我们也不能排除它是译音。戎分西戎和北戎。北戎活动于内蒙古与辽西、冀北、晋北接壤的地区，可能与北狄、东胡有关。西戎分两大系统，一支是姜姓之戎，一支是允姓之戎。姜姓之戎是氐羌，来自青藏高原。他们从黄河源头，沿黄河进入甘肃、宁夏，翻陇山进入陕西，与周人关系最密切。允姓之戎是猃狁，可能属于塞种（Saka，属印欧人）或塞种与北亚人种的混合人种，则来自新疆和中亚（新疆和中亚的原住民主要是印欧人，突厥系各族是后来者）。猃狁住在西犬丘（甘肃礼县）一带，也叫犬戎。姜姓之戎中的申戎勾结犬戎攻灭西周，周室东迁后的陕西是留给秦。秦逐西戎，留居当地者，不是被攻灭，就是被同化。余部迁于山西、河南，也被同化。战国秦汉，西戎的概念已发生变化。《后汉书·西戎列传》的西戎，只剩青海诸羌。与羌有关，值得注意的是氐。氐人是汉化的羌。蜀人来自叟人，是较早的氐。他们进入四川盆地，从事定居农业早，被汉族同化。其他留在盆地边缘和继续南下者，因与汉族杂处，受汉族影响，也有别于青海诸羌，汉代称为氐或西南夷。他们是今藏缅语族羌语支和彝语支各族的祖先。

狄，汉字中的狄字与逖字有关，王国维说逖有远义，或指其民僻处边

---

[1] 王国维《鬼方昆夷猃狁考》，收入《王国维遗书》，上海：上海古籍书店，1983年，第2册，《观堂集林》卷十三，1—12页（说见11页正背）。

地，或指把对方赶到远方。[1] 这个说法并不对。其实，狄即狄历，后来也叫丁零、敕勒、铁勒、突厥，这些名称是同一族名（Türk）的不同译音。狄也分两大系统，一支是赤狄，一支是白狄。赤狄是媿姓之狄，商周时期叫鬼方。鬼方来自贝加尔湖，主要活动于蒙古高原，并南下河套地区，沿黄河南下，进入山西、陕西。晋国的怀姓九宗属于这一支。白狄是姬姓之狄，主要活动于滹沱河流域。春秋战国的鲜虞、中山属于这一支。蒙古高原是北方民族活动的大舞台，但这个舞台上的民族分两大系统，一支是北狄系统，乃维吾尔族的祖先，一支是东胡系统，乃蒙古族的祖先。

中国，小族变大族，小国变大国，任何一族，任何一国，都不能凭一族之力，一定要联合其他部族，匈奴如此，鲜卑如此，蒙古如此，满清如此，所有覆盖大地域的国族，其实都是由强族代表的符号，每个符号下面，成分都很复杂，没有一个是纯而又纯的种族。汉族也不例外。[2]

（五）两种五帝说

我国所谓"帝系"，是讲族源。后世讲族源，一般是从父系追溯，但追到头，往往是个女祖先。这种族源，很多都是血缘加地缘，比如下面说的"姬姜集团"、"祝融八姓"、"东夷集团"，就都是血缘加地缘，属于地域联盟。

帝系，战国流行五帝说。

战国时期的五帝说分两大系统，一种是黄帝、颛顼、帝喾、尧、舜，

---

[1] 王国维《鬼方昆夷猃狁考》，收入《王国维遗书》，上海：上海古籍书店，1983年，第2册，《观堂集林》卷十三，1—12页（说见11页正背）。
[2] 李济研究中国人种史的结论是："假如种族主义者仍然坚持还存在着纯粹的中国血统，那我不妨引用魏敦瑞二十多年前的质疑来证明我的看法。他问道：'每一天创造出新的混血儿的个体是什么人？'他自己的回答相当有名：在我们这个星球上，绝没有任何'纯种'。我认为，这一理论完全可以由中国人的种族历史来加以证明。"参看氏著《中国民族的形成》，南京：江苏教育出版社，2005年，354—355页。

属于西土系统的五帝说；一种是太昊、少昊、黄帝、炎帝、颛顼，属于东土系统的五帝说。

西土五帝说是以黄帝为始祖，颛顼、帝喾为黄帝下面的两支，唐尧、虞舜为颛顼、帝喾下面的两支，夏、楚属颛顼系，商、周属帝喾系，有点像昭穆制，一支分两叉。

东土五帝说是以五帝配五方五色。黄帝十二姓，以姬姓为首，居四方之中，配黄色；太昊风姓，风姓古国在东方，配青色；少昊嬴姓，本出东夷，但嬴姓之后，秦为大，反而在西方，配白色；颛顼之后有祝融八姓，祝融八姓，昆吾为长，昆吾之虚在濮阳，属北方，配黑色；炎帝姜姓，齐、许出申、吕，西周晚期，申、吕封于南方，配赤色。

两种五帝说都属于大地域的族群整合。

中国大一统是理想中的族群整合：一是华夏各族大联合，二是华夏各族与蛮夷戎狄大联合，里三层，外三层，大圈套小圈。古人的"畿服图"就是表达这种概念。

（六）五族共和的发明权

北京有个共和亭（在地坛公园内，现已不存），青海有个共和县，来源是民国口号，"五族共和"。

"五族共和"，见1912年1月1日的《中华民国临时大总统宣言书》，人多以为是民国的发明，不对。"五族共和"是来源于满族的"五族大同"，而满清的老师又是蒙元。[1]

1905年，同盟会的口号是"驱除鞑虏，恢复中华。创立民国，平均地权"。这个口号是来源于南方会党的反清复明思想，原本是朱元璋的口

---

[1] 日本的亚细亚主义和大东亚共荣圈是受蒙元、满清启发，所以才有《田中奏折》的"惟欲征服支那，必先征服满蒙。如欲征服世界，必先征服支那"。

号。[1]孙中山是南方人，革命党人多半是南方人，他们要从南方起义，兴兵北伐，推翻满清。历史的惯性让他们这样想。

1911年，武昌首义，革命军打出的铁血十八星旗，旗以红色为底，象征铁血，黑色九角代表华夏九州，黄色十八星代表内地十八省，不包括中国的东三省和四大藩部。这是个很大的错误。后来，孙中山才恍然大悟，驱满则蒙离，蒙离则回、藏去，大半个中国，等于白白送给列强，无异自戕。"五族共和"是在这种背景下提出。

1912年3月11日，《中华民国临时约法》规定："中华民国领土，为二十二行省，内外蒙古、西藏、青海。"[2]中华民国最初的国旗，五色旗，就是象征五族共和。[3]

过去，我写过一篇短文，说"五帝并祭"就是战国时期的"五族共和"。[4]

"五帝并祭"是一种变少数为多数、小国为大国的发明。周人，本来僻处雍州，也是个少数民族。武王克商是小邦周克大邑商，一姓何以服天下，只有一个办法，就是把大家的祖宗都请出来，共享太平。

蒙元文字，云台过街塔，梵、藏、八思巴、回鹘、西夏、汉六体并行。

满清文字，《五体清文鉴》，汉、满、蒙、维、藏五体并行。

现在的人民币，上面印有五种文字：汉、壮、蒙、维、藏。

四海一家是典型的中国传统。[5]

---

[1] 1368年，明太祖朱元璋在《喻中原檄》中提出"驱逐胡虏，恢复中华，立纪陈纲，救济斯民"。
[2] 1895年，台湾割让日本。民国初年的22省缺少台湾省。
[3] 五色旗本为清朝的海军军旗，后来成为北洋政府和伪满洲国的国旗，南京政府则以青天白日旗为国旗。
[4] 李零《从"五族共和"想起的》，收入《花间一壶酒》，北京：同心出版社，2005年，144—150页。
[5] 阿契美尼德王朝的波斯帝国也用这种统治术。他们的铭文，都是波斯文、埃兰文、阿卡德文三体并用，埃及是上述三体加埃及文，小亚细亚半岛则流行双语铭文，如希腊语和吕底亚语、希腊语和吕西亚语、希腊语和阿拉米语。

附论：中国与"现代民族国家"

"民族国家"是个18、19世纪的现代概念。我们这个世界，所有冠以"现代"二字的东西都带有欧洲历史的深刻烙印。欧洲历史，小国寡民，一团混乱，有些族有国，有些族没有国，有些族分属不同的国。他们的"民族国家"是由战争催生，条约确认（如威斯特伐利亚体系、维也纳体系），有些被强捏在一起，有些被硬拆开来，一切重组都取决于地缘政治的大国博弈。虽然，基于欧洲自身的自治传统，它们的重组经常是以民族自决、民族自治为借口，[1]有各种语言、宗教、文化上的理由。他们喜欢强调一族一国，但事实上，单一民族国家不过是神话，除了蕞尔小国，到处都行不通。

欧洲以外的所有国家，用这一标准衡量，当然都不够格。首先，别的不说，所有大帝国都该解体。"民族国家"概念的推广，只有一个作用，就是分裂解体、打乱重组。现在，越是古老文明，越是灾难深重，印巴冲突、两伊冲突、以巴冲突……到处都是殖民时代的遗产，太多的国家都是人为制造，太多的边界都是人为划分，从《开罗宣言》、《德黑兰宣言》到《雅尔塔协定》和《波茨坦公告》，二次大战后的世界秩序仍然如此。

以小国之心度大国之腹。大本身就是错误，拒绝变小就是更大的错误。俄国不用说，中国不用说，都犯了这种错误，只有美国、加拿大和澳大利亚不在此列。

中国很大，不是一时半会儿大，而是一直很大，特别是元代和清代，中国被北方少数民族统治时期，疆域尤其大。

中国是个多民族国家。这么多的民族，一国一族，中国得分成56国。有个西方学者跟我说，奥斯曼帝国不是解体了吗？愿意一起过一起过，不

---

[1] 分而治之一直是西方列强统治世界的基本手段。这也就难怪，落后国家为什么总是把国家的独立和统一作为反制措施。民族自决是一把双刃剑，列宁、斯大林曾以此瓦解英国为首的世界殖民体系，美国、北约也以此解体苏联、瓦解华约。普京反制美国、北约，也用这把剑。

愿意一起过趁早分开，这不是很合理吗？

但就我所知，地缘政治的国家重组，几乎到处都是大国博弈特别是战争的结果，根本没有这种自觉自愿，包括奥斯曼帝国的解体。

近代，中国被列强瓜分，情况也是如此。当年，法国有幅漫画，大家都知道，列强围坐一圈，中间摆个大披萨，披萨是中国。这个披萨太大，一口吃不下，他们得拿刀切着吃。

西方列强说，民族国家是现代概念，边疆也是现代概念，他们打我们之前，这两样，我们都没有，一切得推倒重来，这是强盗逻辑。近代，正是因为同他们打交道，我们才认识到主权独立、国家统一有多重要。[1]

重整河山，并不是没有河山，而是因为山河破碎。

民国，军阀混战，国家四分五裂，所有志士仁人都是为了再造中国才投入革命。我们的现代国家，是在一次次抵御外侮、重整河山的过程中才得以确立。

从孙中山到蒋介石，从蒋介石到毛泽东，所有中国革命都是回应西方挑战的结果。因此统统被扣上一顶民族主义的大帽子。

民族主义，在现代西方的语汇中可不是什么好词。

但没有这种回应，就没有现代中国。

---

[1] 国家独立和国家统一是现代国家的前提。这个前提，对资本主义的出现，比个人自由还重要。独立统一的民族国家一直是现代政治的主体，国家利益有时比意识形态更强有力。第一次世界大战导致第二国际解散，第二次世界大战导致第三国际解散，美、英、苏结盟，反德、意、日法西斯，然后陷入冷战，都是很明显的例子。

两次大一统

（下）

七、西周封建的意义

西周封建是三代之终结，中国是夏、商、周"三分归一统"。

殷周相继，因革损益，如何评估，这是历史研究的大问题。

我们先谈第一次大一统。

讲这个问题，大家最好读一下王国维的《殷周制度论》（1917年9月8日脱稿），[1]以及陈梦家对他的批评。[2]王氏是个文化保守主义者，保皇尊孔。我们要知道，他是有感于四分五裂的民初政治，才盛美西周大一统，就像孔子从东周的礼坏乐崩，遥想西周的辉煌，托梦于周公。这是他的"建国大纲"。几千年来，儒家一直把西周盛世当"理想国"，王氏也如此。

什么叫"西周封建"？

西周封建是一种小国变大国的方法。武王克商，在殷地封建过许多国家，从表面看，也是小国林立，但与欧洲封建不同。欧洲封建是罗马帝国

---

[1] 收入《王国维遗书》，上海：上海古籍书店，1983年，第二册，《观堂集林》卷十，1页正—15页背。
[2] 陈梦家《殷虚卜辞综述》，北京：科学出版社，1956年，629—631页。

解体的产物，跟西晋八王之乱后的五胡十六国相似，背景是北方的草原部落和森林部落。这些部落背景的国家一直四分五裂，拢不到一块儿。

有人说，西周是城邦制度，这就更加离谱。希腊城邦，小国寡民，一城一国，这是适应岛国政治的特点。希腊多山多岛，山河破碎，没有大河，没有大平原，不产粮食，主要产品是葡萄酒、橄榄油和彩陶，居民四出航海，拿这些玩意儿换吃喝，或在海上劫掠，类似草原部落。古典作家说，希腊好像池塘边上蹲一圈蛤蟆（《斐多篇》）。这种制度跟西周毫无可比性。要比，也只能跟我国东南沿海的百越比。

西周封建是大国政治，是用小国拼凑大国的大国政治。小国之上有天下共主，当时叫天子，即使礼坏乐崩，也还有这么个名义上的大家长，一直到战国晚期，秦灭东西周之前，这个象征性的符号都存在。

周本蕞尔小邦，和秦一样，原先也僻处雍州。但它居然征服、占领和驯服了一个比它大很多的国家，继承和超越了它的前辈，商代和夏代，这是靠什么方法？

第一是兴灭继绝。古人说，武王克商，封神农之后于焦，封黄帝之后于蓟（或祝），封唐尧之后于黎，封虞舜之后于陈，封夏禹之后于杞，封成汤之后于宋，封比干之墓，释箕子之囚，式商容之闾（见《礼记·乐记》、《吕氏春秋·慎大》、《史记·周本纪》和《史记·乐书》）。这一招很灵，孔子叫"兴灭国，继绝世，举逸民"（《论语·尧曰》）。"兴灭国"，就是把被灭的国家恢复起来，比如商灭了，还得立个宋，安抚商遗民；"继绝世"，就是给断了香火的国家续香火，比如把神农、黄帝、尧、舜、禹、汤的后代找出来，让这些圣人之后也共襄盛举；"举逸民"，就是把前朝遗老旧王孙请出来做官，保持政权的合法性和连续性。刘邦取天下，也用这一招。[1]

---

[1] 汉高祖为秦始皇帝、秦皇帝（秦二世）、楚隐王（陈涉）、魏安釐王、魏信陵君、齐湣王、赵悼襄王置守冢，见《史记·高祖本纪》。

第二是封建亲戚。古人说，武王克商，周公东征，有过两次封建，他们在东方封了很多国家。"亲"是周人的同姓，"戚"是与周人通婚的异姓。比如五大诸侯国，鲁、晋、卫、燕是"亲"，齐是"戚"。"侯"本指边镇，商代就有，汉代也有这类叫法（如甲渠侯官）。周人占领东方，把东方划分为若干占领区。这些占领区是派周王的亲戚实行军事管制。这五大诸侯既不同于商代的侯，也不同于后世的郡县或边镇。后世的郡县或边镇，首长是政府派驻的官员，而西周诸侯，都是周王的子弟甥舅。

第三是柔远能迩。西周金文有这种说法，《诗》、《书》、《左传》也有这种说法。"柔远"是怀柔远人，"能迩"是亲善近邻。西周封建有亲疏远近，近邻是亲戚朋友，远人是蛮夷戎狄。我国历代统治者都知道，如何令蛮夷戎狄降伏归顺，对国家安全至关重要，搞不好，马上就完蛋。

周人与各占领区的旧贵族和少数民族修好，主要靠两条，一条是通婚，一条是会盟。这两条都是部落政治的老办法。

通婚，与异族通婚，是最简单的办法。两家人，只要结了婚，马上就成了儿女亲家。他们背后各有一堆亲戚，藤牵藤，蔓连蔓，一串就是一大片。草原部落，孤立分散，和亲是化敌为友、聚小为大的好办法。我在内蒙古，老乡常说，"走胡地，顺胡理"。汉胡和亲就是顺胡理。西方，亚历山大征波斯，曾在苏萨（Susa）搞万人大婚礼，也是这个道理。欧洲中世纪，各国公主嫁来嫁去，还是这个道理。

会盟，原型也在草原上。盟主把各国首脑请来，商量政治格局、利益划分，这种国际大会，不管是兵车之会，还是乘车之会，总要达成某种协议，最后杀牛宰羊，歃血为盟，指天发誓，把誓言埋在坑里，说不如誓者，天诛地灭，不得好死云云。侯马盟书、温县盟书就是这种东西。盟会谁参加？亲戚要来，不是亲戚，也要来。特别是捣乱分子，越是捣乱越要拉他入伙，让它当"负责任的国家"，打"不负责任的国家"。不听话了，也便于制裁。这也是化敌为友、聚小为大的好办法。

这些举措，必然引起大规模移民。一是组织周人到东方殖民，二是把东方的原住民迁来迁去，其中也包括后世习见的"徙豪强"。古代移民，范围之大，超乎想象。不仅周人从西土搬到东方，其他各族，也被重新分配。每个地方的居民都是"三结合"：征服者、原住民和外来移民。很多部族都被搬离原住地，迁到很远的地方。比如秦、赵之祖，就是从山东搬到甘肃。俗话说，"山不转水转"，"树挪死，人挪活"，我们千万不要低估了古人的能力。我们要知道，西周封建是一次人口重组，大分化、大改组、大融合。

"封建"本来是中国古书固有的词汇，日本人用这个词翻西方的feudalism，把我们的脑子搞乱。欧洲封建是中世纪封建。这种封建，虽然也是"裂土田而瓜分之"（柳宗元《封建论》），但没有天下共主，和西周封建完全不一样。

中国，治世大一统，乱世才割据。西周封建，从主流和大趋势看，其实是大一统。古人说的"大一统"，本来就是西周大一统。这种大一统与欧洲封建完全不一样。欧洲封建是"大一统"的对立面。

西周的问题是如何以小国战胜大国，以少数统治多数。

这种问题在中国历史上一再发生，特别是异族征服，全得重复这一过程。王国维肯定清楚，蒙人治汉，满人治汉，他们也碰到过这类难题，他们也得学习这套统治术。

他这篇东西很有意思，不光考证古代制度，也寄托现代理想。他说，周克商，是有德胜无德，把西周制度说成道德化身，这是寄托他的理想。他的理想，是如何在欧风美雨和革命风潮下维持大清王朝于不坠。

他的想法，不是"走向共和"，而是"复辟帝制"。

在这篇文章中，他强调三大道德，亲亲—尊尊—贤贤。亲亲是讲宗法，强调国家要以家为本，立嫡立长，父慈子孝，服制、庙制是它的延伸。尊尊是讲君统，王位继承，传子不传贤，封建子弟是这套东西的延伸。贤贤是讲臣道，他说，臣道不能讲血统论，一定要选贤举能，东周世卿，大官都是贵族，这是乱之所起，官还是要贤人当。

周代的天下是"家天下"。俗话说，在家靠父母，在外靠朋友。父母的意思是亲戚，亲是父系，戚是母系。朋友的意思是非亲非故，但桃园结义，可以模仿亲戚，义结金兰，跟他结成拜把子兄弟。王国维说，西周封建是靠这类办法，没错。现在的民居，琉璃门面，上面写的都是"家和万事兴"，还是强调家是一切的基础。

儒家讲文武周公之道，有个逻辑，修身齐家，治国平天下。这个逻辑的前提是，没有小焉有大，事情都是从小到大，似乎很有道理。但这个理论不能作无限推广。孔子推西周之道以言东周之世，王国维推西周之道以言民国之世，都是犯了不明时势的错误。他们以为，当初好，现在坏，回到当初不就得了。事情没这么简单。

西周制度是以宗法为本。

西周宗法是什么？

第一，它是男本位，和马蜂窝、蚂蚁窝相反，不是以妈为本，而是以爸为本。天子是天下所有人的爸爸。动物界，男女早有分工。生育压倒一切，妈是领导。打猎压倒一切，爸是领导。比如狼群和猴群就是男本位。西方有个说法，女人是从金星上来的，男人是从火星上来的，火星是战神，搞暴力活动，男人最擅长。人类成天打仗，男人是领导。男人说，俺是雄鸡，"雄鸡一唱天下白"，"牝鸡司晨"绝对不允许。但如果母鸡当了权，她会问，你们也会下蛋吗？这就是"公说公有理，婆说婆有理"。中国的"妇姑勃豀"、"丈母娘疼女婿"，都是男本位作怪。其实，男人当领导，并非天经地义。

第二，同是男系继承，有很多选择。兄终弟及，还是父死子继？王国维说，周制是父死子继。立嫡立长，还是立爱立幼？王国维说，周制是立嫡立长。这是什么道理？道理是垂直比平行安全。我国，为人君者，多妻多子。多妻是平行关系，有争风吃醋问题；多子也是平行关系，有兄弟阋墙问题。妻有先来后到，子有伯仲叔季，必须理出个头绪。立嫡，就是立大老婆的孩子为后；立长，就是立大老婆的大孩子为后。这是树干。余子，剩下的孩子，必须分家，另外立族。兄终弟及变父死子继，就是把平行改成垂直。立嫡立长，也是为了防止老牛吃嫩草，要美人不要江山。俗话说，"天下老子爱小小"，他爱"小小"，是因为爱上小老婆。古人说，废嫡立庶，废幼立长，是乱之所起。

总之，男系继承还是女系继承，一定是男系继承；父子继承还是兄弟继承，一定是父子继承；嫡子继承还是庶子继承，一定是嫡子继承；长子继承还是幼子继承，一定是长子继承。[1]

王国维说，"有土之君不传子，不立嫡，则无以弭天下之争"。在他看来，君臣之道就是不一样，绝不能平起平坐，公平竞争。这是死规矩，不容讨论。

王国维认为，君统一定是血统论、贵族制，民主制（民主选举）不行，禅让制（主动让贤）也不行。爹就是爹，领导就是领导，不能七嘴八舌，挑挑拣拣。挑挑拣拣，势必众口难调。百姓议政，天下就乱了。要议，也是大臣在国君底下议，议完了，由国君裁决。他心里的君臣之道，顶多是君主立宪。

中国古代，臣道举贤，可能早就有，但不是常例，而是变例。王国维说，周初大臣，好多都不是周王子弟，历代的执政大臣也不固定，当时没有世卿制，世卿制是春秋才有，所以春秋很乱。这话有点夸大。先秦官爵，主体还是世官制。选贤举能，举贤不避亲，要想制度化，谈何容易。战国时期，诸子奔走侯门，大讲亲贤任贤，甚至鼓吹禅让，他们闹什么？主要

---

[1] 陈梦家认为，王国维并没讲清殷周制度的真正区别，商人也有宗法。参看：陈梦家《殷虚卜辞综述》，629—631页。

就是闹这件事。知识分子,不问出身,只问本事,直接从穷乡僻壤脱颖而出,还得等很多年。中国选举制的出现、发展和完善,还得等很多年。

中国的通婚制度和继承制度比欧洲严密,汉族也比少数民族严密,不对比,不知道。女后,中国少,有之,多半有少数民族背景。我国对女后当政、外戚专权,都是极力防范。汉武帝"恐女主颛恣乱国家",杀鉤弋夫人(《汉书·外戚世家》),就是典型。历代统治者,怀柔远人,搞和亲,是投少数民族所好。少数民族,要适应汉族的制度,也搞妥协。比如北魏的"子贵母死",就是为了适应汉族的统治方式。他们,杀鸡留蛋,连心爱的女人都杀,我们觉得很残酷,但政治家的第一考虑,不是感情,而是政治。

王国维盛称的西周封建,基础是宗法制。内服如此,外服也如此。周人裂土分封,建了一大批卫星国,每个卫星国都是复制这套制度,从道理上讲,都是周这个大家族的分支。这是以小治大,以少治多,往往采取的办法。它的特点是松散联合。希腊、罗马的海外殖民是这样,现代的西方大国也是这样。西方的大国都是这么联合。如不列颠王国叫United Kingdoms,美利坚合众国叫Unites States,它们都是从同一个模子扣出来的,然后United一下,拼起来的。他们特别强调复制。[1]

西周封建是孔子的政治理想,也是王国维的政治理想。我们要注意,其着眼点是周的开头,而不是结尾。其实,对三代而言,西周是个句号,但对秦汉而言,它只是铺垫。它的优点很明显,缺点也很明显。

西周制度的缺点,对比春秋战国,才能看清楚。

先儒言,西周之盛在于"制礼作乐",其亡在于"礼坏乐崩"。前者是建构过程,后者是解体过程,一治一乱,形成对照。

人,得意的地方,也多半是栽跟头的地方。

---

[1] 帝国的概念,从一开始就是一种世界化的概念。大一统的模式是古代的世界化,United的模式是现代的世界化。全球化只是一种新的帝国模式,它不仅延续了欧洲古典世界的帝国概念,也延续了以征服、传教和贸易为主导的早期殖民主义和帝国主义。

第一，它穷兵黩武，疲于应付，顾了东头顾不了西头，西戎、淮夷交侵，把自己的老巢丢了，领土大了，都有这个问题。

第二，它搬到洛阳后，王畿里面先乱。如郑、虢争政，罔顾天子，连天子都敢欺负。郑本为王朝大臣，却有如诸侯；周本为天下各国的大家长，却沦为一个可怜的小国。

第三，诸侯失控，造成分裂割据，几百年混战。

第四，纲常倒转，各国内部，卿大夫专了诸侯的政，陪臣专了卿大夫的政，继承危机不断。

这种局面，一言以蔽之，就是"乱"，天下大乱。

《左传》就是讲"乱"，其书两载辛伯谏周桓公语，道破天机：

并后、匹嫡、两政、耦国，乱之本也。（《左传》桓公十八年）

内宠并后，外宠二政，嬖子配適（嫡），大都耦国，乱之本也。（《闵公》二年）

这些问题，其实不自东周始，西周就已露头。孔子认为，西周盛世是因为道德好，家管得好，东周衰败是因为道德坏，家乱了套，这是没有抓住问题的关键。

问题的关键是什么？其实是血缘关系罩不住地缘关系，地缘关系大发展，家和国已经分离，家是家，国是国，必须有另一套管法。

八、秦汉大一统的意义

秦汉大一统包括制度大一统、学术大一统、宗教大一统。

周初封建，据说有71国，其中姬姓55国，异姓16国。[1]春秋，主要有14个国家。[2]战国，经过兼并，剩下7个大国，[3]550年的战争打下来，最后只剩一个国家。

这个国家就是秦。

孔子做周公之梦，他想不到，最后收拾天下的，竟会是这个国家。孟子也想不到，这个统一天下的国家是个以人头求功名（"尚首功"）的虎狼之国。

孔夫子和秦始皇是一组对立的符号。他们象征的政治势力和意识形态曾恶斗过一回。汉武帝继承秦始皇，王莽继承孔夫子，他们又恶斗过一回。最后，光武中兴，重建汉朝，老百姓精神空虚，还得折腾一回。释之入、道之兴，是又一场恶斗。整个过程，一波三折，长达441年。

恶斗是恶补。

这是一场大变革，好像火山爆发，伴随大地震，喷完了，震完了，余震不断。制度的调适，总是反反复复，一定要折腾多少回，再大刀阔斧，快刀斩乱麻，也不可能一次到位。

（一）秦始皇的大一统，目标是三个大一统，但只完成了一半

读历史，很有趣，经常充满悖论。周和秦，一个姬姓，一个嬴姓，一个是西方土著，一个是东方移民（商代的老移民），根本不是一家人，但周、秦却有不解之缘。西周时代，它们是老邻居。西周灭亡，周平王搬到洛阳，是由秦襄公护送，陕西的烂摊子是交给秦，让秦去收拾。秦的地盘是继承周，秦的文化和制度也是继承周。它是从陕西出发，沿着周人东进

---

[1]《荀子·儒效》："（周公）兼制天下，立七十一国，姬姓独居五十（三）〔五〕人。"
[2]《史记·十二诸侯年表》是以周、鲁纪年作参照系，所谓十二诸侯是齐、晋、秦、楚、宋、卫、陈、蔡、曹、郑、燕、吴，如果加鲁是13国，如果加越是14国。
[3]《史记·六国年表》是以周、秦纪年作参照系，所谓六国是魏、韩、赵、楚、燕、齐，六国加秦即战国七雄。

的路线，再一次统一中国。

我们都知道，周人的祖先是陕西土著，他们夺取天下，是把周公的后代封在曲阜。孔子复兴西周的理想就是寄托在周公身上。曲阜是什么地方？大家都知道，那是孔子故里，却很少注意，周公封鲁前，那可是嬴姓的祖庭。你要知道，秦人的老家，原先就在这个地方。秦始皇挺进东方，最迷的就是山东半岛。他回山东，是一次伟大的历史回归。秦才是西周的继承人。秦对西周的继承，文字最明显。假如你学过小篆，你会有一种体会，西周铭文比战国文字还好认，为什么好认？因为两者有明显的继承关系。

王国维写《殷周制度论》，关注点是头，是西周制度的辉煌，其实尾也一样重要，周之衰，秦之兴，周秦异同在哪里，太重要。我们还该写《周秦制度论》。

秦代周，秦始皇的心里有三个大一统：制度大一统、学术大一统、宗教大一统。

废井田、开阡陌，废诸侯、设郡县，统一文字，统一法律，统一度量衡，统一车轨，用庞大的文官队伍执行，这些举措，两千年有目共睹，谁也推不倒抹不掉。这是他的第一个大一统。[1]

第二个大一统，结果是失败的。"焚书坑儒"是汉代人骂秦代的话。其实，"焚书"、"坑儒"是两码事。"焚书"指禁止民间私藏六艺诸子之书，这是针对"文学士"，事在秦始皇三十三年（前214年）。"坑儒"指活埋了460多个"诸生"，则是针对"方术士"，事在秦始皇三十五年（前212年）。"焚书"并不都是儒籍，还包括其他的诸子之书。"诸生"也不是儒生，反而是替他求仙访药的燕齐方士。这些方士，阿上所好，骗取了

---

[1] 陈寅恪是个文化保守主义者。他竟然把秦并天下说成儒家的功劳："李斯受荀卿之学，佐成秦制，秦之法制实儒家一派学说之所附系，《中庸》之'今天下车同轨，书同文，行同伦'（即太史公所谓'至始皇乃能并冠带'之伦），为儒家理想之制度，而于秦始皇之身而得以实现之也。"见冯友兰《中国哲学史》，北京：中华书局，1961年，下册所附陈氏的《审查报告三》。

大笔经费，最后什么也没找到，无法结项。他们不但把钱卷走，溜之大吉，还骂领导专用狱吏，冷落文学博士，也不重用他们这批专家，什么事都是他一人说了算，根本不配给他寻仙访药。秦始皇派御史查办他们的贪污案，他们互相揭发，咬出460多人，真正活埋，其实是这批人。现在，大家很能联想，说秦始皇从骨子里就仇视知识分子，所以迫害知识分子，根本不对。其实，知识分子，他何尝不喜欢。秦并天下，山东的读书人，儒生也好，方士也好，都往陕西跑，利之所在，禄之所在，趋之若鹜。他把山东的读书人请到咸阳宫，让他们共襄盛举兴太平，非常礼遇，和汉武帝并无不同。问题是，他从六国之乱刚刚走出，最怕乱。当时人们都认为，"百家争鸣"是天下大乱之一象，根本不像现在的学术史，以为这是"中国学术的黄金时代"或什么"知识分子的春天"。当时，光是知识分子争宠就很难办。周青臣和淳于越打起来，谁容得下谁？这种局面，秦始皇也不知该怎么办，交李斯处理。李斯原本是读书人，因而也最会收拾读书人。他的想法很简单，天下初定，统一思想最重要，与其让他们乱说乱动，不如让他们不说不动。冲突乃是始料不及。

秦始皇的第三个大一统，是统一宗教。他立过227个国家级的坛庙，古人叫祠畤，想把六国人民的信仰统一起来，但只做了一半。

这三个大一统，当时还很脆弱。秦始皇不放心，每隔两三年就要出去转悠一圈，像老虎巡视山林，当时叫"巡狩封禅"。最后，他是死在沙丘，从山东到河北的路上。想到他，你就会想到一个词，累。他这一辈子，很累很累。

(二) 秦始皇没有做完的事，汉武帝接着做，他完成了三个大一统

汉代，老百姓饱受战祸之苦（楚汉战争之苦），渴望休养生息，黄老流行过一阵儿。等大家缓过劲儿来，才想到搜书和整齐学术，把知识分子的"乱"收拾一下，让这种"乱"处于可控状态。

汉承秦制，在制度上还是秦始皇的一套，不用恶补。恶补是另外两个大一统。

汉武帝独尊儒术，知识分子交孔夫子管，是满足知识分子的需要；兴立祠畤，老百姓交各种祠畤管，是满足老百姓的需要。前者是统一学术，后者是统一宗教，都是为了统一思想。

当时，人心涣散，怎么收拾？一是让六国人民出气，把气撒在秦始皇身上；二是让知识分子出气，气也撒在秦始皇身上。

秦始皇是个出气筒。

先秦学术，我们觉得特辉煌，汉代人可不这么看。班固说，"战国从（纵）衡，真伪纷争，诸子之言纷然殽乱，至秦患之，乃燔灭文章，以愚黔首"（《汉书·艺文志》）。他是把"诸子之言"，视同诸侯力政，认为秦的"燔灭文章，以愚黔首"，是这种局面逼出来的。李斯禁书有句话，叫"别黑白而定一尊"（《史记·秦始皇本纪》），"一尊"是什么？是政府规定的说法。秦始皇禁书，让知识分子以吏为师，只学法律，只学抄文件，大家都是刀笔吏，大家都是刑名师爷，以为这样，就能息天下争。这个办法太笨。汉武帝鬼得很，他的"一尊"是孔子，不是真实领导，而是虚拟领导。愚民，抬死人，压活人，用虚拟领导代替真实领导（真实领导都活不长），效果更好。知识分子怎么愚？得靠"精神领袖"。以前群龙无首，现在就立个首。王莽集团的崛起，就是乘了这个势。它是更聪明的"焚书坑儒"，类似清代的"寓禁于征"，好像大禹治水，不是堵，而是导。从此，中国学术才有了大一统的格局。[1]

汉武帝兴立祠畤，数倍于前。汉成帝时，达到683所，汉哀帝时，达到700多所。这是继承秦始皇。秦始皇的227个祠畤，只是把各国的祠畤捏

---

[1] 冯友兰也是个文化保守主义者。他说："经学在以后历史上中国思想中之地位，如君主立宪国之君主。君主固'万世一系'，然其治国之政策，固常随其内阁改变也。"见他的《中国哲学史》，北京：中华书局，1961年，上册，489页。

在一起，主次不分明，有点杂乱无章。汉武帝不一样，他把首都长安的毫忌太一坛（祭太一）立为中心，有如太一，而以甘泉泰畤（祭太一）、汾阴后土祠（祭后土）和雍五畤（祭五帝）环绕之，有如三一，统领天下诸祠。

这是一种国家宗教，宗教大一统。

(三) 王莽废除了汉武帝的宗教大一统

史家都说，王莽是个"大坏蛋"。他背骂名，虚伪、杀人、拿活人做解剖，还不是主要原因。历史上的"大坏蛋"，大家都这么骂。大家骂王莽，主要原因在于，他是外戚，乱了汉家的正统。

中国的强臣僭主，挟天子以令诸侯，都爱假扮周公（曹操也如此）。其实，撇开道德评价，要讲秦汉大一统，这个人也很关键。

王莽是儒生，以古为新，很矛盾。他的新朝，其实是个复古的朝。

秦汉时期的创新，每次都引起儒家的反动。

儒家反对新制度，总是拿西周封建和周公之礼说事。主旋律不改，但每次都有变奏。

大家说，王莽是个迷信书本、充满幻想的人，没错。但他也有他的实际考虑。

汉武帝，骨子里是秦始皇，跟秦始皇一样，活得很累很累。那么大的国土，他也是两三年一圈。况且，他还活得特别长（在位54年），真把天下折腾苦了。他死后，大家又想起秦始皇，哪儿哪儿都像。儒生，原来不敢讲，现在都说，他的礼，制度不合，方位不合，处处不合儒经。

西汉晚期，武帝旧礼，时罢时复，时复时罢，最后，还是王莽出来，把它彻底废了。从此，祭不出郊，要祭，也是在家门口摆几个坛，像北京六坛那样，不知省了多少钱。皇帝省事，大臣省事，老百姓也可喘口气。

中国古代的郊祀，本来是小郊祀。汉武帝的地盘太大，为了控制领土，他的郊祀是大郊祀。王莽把大郊祀改成小郊祀，意义很大。后世都是小郊祀，这是他的遗产。

王莽的历史遗产，对后世影响很大。大在哪里？主要是他把官方宗教和民间宗教分了开来。天地祖宗，皇帝亲祭，跟老百姓无关；天下山川，派员致祭，也跟老百姓无关。

汉武帝的宗教政策是"计划经济，一统即死"，王莽把它废了，一风吹，就像改革开放初期，农村包产到户，小商品经济，放开就是，黄老之术，听其自生自灭。但废了也有废了的问题。这事闹到东汉，留下后遗症。中国的上层，皇上、儒生倒是高兴了，但老百姓的信仰没人管。国家不管，人家自己管。所以我们看到，东汉时期，很像上世纪80年代的气功热，有个借术立教的高潮。

然后，大家都知道，还有一场恶补，是把小教纳入大教。释之入，道之兴，就是乘虚而入，填补这个空白。佛教、道教是大教，对整合宗教有意义。但中国即使有了大教，也是二教并立，下面有各种小教，所有教都在官僚化的学者和学者化的官僚（即所谓"儒教"）控制之下。中国的宗教大一统是个打了折扣的大一统。

汉以后，中国的局面是什么？

我们有国家大一统，有学术大一统，但没有宗教大一统。我国的宗教，一直是多元化的格局，和西方正好相反。[1]

大一统当然专制。国家大一统是专制，宗教大一统也是专制。

现在，大家都说，民主好，专制坏，民主再不好，也是万般无奈的最佳选择，民主是个好东西。[2] 其实，古人的感觉正好相反，他们说，专制才是万般无奈的最佳选择，专制才是好东西。现在的道理不能当过去的道

---

[1] 西方，18世纪，苦于宗教大一统和国家四分五裂，曾艳羡中国，用中国的这两条批判他们的宗教专制和国家封建；19世纪，随着"西风压倒东风"，他们又掉过头来批中国，重返古典虚构，即上面说的"西方民主，东方专制"论。其实，分裂和统一，在历史上一直是互为表里，大有大的难处，小有小的苦恼，既不能以东西分，也不能以善恶分。此不可不察也。

[2] 民主是利益多元化的反映，专制是利益一元化的反映，都是代表利益，本无所谓好坏。

理，过去的道理也不能当现在的道理。[1]

过去，专制可是个硬道理，硬到让你绝望。

无可奈何的东西，为什么还要反对？而且一代一代，总是有人反对。这是个很有意思的问题。

你只有理解历史的漫长、宏大、沉重和压迫感，你才能理解文学的力量。

九、中国人的精神世界

有"大一统"，就有挑战"大一统"。

柳宗元写过《封建论》，毛泽东非常欣赏。

西周封建和秦并天下，是中国的古典对立。历史上，围绕孔夫子和秦始皇的争论，就是以此为背景。

秦始皇是政治上的胜利者，精神上的失败者。孔夫子是政治上的失败者，精神上的胜利者。

秦始皇，从"千古一帝"到"千古罪人"，他本人想不到。孔夫子从"丧家狗"到"大成至圣先师"，他本人也想不到。

历史上，围绕这组对立，有很多争论，一直争到现在。

这是一份精神遗产。

说到中国人的精神世界。有一点我想说明，政治家和老百姓，不读书

---

[1] 欧洲革命是以四分五裂的欧洲封建为背景。他们的革命，是先借专制反封建，奉中国为榜样（18世纪），再借民主反专制（19世纪）。我们的革命（20世纪的革命），背景不一样，背景是两千年的专制帝国，无封建可反（早就反完了）。我们是搭欧洲革命的快车，直接反专制。两者是殊途同归。中国所谓的"专制"一词，据研究翻译史的学者考证，其实是翻译西人的 absolutism（今多译为"绝对主义"）。这个词，恰好是"封建"（feudalism）的对立面。我国的"封建专制"，犹言"分裂的统一"，实为不辞。

的人，或读书不多的人，他们也有他们的精神世界。

知识分子，上有天，下有地。天是领导，地是群众，他们是夹在中间。阮籍说，他是裤裆里的虱子。

知识分子是从事精神生产的，但中国人的精神世界，并不等于中国知识分子的世界。

我们要知道，"大一统"的"统"是统治者的"统"。统治者控制人民，头一条就是控制知识分子的大脑。学术大一统，就是把知识分子的大脑统一起来，统一到尊孔—读经—做官这条道上来。文官考试是中国的一大发明，很灵。只要上了这条道，就不会犯上作乱。这是一个精神世界。

还有一个精神世界是老百姓的精神世界。我们要知道，宗教多元化，同样是为了控制老百姓。只要不造反，你爱信什么信什么。

其实，这两条都是为了防止造反。

古人说，"抚我则后，虐我则雠"（《书·泰誓下》），[1] 国君对我好，我拿他当国君，国君对我坏，我拿他当死敌。这是典型的中国传统。

古人说，"君者，舟也。庶人者，水也。水则载舟，水则覆舟"（《荀子》的《王制》、《哀公》），[2] 国君是船，百姓是水，水可以把船托起来，也可以把它翻个个儿。这也是中国的传统。

中国的老百姓最有反抗精神。统治者除了怕天，最怕老百姓。

中国这条大船，历史上，每个朝代都载一次又覆一次。载舟是民，覆舟也是民。古代贵民，就是承认老百姓有这个力量。"贵"从"怕"生，既怕没有水，船就划不动，又怕水涨船高，最后把船给翻了。孔子如此，

---

[1]《泰誓》是《古文尚书》中的一篇，古人常引这话（如《贞观政要》卷三）。
[2] 这话两见于《荀子》，据说是孔子听什么前辈讲，不是魏徵的发明。

孟子如此，他们都怕老百姓。这不叫"民主"，这叫"怕民主"。[1]

统治者都怕民主。

一部罗马史，从头看到尾，老百姓最最需要什么？统治者说，面包和马戏。吃喝、娱乐之外，最后还得加一条，基督教。老百姓，没饭吃，会造反；有劲儿没处使，会造反。孤苦无告，也会造反。

面包、马戏加宗教是消解革命的好办法。罗马皇帝后来信了基督教。[2] 有了基督教，才算齐活。但他们信教是为了安抚百姓，我们尊孔是为了安抚知识分子。

统治者的本事，全在消化造反。

知识分子，即使贵为"四民"之首，也还是民。只要不当官，就是民。更不用说被仕途抛弃的知识分子。

古代社会，知识分子的主要任务就是"愚民"，但"愚民"的"民"也包括知识分子。

研究中国历史，研究中国人的精神世界，鲁迅说，读经不如读史，读史不如读野史，很有道理。我有一个建议，经常跟汉学家讲，你要想了解中国人的精神世界，读小说比读古书更直截了当。小说是我的"四书五经"。我读小说，不光当文学读，还当思想读。

小说的奥妙，是它最有反抗精神。

中国小说，传统分三大类：英雄（属"讲史类"）、儿女（属"人情类"）、神怪（也叫"神魔类"）。它对中国的大一统，特别是精神大一统，有很好的回答。

明代有四大奇书：《三国演义》、《水浒传》、《西游记》、《金瓶梅》，清代

---

[1] 民主制的对立面是贵族制。古典意义的民主，从一开始就是非贵族，反贵族。学者说，孔子、孟子倡民主，秦始皇反民主，根本不对。孔子、孟子是平民，他们反而热衷于恢复贵族制。秦始皇是贵族出身，他却以军功立国，选官不问出身，彻底摧毁了贵族制的社会基础（注意：是贵族制的社会基础，而不是贵族王权）。

[2] 阿育王皈依佛教是历史上的类似事件。汉武帝独尊儒术也有相似性，但儒学不同于佛教和基督教，它是知识分子的理想寄托，跟大众信仰无关。

有两大奇书:《儒林外史》、《红楼梦》。除《儒林外史》,都可归入这三大类。

这六本书是中国小说的经典,不可不读。

《三国演义》:主题类型是"英雄"。"英雄"一词,出自《太公》、《三略》(古代的阴谋书),三国那阵儿最流行。当时,"天下英雄谁敌手,曹、刘,生子当如孙仲谋"(辛弃疾《南乡子·登京口北固亭有怀》)。"英雄"是什么人?政治家,阴谋诡计一大套,能掐。老百姓拿《三国演义》当兵法,跟诸葛亮学智慧,也是学掐。说起"英雄",我们要注意,这个词跟乱世直接有关,专门指的就是乱世英雄。乱世英雄,前因是"大一统",后果也是"大一统"。破坏"大一统",再造"大一统",离了"英雄"不行。这书,开头是"桃园结义",结尾是"三分归一统"。"一统"是司马氏的天下,三家全白掐。这书,讲忠义,关老爷是道德榜样,但好人不得好报。关羽被害,张飞被害,诸葛亮也是"出师未捷身先死,长使英雄泪满襟"(杜甫《蜀相》)。作者同情的蜀汉是以失败而告终。这个结尾好。

《水浒传》:主题类型也是"英雄"。这是另一类英雄,草莽英雄。"逼上梁山",分两种人:上等人,宋江为代表;下等人,李逵为代表。无论上下,层次都比《三国》低。他们一块儿造反,想法不一样。林冲夜奔,"手提着杀人刀,走一步,哭嚎啕","专心投水浒,回首望天朝",这是不得已。宋江上山,也是不得已。他们都是"只反贪官,不反皇帝"(毛泽东语)。李逵造反,打打杀杀,没有目标,就是帮宋大哥夺了鸟位,也不知道该干什么。宋江倒是有目标,"杀人放火受招安",最高理想是招安。他们喝了朝廷的毒酒,下场很惨。英雄,越是含冤抱恨,百姓越心疼。这个结尾也好。

《西游记》:主题类型是"神怪"。我说过,"神怪"类型的小说是中国古代的"科幻小说"(science fiction),[1]虽然这书,"幻"则有之,"科"

---

[1] 李零《当代〈封神榜〉——机器人与人机器》,收入他的《放虎归山》,太原:山西人民出版社,2008年,53—61页。

则全无。卢梭讲自由，说是生而自由，这是虚构。中国的自由也是虚构。孙悟空是中国的自由神。他的自由精神，给我留下深刻印象，一生抹不掉。但这种精神只在开头。很长时间，我一直觉得，这书，也就前五回有劲，后面特没劲。这也是个先造反后招安的故事，虎头蛇尾，主要讲蛇尾。孙悟空，"超出三界外，不在五行中"，特能捣乱，特能破坏，"大闹天宫"，痛快。但这只是铺垫。"西天取经"才是重头戏，绝大部分是娱乐，近乎科幻的娱乐，好像拖长的电视剧，九九八十一难，回回差不多。结尾也庸俗，孙悟空给唐僧当保镖，最后封了个"斗战胜佛"。当年他造反，是造玉皇大帝的反，不是造如来佛的反，但谁把他压在五行山下？那可是如来。如来很鬼，懂得转移法，你不是要打打杀杀吗？好，咱们给你安排一下。擒妖打鬼，九九八十一难，一路打打杀杀，正好释放他的暴力倾向。孙悟空，自从西天取经，前后判若两猴，鞍前马后，好像一条狗。这种结局，是造反者的宿命，和《水浒》差不多。

《金瓶梅》：主题类型是"儿女"。"儿女"是男女关系。男女关系，场景有二，一是家庭，二是妓院，有皮肉烂淫，有儿女情长。这也是一大类型。此书写一男三女，先宣淫，再戒淫，寓戒于宣，这是个讲故事的套子。很多言情小说都有这个套子。学者说，这叫世情小说，不叫色情小说，甚至下定义，床上描写，如果删掉，不影响情节发展，叫世情小说；影响，叫色情小说。我不这么看。色情、爱情，都是人情，都是世情，彼此不是水火关系。此书既写色情，也写世情，其实是一部败家史。中国人写家，总是阴盛阳衰，纲常倒转，男人败在女人和小孩的手里。这有强烈的象征意义。

《儒林外史》：专写读书人的命运，自成一类。读书人，"自古华山一条路"，唯一出路是当官。马二先生说，拆字、算命、教馆、作幕都不是正路。只要不应试，不当官，就没有出路。吴敬梓笔下，儒林枝头，没几个好鸟。好人主要在一头一尾。开头，王冕不当官，靠什么生活，一是卖卜测字，二是画画。他有个预言，自从有了八股取士，"贯索犯文昌，一代文人有厄"。结尾，"四大高士"，都是市井中人，琴、棋、书、画各一位。它的开头结尾都是赞美隐士。隐士精神，上承《论语·微子》，源远流长，代表的是中国文人的"人文幻想"。我也有这种幻想，幻想有个上不仰领导鼻息，下不阿群众所好，四壁图书的"星级监狱"。他批判的不仅是八股取士的科举制，而且是学术大一统和知识分子的宿命，了不起。[1]

《红楼梦》：主题类型也是"儿女"，和《金瓶梅》一样，也讲败家史。但讲法不同，色情、爱情、人情、世情，啥都有，但主要不是色情。他借用了《金瓶梅》的概念，所谓"因空见色，由色生情，传情入色，自色悟空"，最后是"悟空"。但这只是个讲故事的俗套，并无深义，当时的言情小说，几乎都这么讲。[2] 贾宝玉，生于脂粉堆，长于脂粉堆，是个出类拔萃的"败家子"，以贾政的观点看，当然是"败家子"。贾府，外面是男人当家，里面是女人当家，阴盛阳衰，二爷的脾气是这么惯出来的。[3] 他喜欢弱女子，讨厌臭男人，男人的"正路"，他根本看不起。这是对"家"的叛逆。越剧《红楼梦》有段唱词，我喜欢。"看不尽满园春色富贵花，听不完献媚殷勤奉承话，谁知园中另有人，偷洒珠泪葬落花。"他喜欢林妹妹，林妹妹也不合群。他们都是"家"的叛徒。这书，结局是什么？只能是宝玉出走，离开这个"家"。这是用另一种方式写"家"，滴水见太阳。《金瓶梅》的"家"写什么？《红楼梦》的"家"写什么？它写的是咱们这个中国，咱们这个大家呀。它象征着明清社会，中国这个大家，大厦将倾，无可奈何。

---

[1] 阅读此书，可与《野叟曝言》比较。后书是正统儒家和迂腐书生的狂想曲。
[2] 浦安迪讲明代"四大奇书"，特别强调"色空"，尤其是孙悟空对"空"的超越，但我以为，这不过是明代小说的一个套子。参看：[美]浦安迪《明代小说四大奇书》，沈亨寿译，北京：三联书店，2006年。
[3] 中国的末代皇帝，也都是这么惯出来的。

中国的众生相，从男到女，从家庭到社会，从社会精英到普罗大众，从经济、政治到宗教、文化，小说无所不包。中国近代文学，巴金的《家》，钱锺书的《围城》，很多小说，还有这个灵魂的影子。

病，有小病，有大病，有绝症。人患绝症，无药可医，总不会坐着等死。病笃才会乱投医。西药不灵，他会吃中药；中医不行，他会求巫医。病人总是在这三者间转磨磨。政治家也往往如此，传统不灵，他会求现代，资本主义不灵，他会求社会主义，社会主义不灵，他会再求传统，也是转磨磨。谁都以为，世上一定有包治百病的药，没准儿藏在哪里。

其实，生老病死，谁也躲不过，一劳永逸包治百病的药，根本就没有。

上述小说，大部分都无解，结尾很无奈。终极关怀，难免无奈，这是小说的深刻处。

"大一统"是个几千年的大发明，是个几千年都搬不动的大石头。体系严密，有利也有弊，中国人该如何面对？

这是最重要的思想史。

读小说，你会发现，中国人很滑，中国人也很活，让你又恨又爱。

我对中国人是爱恨交织。

读小说，你才知道，中国人的精神深处一直有一种挑战精神，它对所有权威都是有限承认，尽管屡战屡败，它却屡踣屡起。

它敢挑战各种"天经地义"：挑战鬼神，挑战皇帝，挑战礼法，挑战规则，百折而不挠。

2009年12月16日在秦始皇帝陵博物院演讲
2010年1月4日据演讲稿改写于北京蓝旗营寓所
2014年8月17日再次修改
2015年7月15日定稿

（原载《东方早报·上海书评》，2010年4月18日—6月13日）

周原甲骨

两周族姓考

（上）

历史都是倒追其事。中国的族源传说之所以头绪纷繁，每个帝都有很多出生地，每个帝都足迹遍天下，原因是各个族姓的子孙经常迁徙流动，"或在中国，或在蛮夷"（司马迁常这样说），每个国族都从自己的角度追溯，整个故事是一种晚期拼合版。

古人怎样追溯自己的族源？主要靠两周的族姓制度。

一、族姓制度

两周首先是西周。东周是西周的延续。

西周在中国历史上地位太重要。中国有哪些国、哪些族、哪些城、哪些邑，基本上是到这一段才看出点眉目。研究历史地理，大家都能感受到这一点。

西周是儒家的"理想国"。孔子是鲁国人，鲁国以周公为祖。他的周公之梦是梦想恢复周公定鼎的天下，即西周大一统。王国维的《殷周制度论》就是描述这个梦。[1]

西周大一统,核心是什么?是它的族姓制度。我们从铜器铭文看,商人用族徽别族,周人用族姓别族,确实不一样。商人的族徽也有区别不同国族的功能,但他们没有西周式的族姓制度。这种制度是以女姓(带女字旁的姓)标识不同的国族。王国维说,女姓是周人的一大发明。[2]

族姓很重要。中国早期的历史都是按"帝系"、"世本",即贵族的族谱、家谱来写。比如《史记》,它的框架,主干是帝王的世系(即十二本纪),分支是诸侯卿大夫的世系(即三十世家),名人传记(即七十列传)是隶属于这种世系。研究这一段,地缘和血缘分不开。

《尧典》有"百姓"。"百姓"一词,不仅见于《诗》、《书》,也见于两周铜器铭文,当时很流行。"百姓",金文作"百生",姓是表示"生"。人都是女人所生,生字加上女字旁就是"姓","百"只是极言其多。

娶妻避同姓。姓,不光为了别族,跟异姓联姻,也被用来认同,看两个不同的族氏是否有共同的祖先。周人,男称氏,女称姓。不管姓或氏,都可沿父系往上追,追到头,一定有个男始祖。男始祖前面还有个女始祖。女始祖前面,只有神,没有人。

姓是不同族氏间互相认同和识别的标志。金文中的姓都是带女字旁的姓,只冠于女人的名字前,只在女人的称谓上才能看到,但男人的氏,后面照样有姓。姓是男女共同的认同标志和识别标志。

古书中的姓,本来与氏有别,但战国秦汉以来,血缘被地缘稀释,姓与氏逐渐混融,很多人已分不清姓和氏,如司马迁就经常以姓为氏,以氏为姓,需要甄别。

---

[1] 王国维《殷周制度论》,收入《王国维遗书》,上海:上海古籍书店,1983年,第二册:《观堂集林》卷十,1—15页。案:此文不光是王氏的学术论文,也是他的政治宣言。他主张君必世袭,臣必选贤。学者对此文的批评往往集中在他是否夸大了殷周制度的差别,但他的根本用意却在论定中国君主制的设计如何完美,如何优越。
[2]《殷周制度论》,12页。

金文中的姓，全部都是带女字旁的姓，但带女字旁的字不一定全是姓，有些是人名，也需要甄别。

目前，两周金文中的姓，与文献对照，核实下来，大约只有17个，加上文献有而金文尚未发现的姓，总数在20个左右（详下附录一）。

读《世本》，我们不难发现，姓很少，氏很多。姓以下，分很多氏。他们跑来跑去，流动性很强，迁徙能力超出我们的想象。这些不同的氏，同出一族，相距遥远，怎么认同？不同的族，密迩相处，怎么识别？全靠姓。国与国，族与族，家与家，不但靠姓来认同，来识别，还靠姓来通婚，来会盟，把不同的姓串连在一起。周人就是用这种办法，聚少成多，变小为大，造就其"普天之下，莫非王土"（《诗经·小雅·北山》）。

古代世界，早期贵母重舅。贵母重舅是比较原始的习俗。

两周计统是按父系，但母系也很重要。早期，婚姻关系是外交关系，妈妈是谁，舅舅是谁，非常重要。当时，娶媳妇，嫁闺女，女人的名字照例要冠姓，齐国的姑娘嫁到周，她的姓只有一个，但氏有两个，既可以叫齐姜，也可以叫周姜，齐是母氏，周是夫氏，在婆婆家是一个叫法，在娘家是另一个叫法。

周代，男人只称氏，不称姓，与女人不同。但他们也有两种身份。比如一个男孩，他爸爸是周人，妈妈是齐人，从爸爸这边讲，他叫周某，是周家的人，但若住在姥姥家，对舅舅而言，他叫齐甥，属于姻亲和外戚。《左传》常见某甥，如庄公六年，楚文王伐申过邓，他妈妈是邓国的女儿，邓国有三大夫，骓甥、聃甥、养甥，主张杀掉他。邓祁侯不肯，说楚文王，"吾甥也"，我怎么可以杀自己的外甥。这三个甥，杜预说"皆邓甥，仕于舅氏"，为了区别其他邓甥，才叫骓甥、聃甥、养甥。骓甥、聃甥、养甥是省称，全称应该是邓骓甥、邓聃甥、邓养甥，比如桓公九年传的"邓养甥、聃甥"，就是这么叫。这是他们在姥姥家的叫法。它是把母氏搁在上边，父氏放在下边。

这种甥，西周金文常见，已有学者收集有关辞例，做专门讨论。[1]它分两种，一种是"母氏＋生"，一种是"母氏＋父氏＋生"。[2]凡单称"某生"者，一般都是从姥姥家讲，哪国妈妈生的孩子就叫哪国之甥。

《左传》，群公子争立，失败者逃亡，往往都是往姥姥家跑。不仅女人有娘家，男人也有娘家。

男人和女人都有两个家。历史是男人、女人各一半。

二、西周世系

（一）男始祖

西周世系是男本位。周人的男始祖是弃。弃的意思是弃儿。弃儿的传说很普遍，世界各国都有。[3]古人说，尧举弃为农师，号曰后稷，是个管农业的官，后稷之兴，在唐、虞、夏之际，其母姜嫄，相传是有邰氏女，帝喾元妃（《史记·周本纪》）。周人擅长农业，一度从农区跑到牧区，又从牧区返回农区。人类早期，定居生活和游牧生活往往交叉，彼此有过渡关系。

（二）先周世系

弃—不窋—鞠—公刘—庆节—皇仆—差弗—毁隃—公非—高圉—亚圉—公叔祖类—古公亶父（太王）—季历（公季、王季）—西伯昌（文王）

【案】见《史记·周本纪》。周人的活动范围主要在岐山南北、泾渭之间。据

---

[1] 张亚初《西周金文所见某生考》，《考古与文物》1983年5期，83—89页。
[2] 前者，例子很多，不烦列举。后者，如邓柞生匜提到的"邓柞生"，见中国社会科学院考古研究所编《殷周金文集成》（修订增补本），北京：中华书局，2007年，第七册，5506页：10228（原书称"邓公匜"）。
[3] 如犹太先知摩西、波斯的居鲁士大帝，罗马的罗慕路斯、雷穆斯。

说，弃本居邰（在陕西武功），跟姜姓的有邰氏住在一起。不窋失官，奔戎狄之间，翻越岐山而迁居泾水上游。庆节都豳（在陕西旬邑），又跟姞姓的密须成为邻居。古公亶父（太王）自豳迁岐（在陕西岐山），翻越岐山，定居周原，重返渭水流域，从此才叫周。狭义的周原在扶风、岐山，广义的周原还包括武功、凤翔。周人有三大都邑，曰岐周、宗周、成周，从西向东排列，每个都邑都是双城。太王、王季居岐，住在岐山脚下的周原上，是为岐周。岐周旁边有旁京。旁京，西周金文作䒱京，《诗·小雅·六月》作方。这是最西边的都邑，有两座城。[1] 然后，周人东进，灭毕程氏（《逸周书·史记》），占领渭水北岸，即秦都咸阳一带。毕即毕原（咸阳北阪），附近有程。然后，继续东进，灭丰、镐二国，占领渭水南岸。文王都丰，武王都镐，是为宗周。丰京在沣水西，镐京在沣水东，都在陕西西安市的长安区，也是两座城。武王克商后，成王营建东都洛邑，王城在瀍水西，成周在瀍水东，还是两座城。

（三）西周十二王

武王—成王—康王—昭王—穆王—共王—懿王—孝王—夷王—厉王—宣王—幽王

【案】见《史记·周本纪》。

三、通婚背景

周人早期住在陕西西部，主要与五个姓通婚，一是西方的姜姓，二是北方的姞姓，三是东方的任姓、姒姓和祁姓。

---

[1] 西周金文有庌邑。庌在眉县，疑读岸，指周原南坡。西周金文经常提到周王"馆䒱京"，馆字，原从食从宛，应读馆驿之馆。䒱京似在庌以东，是周王往来于岐周、宗周之间，在路上歇脚的地方。

(一) 女始祖

古人追溯族源，往往以母系的祖先为源头，[1] 周人的男始祖是弃，女始祖是姜嫄，姜嫄生弃，在弃之先。弃的配偶是姞姓。

【案】姜为羌姓，世代与姬姓通婚，估计是娶自申、吕。弃娶姞姓女，估计是娶自密须。《左传》宣公三年："石癸曰：'吾闻姬、姞耦，子孙必蕃。姞，吉人也，后稷之元妃也。'"王国维指出，戎狄亦有姓，姜姓是氐羌之姓，媿姓是鬼方之姓，允姓是猃狁之姓，[2] 这是他的大贡献，但他把鬼方与昆夷、猃狁视为一系却不妥。陈梦家批评说："王国维的《鬼方考》，对于鬼方一事的考定，是有重大的贡献的。但他其实受了《五帝本纪》索隐的暗示。索隐说'匈奴，别名也，唐虞已上曰山戎，亦曰薰粥，夏曰淳维，殷曰鬼方，周曰猃狁，汉曰匈奴'，此外他加入了混夷，以为凡此一切都是鬼方。这种混同，是不对的。猃狁是允姓之戎，和鬼方是不同的种族。《孟子·梁惠王下》'文王事昆夷……大王事獯鬻'，明二者非一。"[3]

(二) 周室三母

太姜：太王妻。

【案】姬、姜通婚，主要是与申、吕通婚。

太任：王季妻。

---

[1] 如夏的男祖先是禹，禹母脩己是己姓；商的男祖先是契，契母简狄可能是媿姓。楚的男祖先是季连，季连之母为鬼方氏妹，曰女嬇，女嬇亦媿姓。
[2] 说见王国维《鬼方昆夷猃狁考》，收入《王国维遗书》，上海：上海古籍书店，1983年，第2册，《观堂集林》卷十三，1—12页。案：王氏所考，姜为氐羌之姓，媿为鬼方之姓，乃学界公认。仿此，猃狁即允姓之戎，也是合理推论。狄，字亦作翟。狄分赤狄、白狄，赤狄出自鬼方。古本《竹书纪年》："武乙三十五年，周王季伐西落鬼戎，俘二十翟王。""西落鬼戎"，他本又作"鬼侯国"，《战国策·赵策三》有鬼侯、鄂侯、文王为纣三公说。西落鬼戎即鬼侯国，毫无疑问是鬼方。季历伐之，既言俘二十翟王，可见翟与鬼方是一回事。
[3] 陈梦家《殷墟卜辞综述》，北京：科学出版社，1956年，275页。案：清中叶以来，四裔之学兴，清季尤为士子所重。王国维说的"五大发现"，有三大发现皆与西北史地有关。法国学者和日本学者之所以看重王国维，主要看重的是他的西北史地研究，而不是他的商周古史研究。《鬼方昆夷猃狁考》考匈奴起源，是其西北史地研究中涉及年代最早的一篇。

【案】任，金文作妊，有女旁。太任即挚任，挚在河南平舆，为商代古国。

太姒：文王妻。

【案】姒为夏姓。太姒出自莘，莘在陕西合阳，离山西很近。

(三) 周王十二后[1]

武王后：邑姜。

【案】邑姜见《左传》昭公元年，杜预注："邑姜，武王后，齐太公之女。"齐太公是封齐以后才有的称谓，原名吕牙，字尚父，也叫吕尚。[2]

成王后：王姒。

康王后：王姜。

昭王后：王祁（房后）。

穆王后：王俎姜。

共王后：？

懿王后：王伯姜。

孝王后：？

夷王后：王姞。

厉王后：申姜。

宣王后：？

幽王后：申姜、褒姒。

【案】西周十二王的王后，除打问号的三王不详，姜姓六位，姒姓两位，祁姓、姞姓各一位。姜姓娶自申（初在陕西宝鸡，后迁河南南阳）、吕（初在陕西宝鸡，后迁河南南阳），姒姓娶自莘（在陕西合阳）、褒（在陕西汉中），祁姓娶自房（在河南遂平），姞姓可能娶自密须（在甘肃灵台）。周与姜姓联姻，此其所以兴，亦其所以亡。申姜是幽王元妃。幽王宠爱褒姒，废申后，导致申、缯伙同犬戎攻

---

[1] 参看谢乃和《金文中所见西周王后事迹考》，《华夏考古》2003年3期，142—152页。
[2] 邑，古文字与予、吕相似，所谓邑姜，也有可能是吕姜之讹。

灭西周。姒姓是夏遗民，本来住在山西、河南，后来扩散到陕西、山东，入陕西者莘、褒，入山东者杞（初在河南杞县，后迁山东新泰）、缯（字亦作鄫，初在河南方城，后迁山东兰陵，与灭周之缯不是一回事）。姒姓的重要姓仅次于姜姓。姬姜联姻是为了其西境的安全，姬姞联姻是为了其北境的安全，姬姒联姻和姬祁联姻则是为了向东扩展。

四、文武贤臣

周人打天下，首先靠的是自己身边的小圈子，即一批可以信赖的贤臣和他们的族众。他们多半是同姓或有通婚关系的异姓。

（一）文王贤臣

1. 文王四友

《书·君奭》："惟文王尚克修和我有夏，亦惟有若虢叔，有若闳夭，有若散宜生，有若泰颠，有若南宫括。"

陈寿祺辑校《尚书大传》卷二："闳夭、南宫适三子者，学乎太公。太公见三子，知为贤人，遂酌酒切脯，除为师学之礼，约为朋友。""文王以闳夭、太公望、南宫括、散宜生为四友。"

《汉书·古今人表》上中仁人类有太颠、闳夭、散宜生、南宫括，颜师古注："太颠以下，文王之四友也。"

【案】文王四友，说法不一。《君奭》的文王功臣是五人，有泰颠，无太公望，多虢叔。《尚书大传》的文王四友，有太公望，无泰颠。《古今人表》的文王四友有太颠，无太公望。虢叔是文王弟。散宜生出散国，散国在宝鸡。南宫括出虞国，虞国估计也在宝鸡（详下"八虞二虢"条）。泰颠，亦作太颠，或即下"二蔡"之一。[1] 闳

---

[1] 蔡国的蔡字，古文字是借大字为之。太即钛之本字，古文字象人正面立，如大字形，而钳其手足。当然，还有一个可能，太颠出自矢国。太与矢也字形相近。

夭，不详所出。

2．尹氏八士、太师三公

《逸周书·和寤解》："厉翼于尹氏八士。"

《逸周书·武寤》："尹氏八士，太师三公，咸作有绩，神无不飨。"

【案】"尹氏八士"，或说即下"周有八士"。"太师三公"，太师是师尚父，即太公吕尚，三公是周公、召公、毕公。

3．周有八士

《论语·微子》："周有八士：伯达、伯适、仲突、仲忽、叔夜、叔夏、季随、季騧。"

【案】八士分两支，伯仲叔季各一人。杨慎《升庵集》卷四九《八士考》疑此八人出自南宫氏，"伯达"、"仲忽"即《逸周书·克殷》之"南宫百达"、"南宫忽"，而"伯适"即《书·君奭》之南宫括。我怀疑，这里的"周有八士"即下"八虞"。吴就是虞。"八虞"可能是太伯、仲雍之后的某一代，两支各四子。南宫括就是第二支的老大。

4．二虢、二蔡、八虞、辛甲、尹佚

《国语·晋语四》"文公问于胥臣"章，胥臣对曰："……（文王）孝友二虢，而惠慈二蔡，刑（型）于太姒……于是乎用四方之贤良。及其即位也，询于八虞，而咨于二虢，度于闳夭，而谋于南宫，诹于蔡、原，而访于辛、尹，重之以周、邵、毕、荣，忆宁百神，而柔和万民。"

【案】"孝友二虢"，韦昭注："文王弟虢仲、虢叔。"下文"二虢"含义同。"惠慈二蔡"，韦昭注："文王子，管蔡初亦为蔡。"似以"二蔡"为管叔鲜、蔡叔度，不知有何根据。王引之《经义述闻·国语下》疑之，谓蔡与祭通，以"二蔡"为祭公，似乎祭很早就有。但《左传》僖公二十四年："凡、蒋、邢、茅、胙、祭，周公之胤也。"祭是周公之后，不可能早到文王时。"刑（型）于太姒"，韦昭注："文王妃。"即下武王"乱臣十人"中的文母。"八虞"，韦昭注引贾逵、唐固说，谓"周八士，皆在虞官，伯达、伯适、仲突、仲忽、叔夜、叔夏、季随、季騧"，是以《微子》篇的"周有八士"为这里的"八虞"，可能性很大，但"八虞"

与"二虢"并列，恐怕不是八位虞官，而是虞国的八位贤臣。"度于闳夭，而谋于南宫"，韦昭注："皆周贤臣。……南宫，南宫适。""诹于蔡、原，而访于辛、尹。"韦昭注："蔡，蔡公。原，原公。辛，辛甲。尹，尹佚。皆周太史。"蔡公、原公为文王子，为姬姓。辛甲出自莘（在陕西合阳），为姒姓，可能与太姒为同族，韦昭以为周太史。尹佚即古书中的史佚、作册佚，尹是作册尹的省称，作册是史官之长。佚是私名，字亦作逸，此人既为史官之长，确实相当周太史。"重之以周、邵、毕、荣"，韦昭注："周，周文公。邵，邵康公，即召公奭。毕，毕公。荣，荣公。"

5. 鬻熊

【案】周之与国，包括鄂西山区和江汉流域的国家，楚亦其中之一。《汉书·艺文志·诸子略》有《鬻子》二十二篇，班固自注："名熊，为周师，自文王以下问焉，周封为楚祖。"

（二）武王贤臣

武王有"乱臣十人"，见《书·泰誓》和《论语·泰伯》，孔安国注："十人也，谓周公旦、召公奭、太公望、毕公、荣公、太颠、闳夭、散宜生、南宫适也，其余一人，谓文母也。"

【案】周公旦，据说是文王嫡子，武王的同母兄弟。召公奭，文王十六子中没有这个人，不详所出。相传武王克商后，周、召二公为王朝卿士，分陕而治。陕即河南三门峡市陕县境内的陕塬。周公旦治陕塬以东，负责前线军务；召公奭治陕塬以西，负责后勤保障。太公望是吕尚的号，意思是"吾太公望子久矣"（《史记·齐太公世家》），"太公"不是爵称，"望"不是名字。他的名是牙，字是尚父。据《左传》僖公四年引召康公（即召公奭）之命，太公封齐，"五侯九伯"都归他管，权力很大。周武王娶太公女，太公是武王的岳父。毕公即毕公高。据清华楚简《耆夜》篇，他是武王戡黎的大功臣，跟山西有不解之缘。其后裔毕万是三晋魏国的始祖。横水大墓，毕姬与赤狄中的冯氏通婚，让人联想，魏氏之名或即得自媿姓之地。[1] 荣公，周厉王时有荣夷公，但西周金文只有荣伯。《书·贿肃慎之

---

[1] 李零《冯伯与毕姬——山西绛县横水西周墓M2和M1的墓主》，《中国文物报》2006年12月8日第7版。

命》序："成王既伐东夷，肃慎来贺，王俾荣伯作《贿肃慎之命》。"《逸周书·王会》有"荣氏"。荣氏封邑在陕西户县。太颠、闳夭、散宜生、南宫适，见上"文王四友"，武王时仍为王室重臣。文母即太姒，古代打天下，妻族很重要。

五、灭商背景

其次，周人取天下，是依托自己周边的国家和翦除商人周边的国家。

(一) 牧誓八国

  庸：在湖北竹山。
  蜀：在四川成都。
  羌：在甘青地区。
  髳：在四川汉源。
  微：在四川眉山。
  卢：在湖北南漳。
  彭：在湖北房县。
  濮：在湖北西部。

【案】武王誓师牧野，八国与誓，见《书·牧誓》。孔传："八国皆蛮夷戎狄属文王者国名。羌在西。蜀、叟、髳、微在巴蜀。彭、卢在西北。庸、濮在江汉之南。"[1] 这八个国家，羌在甘青，蜀在四川成都，髳即牦牛羌，在四川汉源，微与眉古音相近，在四川眉山。这四支属氐羌系，在周的西面或西南。其他四支偏东，与楚、邓邻近，可能属百濮系。庸在湖北竹山，卢即卢戎，在湖北南漳，彭在湖

---

[1] 孔传"彭、卢在西北"，承上文"巴蜀"，指巴蜀西北，孔疏释为"在东蜀之西北也"。

北房县，濮在江汉之间。[1]《华阳国志·巴志》："周武王伐纣，实得巴、蜀之师，著乎《尚书》。巴师勇锐，歌舞以凌殷人，前徒倒戈，故世称之曰'武王伐纣，前歌后舞'也。武王既克殷，以其宗姬封于巴，爵之以子。"《逸周书·王会》篇提到巴人以比翼鸟来会，在成王时。《后汉书·南蛮列传》说巴郡阆中有板楯蛮，天性劲勇，能为武王伐纣之歌。但《牧誓》八国，只有濮，没有巴。我怀疑，巴与濮邻近，也许是濮人的一支，武王克商后始封。《左传》昭公十三年提到楚共王妾曰"巴姬"。巴的统治者是姬姓，但民众是当地土著。《国语·郑语》说"楚蚡冒始启濮"，楚之崛起是以开发濮地为背景。这八个国家与下文王伐九邦的九邦不同，不是周人伐灭的国家，而是周人依托的国家。巴蜀后来属秦，鄂西后来属楚，二者都是从陕西包抄中原的战略要地。[2]

（二）文王伐九邦

上博楚简《容成氏》提到文王伐九邦：丰、镐、舟、石、于、鹿、耆、崇、密须。这九国是周人从宝鸡地区东进，先后所灭所服。[3]

1. 西土三国

密须：在甘肃灵台。

丰：在陕西西安长安区沣河西。

镐：在陕西西安长安区沣河东。

2. 东土六国

---

[1] 参看顾颉刚《牧誓八国》，收入氏著《史林杂识初编》，北京：中华书局，1963年，26—33页。案：八国旧说在巴蜀、鄂西。髳即牦牛羌，在四川汉源一带，说出清张澍《蜀典》，微在眉山，说出清张龙甲、吕调阳《彭县志》。顾氏不取，而谓髳即茅戎，在山西平陆，微即陕西眉县，不如旧说合理。

[2] 清沈垚《落帆楼文集》卷二四《庸蜀羌髳微卢彭濮考》："夫以关中东并者，西必兼巴蜀。惠王用兵金牛，通于五土。沛公得汉狼弧，定夫三秦。魏师入成都，而江陵不支。元兵取川蜀，而荆湖告急。井络天彭，天下险阻。周武东伐，而以师来属者有庸、蜀、羌、髳、微、卢、彭、濮八国，则已举唐之山南、剑南二道及江南道之黔中地而尽属周矣，又何待孟津鱼跃、牧野鹰扬，而始叹师之无敌哉。"

[3] 马承源主编《上海博物馆藏战国楚竹书》（二），上海：上海古籍出版社，2002年，247—293页。

舟：在河南新郑。《国语·郑语》："秃姓舟人，则周灭之矣。"

崇：即嵩高，在河南登封。

鹿：在河南嵩县。

于：字亦作邘、盂，在河南沁阳。

耆：金文作楷，在山西长治和黎城、潞城一带。

石：在河北鹿泉。

六、存亡继绝

西周坐天下靠三大法宝：存灭继绝、封建亲戚、柔远能迩。

存亡继绝，语出《论语·尧曰》，原话是："子曰：'兴灭国，继绝世，举逸民。'"第一条是复兴被灭亡的国家。第二条是不绝其后，务必把亡国之君的后代请出来，嗣续香火，维持原来的祀统，以安抚其族众。第三条是举用前朝的贤臣名士，请他们出来做官，维持行政管理的连续性。政权更迭，这三条最重要。

战国和汉代的古书说，武王克商，未及下车，马上褒封了一批古国之后：封神农之后于焦（姜姓），封黄帝之后于蓟（可能是姞姓）或祝（任姓），封帝尧之后于黎（祁姓），封帝舜之后于陈（妫姓），封大禹之后于杞（姒姓），封成汤之后于宋（子姓）。[1]

---

[1] 见《礼记·乐记》、《吕氏春秋·慎大》、《史记·周本纪》和《史记·乐书》。"封神农之后于焦"，《周本纪》，《乐记》、《慎大》、《乐书》无。"封黄帝之后"和"封帝尧之后"句，《乐记》、《乐书》作"封黄帝之后于蓟，封帝尧之后于祝"，《慎大》作"封黄帝之后于铸，封帝尧之后于黎"，《周本纪》，作"封黄帝之后于祝，封帝尧之后于蓟"。蓟在燕地，姬姓封燕前，燕可能是姞姓，姞姓是黄帝十二姓之一。铸即祝，任姓，任姓也是黄帝十二姓之一。这里两存其说。尧是祁姓，黎在山西，可能最初是祁姓，祝、蓟恐非尧后，《慎大》、《周本纪》误。案：黄帝十二姓为姬、酉、祁、己、滕、箴、任、荀、僖、姞、儇、依，见《国语·晋语四》，其中姬、祁、己、任、姞是姓，己也有可能是已之误，读为姒，酉可读姚，可能也是姓，其他大概是氏。

姜姓，传出神农。焦即谯县，在安徽亳州。

姞姓，传出黄帝。蓟在北京西南，疑即姬姓封燕前姞姓南燕的故地。南燕是姞姓。

任姓，传出黄帝。祝在山东宁阳。

祁姓，传出唐尧。黎，古书或作耆，在山西黎城、潞城、长治一带。据黎城塔坡墓地出土的铭文，金文作楷。[1]

妫姓，传出虞舜。舜都蒲阪，在山西永济，本来是姚姓。夏封舜子商均于商，在河南商丘附近的虞城。舜的后代主要在河南东部和山东。西周的虞，山西平陆的虞，是从西土迁来的姬姓之虞。[2] 两者不是一回事。舜之后，陈为大，初在柘城，后迁淮阳。陈为妫姓，妫姓是从姚姓分出。西周金文，既有姚姓，也有妫姓。妫姓可能是姚姓的分支。

姒姓，传出夏禹。杞在河南杞县，后迁山东新泰。《诗·鄘风·桑中》："美孟弋矣。"弋姓与鲁通婚，估计也在山东。《左传》襄公四年、定公十五年有"定姒"，为鲁襄公母，《公羊》、《穀梁》二传作"定弋"。弋姓可能是姒姓之别。杜预以定姒为杞女，但山东姒姓，除了杞，还有鄫，鄫在兰陵，定弋也可能是鄫女。[3] 旧说弋、姒音近为通假字。但弋姓，金文作𢦏，与姒是两个不同的字。

子姓，传出成汤。武王克商，封纣子禄父于殷，把殷地分为邶、鄘、卫，设管、蔡、霍三监镇抚之。周公平定武庚三监之乱后，始封纣之庶兄微子启于宋。西周金文未见子姓，《春秋》始见子姓。

---

[1] 国家文物局主编《2007中国重要考古发现》，北京：文物出版社，2008年，40—45页。

[2] 司马迁说，太王三子，太伯、仲雍奔吴，以让季历。他说的吴，可能只是宝鸡吴山附近的虞，并非江苏之吴。我怀疑，南宫氏所出的八虞，也许是太伯、仲雍之后，与武王为平辈。周章封吴是封江苏之吴，虞仲封虞是封平陆之虞，约在成、康之际。

[3] 莒有嬴姓之莒、己姓之莒、曹姓之莒，姒姓之莒则未闻。何休以定弋为莒女，可能与《公羊传》襄公五年"莒女有为鄫夫人者"这句话有关。王引之《经义述闻·春秋公羊传》认为，此句有误，原文当作"鄫女有为莒夫人者"。

古人说:"天子建德,因生以赐姓,胙之土而命之氏。"(《左传》隐公八年)周人赐姓命氏,是以姬、姜联盟为核心,为样板,向四外推广的一套人为设计。姓是血缘关系,氏是地缘关系。地缘关系是罩在血缘关系之下。上面是姓,下面是氏,氏是姓的分支。

我们要知道,就现已发现的材料看,周代以前还没有这套制度。古国,不管多古老,只要没有后代,没有周人的追赐,就没有姓。只有留下后代,而且与周人联姻或互通聘问的国家,周人才根据其族源,赐之姓,命之氏。

上述七姓,可能是利用原来的族氏。姜姓的姜是加了女字旁的羌,与族名有关。或说姜姓以姜水名,恐怕相反。祁姓源自伊祁氏,尧为伊祁氏,亦作伊耆氏,与氏名有关。舜居妫汭,妫姓得自水名。姒姓和子姓,《史记·五帝本纪》索隐引《礼纬》有一种解释,"禹母脩己吞薏苢而生禹,因姓姒氏。而契姓子氏者,亦以其母吞鳦子而生",不可信。姒(字或从司)在商代是女子的尊称,本义是女姓之长。子在商代是男子的尊称,本义是男性之长。这两个字原来只是尊称。[1] 周人怎样利用这类族名,加上女字旁,把它变成一套各族普遍适用的族姓制度,细节不尽可知。但周人是这套制度的发明者,还是可以肯定。

七、封建亲戚

封建亲戚,语出《左传》僖公二十四年,原话是"周公弔二叔之不咸,故封建亲戚以蕃屏周"。"亲"是同姓,即姬姓国。"戚"是与周通婚的异姓,首先是姜姓。

---

[1] 裘锡圭《说"姒"》,《裘锡圭学术文集》甲骨文卷,上海:复旦大学出版社,2012年,523—526页。

《国语·晋语四》讲黄帝十二姓，首姓是姬，其中没有姜，姜姓属于炎帝系统。黄、炎是两个不同系统。

《晋语四》讲这两大系统，强调的是相反相成，相和相济。它说："黄帝以姬水成，炎帝以姜水成。成而异德，故黄帝为姬，炎帝为姜。二帝用师以相济也，异德之故也。异姓则异德，异德则异类，异类虽近，男女相及，以生民也。同姓则同德，同德则同心，同心则同志，同志虽远，男女不相及，畏黩故也。"这里，每个族有每个族的"德"，"德"是与生俱来，与"生"有关，相当秉性。所以古人说，"天子建德，因生以赐姓"。

民国以来，汉族尊炎黄，其实尊的是姬姜联盟。汉藏语系的存在，本身就可以证明，华夏与氐羌，关系最密切。

（一）同姓

1. 文王十六子

（1）《左传》僖公二十四年："管、蔡、郕、霍、鲁、卫、毛、聃、郜、雍、曹、滕、毕、原、酆、郇，文之昭也。"

（2）《左传》昭公二十八年："昔武王克商，光有天下。其兄弟之国者十有五人，姬姓之国者四十人，皆举亲也。"

【案】前说无武王，是否武王未即位，住在酆，酆就是指武王？后说是武王加武王兄弟15人，为16人。文王十六子，有鲁无燕，鲁指周公，但召公阙如，是否召公非文王子，只是同族？

2. 文王十子

《史记·管蔡世家》："武王同母兄弟十人。母曰太姒，文王正妃也。其长子曰伯邑考，次曰武王发，次曰管叔鲜，次曰周公旦，次曰蔡叔度，次曰曹叔振铎，次曰成叔武，次曰霍叔处，次曰康叔封，次曰冉季载。"

《左传》定公四年："武王之母弟八人，周公为太宰，康叔为司寇，聃季为司空，五叔无官。"

【案】上文王十六子，其实是嫡子八人，庶子八人，各一半。嫡子是太姒所生，庶子是其他女人所生。伯邑考早卒，[1] 文王死后，武王即位，不在"武王之母弟八人"中。如果加上这两人，就是"武王同母兄弟十人"。"武王母弟八人"是武王一母同胞的八个弟弟。他们，周公当过太宰，康叔当过司寇，聃季当过司空，皆王朝卿士。"五叔无官"是说其他五人没有在王室任职。管、蔡、霍三叔是武王克商后设立的三监，三监都是侯，属于外臣，不算官。郕、曹小伯，只有封邑，远在王畿之外，也不算官。郕同成，聃同冉。

3. 武王四子

《左传》僖公二十四年："邘、晋、应、韩，武之穆也。"

4. 周公六子

《左传》僖公二十四年："凡、蒋、邢、茅、胙、祭，周公之胤也。"

5. 姬姓之国五十五

《荀子·儒效》："（周公）兼制天下，立七十一国，姬姓独居五十〔三〕〔五〕人。"[2]

【案】周初封建，包括武王封建和周公封建。这里是讲周公封建。周公平定武庚、三监之乱，武庚、管叔身死国除，剩下的国家和新封的国家，一共有71国。这71国，姬姓之国占55个，异姓之国占16个。姬姓55国，首先应包括文王之子16国，武王之子4国，周公之子6国，其次可能包括西土东迁的虞、芮、虢，太伯之后的吴，召公之后的燕，汉阳诸姬的曾、唐，以及巴。[3] 除去这些，其他小国，还应有21国。

---

[1]《史记·殷本纪》正义引《帝王世纪》，谓伯邑考质于殷，纣烹为羹，赐文王，文王食之，盖小说家言。

[2] 据上引《左传》昭公二十八年，原文"五十三"是"五十五"之误，参看梁启雄《荀子简释》，北京：中华书局：2009年，78页。

[3]《左传》襄公二十九年："虞、虢、焦、滑、霍、杨、韩、魏，皆姬姓也。"其中霍已见上文王之昭十六国，杨、魏晚出。

(二) 异姓

周公封建，异姓16国可能包括三类，第一类是与周通婚的申、吕、齐、许（姜姓），第二类是武王褒封的焦（姜姓）、蓟（姞姓？）、祝（任姓）、黎（祁姓？）、陈（妫姓）、杞（姒姓）、宋（子姓），第三类是其他，如东方的薛（任姓）、邾（曹姓）、莒（己姓），西方的中潏氏（秦、赵之祖，嬴姓，国名不详），南方的楚（芈姓）、邓（曼姓）。[1]

八、柔远能迩

柔远能迩，语出《书·顾命》。"柔远"是怀柔远人，[2]"能迩"是亲善近人。这样的话也见于西周铜器大克鼎。[3]

古人把人分为两种，一种住得比较远，属于所谓"蛮夷戎狄"；一种住得比较近，属于所谓"中原诸夏"。中原诸夏有姓，蛮夷戎狄也有姓。

蛮夷戎狄，对华夏而言，当然是"他者"。他们的名字，加虫旁，加犬旁，当然有歧视之义，但王国维以为，它们都是中原诸夏的叫法，非其本名，恐不尽然。

1. 东夷和南淮夷

夷本作人。东夷是住在东方的人，主要在山东；南淮夷是住在山东以

---

[1] 西周末年，郑桓公问史伯何所逃死，史伯对曰："王室将卑，戎狄必昌，不可偪也。当成周者，南有荆蛮、申、吕、应、邓、陈、蔡、随、唐，北有卫、燕、狄、鲜虞、潞、洛、泉、徐、蒲，西有虞、虢、晋、隗、霍、杨、魏、芮，东有齐、鲁、曹、宋、滕、薛、邹、莒，是非王之支子母弟甥舅也，则皆蛮夷戎狄之人也。"（《国语·郑语》）其中的异姓国家主要是南方的申、吕、楚、邓、陈，东方的齐、宋、薛、邹、莒，以及白狄鲜虞和若干赤狄国家，不包括秦、赵。可与此处对比。

[2] 中国的边塞城市多以这类词汇命名，如抚顺、怀柔、顺义、怀来、靖边、定边、武威、归化、绥远。北洋水师的军舰也是以镇远、定远一类名称来命名。

[3]《殷周金文集成》（修订增补本），第二册，1515页：02836。

南和淮水流域的人，主要在江苏、安徽和河南。[1] 用"某地之人"作族名，在世界上很普遍。东夷有风、嬴二姓，南淮夷和群舒有嬴、偃二姓。风姓，金文从女从凡，风、凡是通假字。嬴、偃可能只是夷字的对音。夷，字本作人。人，胶东读yìn。偃姓在金文中尚未发现。

2. 西戎

分姜姓之戎和允姓之戎。姜姓之戎也叫姜戎。姜姓是氐羌之姓。申、吕、齐、许是姜姓之戎入事于周的四支，他们的背景是氐羌。申，也叫申戎，与姜姓之戎关系更密切。允姓之戎，即猃狁或犬戎，他们可能与中亚印欧人即所谓塞种有密切关系。允姓并非祝融八姓的妘姓。这个姓在金文中尚未发现。王国维怀疑，戎人称戎，可能与兵戎有关，不一定，我们也不排除它是译音的可能。

3. 南蛮

巴、濮、楚、邓，当周之南，在长江流域的古国中，最接近中原。他们的背后，还有百濮、百越、廪君种、盘瓠种等等。楚、邓与巴、濮为邻，可能与百濮有关。蛮通曼，又通麋，古人或以简慢、羁縻释之，皆望文生义。《周礼·夏官·职方氏》有"四夷八蛮、七闽九貉、五戎六狄"之说，郑玄注："闽，蛮之别也。"蛮、闽是古人对南方民族的泛称。楚是芈姓，邓是曼姓，或即蛮、闽之对音。[2]

4. 北狄和北戎

狄亦作翟。狄分三系：赤狄、白狄、长狄，赤狄隗姓，白狄姬姓，长狄釐姓。隗姓是鬼方之姓，以族为姓，加女字旁。姬姓与周姓同。釐姓可能与莱夷有关，[3] 亦以族为姓，但未加女字旁。赤狄，起源于南西伯利亚。其后裔有狄历、丁零、敕勒、高车、铁勒等不同名称。他们是突厥系各族

---

〔1〕南淮夷，也可以写成淮南夷，是南夷和淮夷的合称。
〔2〕陈梦家《殷墟卜辞综述》，299页。
〔3〕舒大刚已有此疑，见氏著《春秋少数民族分布研究》，台北：文津出版社，1994年，53页。

的前身。[1]狄可读逷或遏。王国维怀疑，狄人称狄，可能与逷远之义有关，或指狄人住在远方，或指把狄人赶到远方，这是从汉字的字面含义理解。其实，中外学者多已指出，狄、狄历、丁零、敕勒、铁勒、突厥皆Türk一词的不同译音，[2]实与逷远之义无关。北戎，从古人的描述看，活动中心相对偏东。他们可能是鲜卑—蒙古系各族的前身。北戎深入中原者可能是姑姓。[3]

戎狄颇有姬姓者，如陕西有骊戎（也叫丽土之狄），山西有大戎，河北有属于白狄的鲜虞、肥、鼓、中山，它们都是姬姓的戎狄。周人本身，可能也是姬姓戎狄的一支。

西周之兴，是靠戎狄打天下。西周之亡，也是亡于戎狄之手。可见华夏和戎狄是不打不成交，互为主客，根本分不开。

---

[1]关于鬼方、丁零、高车、铁勒等族的源流和关系，可参看段连勤《丁零、高车与铁勒》，桂林：广西师范大学出版社，2006年，1—42页。

[2]关于这些族名与Türk一词的关系，可参看《丁零、高车与铁勒》34—35页引用中外学者的有关讨论。

[3]东夷、南蛮、西戎、北狄，古称四裔。裔是边缘，引申为边疆。这四个词虽有互借混用之例，如北可称狄亦可称戎，南可称蛮亦可称夷，但西只称戎不称狄，东只称夷不称蛮。俞伟超认为，早期中国确有这种四分的概念，并从考古角度总结出早期中国的四大集团：夏夷联盟、商狄联盟、周戎联盟、楚越联盟，每个集团都是中原诸夏与蛮夷戎狄的联盟。参看氏著《早期中国的四大联盟集团》一文（收入他的《古史的考古学探索》，北京：文物出版社，2002年，124—137页）。案：商人的女始祖虽为简狄，但夏与狄，商与夷，关系更密切。

两周族姓考

（中）

九、族姓分布：雍梁区

西周列国，可大别为三种：一种是周王赐给内服王臣的采邑和封地，旧称畿内封国；一种是周王封建的诸侯国，其实是周人的军事占领区和武装殖民区；[1]一种是商代留下的古国或周人改姓易封的古国。

这三种国常被混淆。比如东周初年，郑、虢为王朝卿士，他们的采邑和封地，跟诸侯国完全不同，跟商代留下的古国也不一样，但在《左传》的叙事结构中，三者的界限逐渐模糊。

这些国家，特点是夷夏杂处，夏含夷，夷含夏，与五胡十六国非常像。

夏起中原，《禹贡》九州是以冀州为中心，但周起西土，主要与《禹贡》的雍、梁二州有关。[2]这里先讲雍梁区，即中国的西部。

《禹贡》雍州大体相当陕甘宁。陕甘宁是周、秦和西戎的活动范围；

---

[1] 凡称某侯，即使很小，也带有军事性质。
[2]《左传》昭公九年，詹桓伯有言："我自夏以后稷，魏、邰、芮、岐、毕，吾西土也。"春秋晚期，魏在山西芮城，芮在陕西大荔，毕在陕西咸阳，邰在陕西武功，岐在陕西岐山，大体在渭水、南河一线。

梁州大体相当秦岭山区和川滇黔，则是巴、蜀和西南夷的活动范围。雍州和梁州之间比邻青海。青海与两州都有关联。

雍之西境在敦煌，西通新疆、中亚；北境在额济纳旗，北通蒙古高原。梁之西境在松潘黑水，东境在华山南麓，相当秦岭山区加川滇黔。

（一）陕西

姬姓：周（周公采邑，旧说在岐山）、召（召公采邑，旧说在岐山）、毕（毕公采邑，旧说在咸阳毕原）、荣（荣伯采地，旧说在户县）、虞（疑在宝鸡、千阳一带）、芮（疑在陇县和甘肃华亭一带）、虢（西虢，疑在宝鸡、凤翔一带）、蔡（不详）、酆（在西安市长安区）。

【案】周人自邰迁豳又自豳迁岐，活动范围大体在旬邑、岐山之间。周人居豳，曾与密须为邻。密须在甘肃灵台，与庆阳、平凉近，秦伐西戎，义渠为大，就是盘踞在这一带。周人称周，始自古公迁岐。旧说，周人之兴是以文王"决虞芮之讼"为标志。虞以吴山名，芮以芮水名。吴山在宝鸡西北，是汧水流经的地方，又名岍山或汧山。芮水源自甘肃华亭的关山东麓，东流，经崇信，在泾川注入泾水。芮水不是这一带的汭河，而是汭河南面的黑河。这里的虢是西虢，有别于东迁的三虢。西虢在宝鸡虢镇，即旧宝鸡县，今陈仓区，但铜器铭文中有"郑虢"，秦都雍城有大郑宫，郑在凤翔原上。

姜姓：申（疑初在宝鸡，后迁南阳）、吕（疑初在宝鸡，后迁南阳）。

【案】姜姓之国，申、吕、齐、许最有名，号称"四岳之胤"。四岳有二说，一说吴山（在陕西宝鸡），一说霍山（在山西洪洞）。吴山也叫吴岳、岳山，在陕西。霍山也叫太岳山，在山西。姜姓之戎归附周，与周联姻，最初只有申、吕二国。齐、许是从吕分出，[1] 武王克商后才封于东方。旧说吕在山西，与霍山或吕梁山有关，申在陕北，与《山海经·西次四经》的申山、上申之山、申首之山和申水有关，不仅离姜戎故地太远，与岐周也有相当距离，恐怕不是最初所在。顾颉

---

[1] 齐出于吕，众所周知。许出于吕，见清华楚简《封许之命》。参看李学勤主编《清华大学藏战国竹简》（五），上海：中西书局，2015年，下册，117—123页。

刚说，五岳起于四岳，四岳起于吴山，吴山一带才是申、吕故地，很有道理。[1] 我怀疑，申、吕初在宝鸡。申近关山驿路，与陇西的西戎更近。吕则可能在清姜河上，离岐周更近。

嬴姓：秦（在宝鸡）、梁（在韩城）。

【案】嬴姓本是鲁地土著。《史记·秦本纪》有嬴姓十四氏，徐、郯、莒、终黎、运奄、菟裘、将梁、黄、江、脩鱼、白冥、蜚廉、秦、赵。徐国在江苏泗洪。郯国在山东郯城。莒国，分曹姓、嬴姓、己姓。曹姓之莒见《国语·郑语》，年代最早。嬴姓之莒在山东胶州，年代次之。己姓之莒在山东莒县，年代最晚。《左传》隐公二年疏引《世本》，谓"莒，己姓，纪公以下为己姓，不知谁赐之姓"，张澍辑本疑为宋衷注。莒纪公见《左传》文公十八年、《国语·鲁语上》，可见前609年后，莒国为己姓。终黎即钟离国，在安徽凤阳。运奄氏可能是奄人的一支。奄为商邑，也叫商奄或商盖。商奄是嬴姓祖庭，鲁都曲阜就是建在商奄故地。或说运即郓。郓为鲁邑，西郓在郓城，东郓在沂水。菟裘亦鲁邑，在山东新泰。将梁疑即少梁。少梁嬴姓，在陕西韩城。[2] 黄国在河南潢川。江国在河南正阳。脩鱼即修鱼，韩邑，在河南原阳。白冥不详。蜚廉为秦、赵二国之祖。蜚廉之后，秦国在陕西宝鸡，赵国在山西洪洞。嬴姓西迁，分四支，赵在霍山脚下，梁在龙门口上，大骆之族在陇山西侧，秦在陇山东侧。秦从大骆分出，大骆之族被灭后，秦代替了大骆之族。

祁姓：杜（在西安）。

【案】唐为商邑，相传是帝尧之都。旧说在临汾西南，学者或以襄汾陶寺遗址为唐国的中心。成汤也叫成唐，其都曰亳。武王灭唐，周封叔虞于唐，迁其民于杜，杜在西安三兆村南，也叫唐杜、荡杜和亳。

姒姓：莘（即有莘，在合阳）、褒（在汉中）。

【案】姒姓来自山西、河南。莘是太姒所出，褒是褒姒所出。辛甲出于莘。据

---

[1] 顾颉刚《"四岳"与"五岳"》，收入氏著《史林杂识初编》，34—45页。
[2] 汉有将梁侯，国在河北清苑，不是这个将梁。

叔向父簋，莘国之莘，金文从女从辛。[1]

姬姓之狄：骊戎（在临潼）。

【案】骊戎姬姓，可能是白狄的一支。[2]《国语·晋语四》："公说，乃行赂于草中之戎与丽土之狄，以启东道。"韦昭注："二邑戎狄，间在晋东。""草中之戎"，疑指茅戎。"丽土之狄"，《吕氏春秋·不广》作"骊土之翟"，应即骊戎。骊戎以骊山名。骊山在陕西临潼。临潼有骊山、戏水。骊山也叫戏山。[3]

考古发现：夨（在宝鸡）、散（在宝鸡）、弓鱼（在宝鸡）、井（在宝鸡）。

【案】夨，有关发现主要在陇县、千阳和宝鸡市区的汧水两岸，夨王簋盖出土于宝鸡贾村塬，可能是夨的中心。[4] 散，据散氏盘，与夨有土地纠纷，地土相邻。[5] 宝鸡西南有大散关。散季簋"散季肇作朕王母叔姜宝簋"，[6] 散季的祖母既然是姜姓，可见散绝非姜姓。散与夨互相通婚。散伯簋"散伯作夨姬宝簋"，[7] 似应理解为散伯嫁女于夨，散是姬姓。同样，夨王簋盖"夨王作郑姜尊簋"，也应理解为夨王嫁女于郑，夨是姜姓。[8] 张政烺先生指出，散是姬姓，夨是姜姓，[9] 很正确。散即散宜生之散，与周同族。夨王则可能是姜戎之王或吕王。弓鱼，有三处发现。纸坊

---

[1]《殷周金文集成》（修订增补本），第三册，2057—2062页：03849—03855。
[2] 或说骊戎是犬戎之一支，见舒大刚《春秋少数民族分布研究》，192—195页。案：犬戎非姬姓之戎。《六韬》等书所谓"犬戎之文马"，《史记·周本纪》作"骊戎之文马"，未必可靠。我怀疑，司马迁可能是以"文马"为"丽马"，"丽马"为"骊马"，未必可当骊戎即犬戎的证据。
[3]《史记·秦本纪》提到秦武公元年伐彭戏氏。正义说彭戏氏为"戎号也，盖同州彭衙故城是也"，彭衙在陕西白水县。骊戎或与彭戏氏有关。
[4]《殷周金文集成》（修订增补本），第三册，2074页：03871。
[5]《殷周金文集成》（修订增补本），第七册，5486页：10176。
[6]《啸堂集古录》，52页，见《宋人著录金文丛刊初编》，北京：中华书局，2005年，671页。
[7]《殷周金文集成》（修订增补本），第三册，2004—2007页：03777—03780。案：散伯匜见第四册，5493页：10193，与此同组；散姬方鼎见第二册，1090页：02029，为刘体智旧藏，散、姬二字写法怪异，疑伪。
[8] 清沈垚《落帆楼文集》卷二四《庸蜀羌髳微卢彭濮考》："夫以关中东并者，西必兼巴蜀。惠王用兵金牛，通于五土。沛公得汉狼弧，定夫三秦。魏师入成都，而江陵不支。元兵取川蜀，而荆湖告急。井络天彭，天下险阻。周武东伐，而以师来厥者有庸、蜀、羌、髳、微、卢、彭、濮八国，则已举唐之山南、剑南二道及江南道之黔中地而尽属周矣，又何待孟津鱼跃、牧野鹰扬，而始叹师之无敌哉。"
[9] 张政烺《夨王簋盖跋》，《古文字研究》第十三辑，北京：中华书局，1986年，174—180页。

头墓地在渭河以北、金陵河以西,约在武、成之际。[1]竹园沟墓地在渭河以南、清姜河东岸,约在康、昭之际。[2]茹家庄墓地也在渭河以南、清姜河东岸,约在穆、共之际。[3]据茹家庄墓地的出土铭文,弓鱼伯与井姬是夫妇,[4]可见弓鱼非姬姓,很可能是姜姓。[5]井分郑井、丰井,这里的井是郑井。郑井在凤翔(郑是地名),丰井在西安市长安区的沣河西岸。郑井、丰井是西土之邢,东封之邢在河北邢台。另外,宝鸡过去发现的斗鸡台墓地和最近发现的石鼓山墓地,隔河相望,出土器物十分相似,[6]学者推测,可能也是姜姓的墓地。申、吕在哪里,一直是个谜。姬姜通婚,早期主要是申、吕。早期的申、吕不可能在南阳,应与周人邻近。南阳的申、吕是后迁。

(二) 甘肃、宁夏

嬴姓:大骆之族(在甘肃礼县)。

【案】司马迁说,秦、赵皆出中潏,中潏之父为戎胥轩,母为骊山之女,是申侯的女祖先,中潏"在西戎,保西垂",早在商代就已住在陇山西侧(《史记·秦本纪》)。中潏生蜚廉,蜚廉有二子,恶来一支是秦所出,季胜一支是赵所出。恶来生女防,女防生太几,太几生大骆。大骆有二子,成与非子。成是申侯之女所生,为嫡子,继承大骆,周封非子于汧渭之会,是为秦。但清华楚简《系年》有不同记载,谓秦人这一支(即大骆这一支)是成王平定武庚三监之叛,伐商盖(曲阜),杀蜚廉,迁商盖之民于朱圉山才有。[7]

姞姓:密须(在甘肃灵台)。

---

[1] 胡智生等《宝鸡纸坊头西周墓》,《文物》1988年3期,20—27页;宝鸡市考古研究所《陕西宝鸡纸坊头西周早期墓葬清理简报》,2007年8期,28—47页。
[2] 卢连成、胡智生《宝鸡弓鱼国墓地》,北京:文物出版社,1988年。
[3] 卢连成、胡智生《宝鸡弓鱼国墓地》,北京:文物出版社,1988年。
[4] 《殷周金文集成》(修订增补本),第五册,3646页:05913。
[5] 学者指出,这三批墓葬有蜀文化的因素。其实,蜀人本身就属于氐羌系。
[6] 任雪莉《宝鸡戴家湾商周铜器群的整理与研究》,北京:线装书局,2012年;石鼓山考古队《陕西宝鸡石鼓山西周墓葬发掘简报》,2013年2期,4—54页;陕西省考古研究院等《周野鹿鸣——宝鸡石鼓山西周贵族墓出土青铜器》,上海:上海书画出版社,2014年。
[7] 李学勤主编《清华大学藏战国竹简》(贰),上海:中西书局,2011年,下册,141—143页。

【案】密须姞姓，也可单称密。[1]后稷的配偶是姞姓，估计就是娶自密须。不窋以下的十二位先公全都住在豳，也一定与密须通婚。但文王伐九邦，其中有密须，密须是被周人灭掉。武王克商后的密须是姬姓。但就连这个密须，后来也被周恭王灭掉。《国语·周语上》："恭王游于泾上，密康公从，有三女奔之。其母曰：必致之于王。……康公不献。一年，王灭密。"韦昭注："康公，密国之君，姬姓也。"这以后，河南新密又有个密，也是姬姓。新密是对旧密而言。甘肃灵台白草坡出土过一批西周铜器，铭文有潶（？）伯、㔙伯等字样。[2]我怀疑，这批东西不大可能属于姞姓密须。因为西周只有姬姓密须，没有姞姓密须，姞姓密须已经灭亡。当然，仅凭现有材料，我们也不能肯定灵台白草坡的墓地就是属于姬姓密须，因为铭文证据还不够。我怀疑，㔙字的声旁乃亂字所从，可能是阮国之阮。亂是来母元部字，阮是疑母元部字，古音相近。《诗·大雅·皇矣》："密人不恭，敢拒大邦。侵阮徂共，王赫斯怒。"阮、共在甘肃泾川，是密须旁边的小国。文王伐密须，借口就是它侵略了这两个小国。《竹书纪年》记载过这一事件。

姜姓之戎：氐羌（主要在青海、甘肃）。

允姓之戎：獯鬻、猃狁、犬戎（主要在河西走廊和陇山两侧）。

【案】西戎分两大系统：一个系统是姜姓之戎，来源是青藏高原的氐羌；一个系统是允姓之戎，来源是新疆、中亚的塞种（Saka，属印欧人），[3]或塞种与北亚人种的混合种。据《史记·秦本纪》、《后汉书·西羌列传》，秦灭西戎的西戎主要分布在陕甘宁三省：亳戎、彭戎、小虢、大荔在陕西，邦戎、冀戎、绵诸、绲戎、翟戎、獂戎、义渠在甘肃，乌氏、朐衍在宁夏。秦灭西戎，其结果，上述西戎不是被同化，就是被驱离或迁置，从此销声匿迹。汉以来，西戎的概念被西羌代替，《后汉书·西羌列传》的西羌主要指青海的河湟诸羌。

（三）青海

《书·禹贡》提到"三苗"：昆仑、析支（亦名赐支）、渠搜（亦名渠

---

[1] 凤雏甲骨提到"密"（字从宀从双弋，无山旁），即密须。参看曹玮《周原甲骨文》，北京：世界图书出版公司，2002年，90页：H11:136。
[2] 甘肃省博物馆文物工作队《甘肃灵台白草坡西周墓》，《考古学报》1977年2期，99—130页。
[3] 希腊人叫斯基泰人（Scythians，希腊语作 Σκύθαι）。

叟)。昆仑主要活动于河首,即巴颜喀拉山一带。析支主要活动于赐支河曲,即阿尼玛卿山一带。渠搜主要活动于湟中一带。

【案】《禹贡》"三苗"属于氐羌,与苗瑶无关。据《后汉书·西羌传》,秦汉羌戎出自无弋爱剑种。氐、羌,古书往往并称,当作一个词,但两者仍有区别。《逸周书·王会》提到"氐羌以鸾鸟",孔晁注:"氐地之羌不同,故谓之氐羌,今谓之氐矣。"童恩正的解释很有意思,他说"氐地之羌"是"低地之羌"。[1] 氐是低地之羌,邻于汉区或移居汉区,与汉民杂处,主要分布在甘肃东南,还有一部分迁居川滇黔,成为各种西南夷。羌是高地之羌,远离汉区,以游牧为主,主要在青藏高原,特别是河湟地区。今之羌为古之氐,今之藏为古之羌。王明珂说的"羌在汉、藏之间",[2] 其实以古代的概念讲,是"氐在汉、羌之间"。

(四) 四川、云南、贵州

巴、蜀、西南夷主要活动于川滇黔。

【案】巴、蜀常并举,但巴近湖北而蜀近甘青。巴出廪君种,与百濮关系近,属南蛮系。蜀出叟族,与西戎关系近,属氐羌系。巴、蜀都包括很多族。[3] 秦灭巴、蜀,设为巴、蜀二郡,巴、蜀被同化。《史记》、《汉书》只有《西南夷列传》,所谓西南夷,不包括巴、蜀。《后汉书·南蛮西南夷列传》分南蛮和西南夷。西南夷,概念同西汉,主要指蜀郡的徼外蛮,即白马氐、冉駹、徙、筰、邛都、莋都、夜郎、滇、昆明、巂、哀牢夷。南蛮主要指武陵郡、长沙国、零陵郡的盘瓠种(如武陵蛮、长沙蛮、零陵蛮),巴郡的廪君种和板楯蛮,以及今越南境内的徼外蛮。汉代所谓西南夷,与今白、彝等族有关;所谓盘瓠种,与今苗、瑶等族有关;所谓廪君种和板楯蛮,可能与今佤、布朗、德昂等族有关;越南境内的徼外蛮,则与今壮、侗等族有关。

---

[1] 童恩正《古代的巴蜀》,成都:四川人民出版社,1979年,56—57页。
[2] 王明珂《羌在汉藏之间——川西羌族的历史人类学研究》,北京:中华书局,2008年。
[3] 如宗妇诸器,传出户县。铭文所谓"宗妇",娸姓,是郜女嫁于秦者。郜即鄀,在四川广元宝轮镇,是苴族之国,位于汉中入蜀的交通要道上。

十、族姓分布：冀豫兖区

《禹贡》的冀、豫、兖三州是夏、商二国的核心地区。武王克商后，周人的统治中心和它的北土主要在这一范围。周的北境比较模糊，但至少可达河北北部、山西北部和辽东半岛。

（一）山西南部

姬姓：唐—晋（初封唐，后封晋，晋在翼城、曲沃、侯马一带）、霍（在霍州）、杨（在洪洞）、贾（在襄汾）、北虢（即下阳，在平陆）、虞（在平陆）、芮（初都芮城，后迁陕西大荔）、魏（初都芮城，后迁夏县）、冀（在河津）、耿（在河津）、韩（初都河津，后迁临汾）、荀（在新绛）、郇（在临猗）、黎（在黎城、潞城、长治一带）。

【案】晋在洛阳北。大同到洛阳，是自古胡骑南下的大通道。平王东迁，"晋、郑是依"（《国语·周语中》）。晋据夏地，与戎狄杂处，是拱卫洛邑的战略要地。唐叔虞先封唐，后封晋，类似卫康叔先封康丘，后封卫。《史记·郑世家》"迁实沈于大夏"，索隐引服虔说："大夏在汾、浍之间。"《史记·晋世家》："唐在河、汾之东，方百里，故曰唐叔虞。"叔虞封唐的唐，有人认为是唐地，有人认为是唐邑，尚无定论。晋为什么叫晋也不太清楚。晋都最初在翼，曲沃桓叔代翼，迁曲沃。二邑在翼城、曲沃一带。献公迁绛，绛可能在绛山北麓、浍水南岸，与曲沃隔河相望。景公迁新田，则在侯马。晋国的核心区是建在唐地，大致在浍水两岸和浍水西流注入汾水处。它的周围分布着一批姬姓小国。霍、杨、贾在其北，虢、虞、芮、魏在其南，冀、耿、韩、郇在其西，荀在西南而黎在东北。霍、冀、耿、黎是商代古国，武王克商，改封姬姓。霍当霍山，守着临汾盆地的北口；冀、耿、韩当龙门，守着河津渡；虢、虞、芮、魏当三门峡，守着茅津渡、大禹渡、风陵渡和蒲津渡；黎当滏口陉，守着上党到邯郸、安阳的通道，皆战略要冲。霍出霍叔度。杨是周宣王封其子。[1] 贾是唐叔虞封其子。虢、虞、芮则是从西土迁来。虢是虢叔、虢仲之后，北虢在山西平陆，南虢在河南三门峡，隔河相望，东虢在河南荥阳。这里的虢是北虢。虞是仲雍之后，在平陆，与虢为邻。司马迁说，太伯、仲雍为季历兄。太伯无子，仲雍有之。周武王克商，求太伯、仲雍之后，得周章。周章为仲雍曾孙。周章封吴，其弟封虞，是为虞仲（《史记·吴太伯世家》)，可见虞、吴二国俱出西土之虞，都是仲雍之后。晋灭霍、魏、耿，赵夙御戎，毕万为右，有大功，晋献公以耿封赵夙，以魏封毕万，使赵夙召霍君于齐，复其国，仍奉霍太山之祀。赵，初封赵城，在洪洞赵城，与霍有密切关系。郇是文王子，与六卿之荀有别。晋六卿，除范氏祁姓，赵氏嬴姓，余皆姬姓。智氏、中行氏出荀氏，荀氏出原黶。韩分两支，西周韩侯为武王后，初封河津韩原，后迁河北固安，灭于晋；战国韩侯，出韩武子，韩武子是曲沃桓叔之后，晋献公封之于河津韩原，后迁临汾和河南宜阳、禹州、新郑。魏出毕万，毕万是毕公之后，初封芮城，后迁夏县、开封。

祁姓：随（在介休一带）。

【案】范氏出自唐杜氏，旧称士氏，封于随，又称随氏。随在介休。

嬴姓：赵（在洪洞赵城镇）。

【案】赵是嬴姓十四氏之一。嬴姓西迁，何时进山西，并不清楚，但据《史记·秦本纪》，似在商周之际，至少不晚于西周早期，赵封赵城也不晚于穆王时。洪洞赵城有坊堆遗址和永凝堡遗址，时间跨度从西周早期到春秋早期，或说为杨国遗址，但杨是宣王子，幽王始封，年代不合。这些遗址也可能与霍、赵有关。

姞姓：偪（地点不详）。

【案】《左传》文公六年有"偪姞"，为晋襄公母。

姬姓之戎：大戎（在交城）。

【案】晋与大戎、小戎通婚。《左传》庄公二十八年："（晋献公）又娶二女

---

[1]《新唐书·宰相世系表》："杨氏出于姬姓，周宣王子尚父封为杨侯。"周宣王四十二年逑鼎："余肇建长父侯于杨。"董珊认为长父即尚父。参看氏著《略论西周单氏家族窖藏青铜器铭文》，《中国历史文物》2003年4期，40—50页。

于戎。大戎狐姬生重耳，小戎子生夷吾。"杜预注："大戎，唐叔子孙别在戎狄者。""小戎，允姓之戎。子，女也。"《国语·晋语四》："狐氏出自唐叔。狐姬，伯行之子也，实生重耳。"

允姓之戎：小戎（不详）。

【案】《左传》庄公二十八年杜预注以小戎为允姓之戎，但《史记·晋世家》"夷吾母，重耳母女弟也"，以小戎子为狐姬妹。学者以小戎为姬姓，恐怕不对。因为小戎子与狐姬若为姊妹，则小戎子属大戎，不应称小戎子。

姜姓之戎：姜戎（在晋都南鄙）。

【案】姜戎初居敦煌，秦穆公迫逐之。前638年，晋惠公迁姜戎于晋都南鄙。

媿姓之狄：冯氏（在芮城、平陆一带）、东山皋落氏（在垣曲皋落乡）、潞氏（在潞城潞河古城）、甲氏（在武乡故城镇）、留吁（在屯留古城村）、铎辰（在长治市）、徐吾（在屯留徐吾镇）、茅戎（在平陆茅津渡）、蒲戎（在隰县）、廧咎如（在太原）。

【案】媿姓是鬼方之姓。鬼方南下，从河套地区，顺黄河进入陕西、山西。叔虞封唐有所谓"怀姓九宗"。怀姓，古书有隗、归、嬇等不同写法，金文作媿。媿姓有许多分支。冯氏即《世本》鄏氏，西周金文作倗氏。冯氏传为河伯冯夷之后，也叫河宗氏，《路史·国名纪六》引《姓纂》："出自伯絮，国在虞、芮间。"绛县横水西周大墓M2、M1即冯伯、毕姬的大墓。[1] 翼城大河口霸国墓地，学者推测，可能也是狄人的墓地。[2] 东山皋落氏，东山疑指太行山，《水经注·河水》有皋落城，在垣曲东南皋落乡，服虔称之为"赤狄之都"。洛阳出土过十一年皋落戈，[3] 铭文"咎䓖"即皋落。晋灭潞氏、甲氏、留吁、铎辰，见《春秋》宣公十五年、十六年。潞氏在潞城东北潞河古城。甲氏以甲水名，甲水即涅水，涅水在古涅县，涅县在武乡故城镇。留吁在屯留东南古城村。清华楚简《系年》第四章有"赤翟

---

[1] 山西省考古研究所等《山西绛县横水西周墓发掘简报》，《文物》2006年8期，4—18页。

[2] 山西省考古研究所大河口墓地联合考古队《山西翼城县大河口西周墓地》，《考古》2011年7期，9—18页。

[3] 蔡运章、杨海钦《十一年皋落戈及其相关问题》，《考古》1991年8期，413页。

王留吁起师伐卫"。[1]可见留吁得自赤狄王之名。铎辰在今长治市。徐吾出自商代的余无之戎，余无之戎出自漠北的余无之水。《山海经·北山经》："北鲜之山是多马，鲜水出焉，而西北流，注于涂吾之水。"涂吾之水，《史记·匈奴列传》作余吾水。余吾水是今蒙古国的图拉河，位置在蒙古国中北部。古本《竹书纪年》："太丁四年，周人伐余无之戎，克之。"徐吾在屯留徐吾镇。[2]今屯留县是由汉屯留县和徐吾县合并而成，屯留县在绛河以南，徐吾县在绛河以北。春秋徐吾是茅戎的一支。茅戎在茅津渡。《左传》成公元年载，刘康公伐茅戎，败绩于徐吾氏。杜预注："徐吾氏，茅戎之别也。"孔颖达疏："败于徐吾之地也。茅戎已是戎内之别，徐吾又是茅戎之内聚落之名。王师与茅戎战之处。"《国语·郑语》，史伯讲西周末年形势，成周以北有"卫、燕、狄、鲜虞、潞、洛、泉、徐、蒲"，韦昭注："潞、洛、泉、徐、蒲皆赤狄隗姓也。"潞即潞氏，洛即皋落，泉即泉戎，徐即徐吾，蒲即蒲戎。泉戎，详下河南节。蒲戎居蒲邑，蒲邑在隰县。廧咎如，旧说在太原。《左传》僖公二十三年："狄人伐廧咎如，获其二女叔隗、季隗，纳诸公子。"廧咎如也是赤狄。

可能与赤狄、白狄有关的戎：条戎（在晋南）、奔戎（在晋南）、厹由（在盂县）。

【案】条戎是以鸣条岗而名。鸣条岗东起夏县，西延临猗。今本《竹书纪年》："（宣王）三十八年，王师及晋穆侯伐条戎、奔戎，王师败逋。"《后汉书·西羌传》略同。《左传》桓公二年："晋穆侯之夫人姜氏，以条之役生太子。"厹由，亦名仇犹、仇繇，见《战国策·西周策》，高诱注说厹由是"狄国"。

（二）河北北部（含京津地区）、山西北部和辽东半岛

姬姓：燕（北京房山琉璃河）、邢（在邢台）、軧（在元氏）。

---

[1]参看李学勤主编《清华大学藏战国竹简》（贰），上海：中西书局，2011年，下册，144页。案：此句"留"字，下省田，"吁"字从虎从口，楚简多用为呼或乎字。呼、吁两字是通假字。得此可知，《左传》闵公二年"狄人伐卫"，其实是赤狄伐卫。

[2]参看山西省考古研究所编著《屯留余吾墓地》，太原：三晋出版社，2012年。案：墓地出土陶器，一件钤有"余市"印（170页，图一八二，4），一件钤有"屯市"印（174页，图一八六），报告未释。"余"即余吾，"屯"即屯留。

【案】燕，也叫北燕，有别于南燕。北燕姬姓，是召公之后。南燕姞姓，可能是燕地土著，召公封燕后南迁。武王克商后，封黄帝之后于蓟（在北京广安门一带），可能就是指姞姓的燕国。[1] 邢是周公之后。[2]

姬姓之狄：鲜虞（初在山西五台，后迁河北正定、唐县）、肥（初在山西昔阳，后迁河北藁城）、鼓（初在山西昔阳，后迁河北晋州）、中山（初在河北定州，后迁河北平山）。

【案】白狄姬姓。[3]《左传》僖公三十三年："狄伐晋，及箕。八月戊子，晋侯败狄于箕，郤缺获白狄子。"杜预注："白狄，狄别种也。故西河郡有白部胡。"白狄初在山西，后迁河北。鲜虞、肥、鼓、中山皆白狄国，主要分布在滹沱河流域。

北戎：燕京之戎（在秦皇岛—北京—大同一线）、无终（在蓟县）、令支（在迁安）、孤竹（在卢龙）、林胡（在晋、燕之北）、娄烦（在晋、燕之北）、代（在河北蔚县）。

【案】以上各支皆属北戎。北戎也叫山戎，主要活动于燕山山脉—太行山北端—管涔山一带。《左传》昭公九年詹桓伯有言："肃慎、燕亳，吾北土也。"当时的肃慎，势力可达辽东半岛，与京津地区邻近。燕亳即燕京。燕京是今燕山山脉以南地，其名应与燕京之戎的活动范围有关。古本《竹书纪年》记太丁二年，周季历伐燕京之戎。燕京之戎是得名于燕京山。燕京山即管涔山，在山西西北，但燕京之戎的活动范围并不限于山西北部，还包括河北北部。同样，无终、令支、孤竹等族，他们的活动范围也不限于河北北部，还包括山西北部。今秦皇岛—北京—大同一线是秦右北平、渔阳、上谷、代、雁门五郡，五代以来叫燕云十六州，

---

[1] 1890年，河北涞水出土北伯器，王国维谓北伯之北或即邶、鄘、卫之邶，并以邶为燕、鄘为鲁。此说不可信，但北伯是否与召公封燕以前的北燕有关则值得考虑。见氏著《北伯鼎跋》，收入《王国维遗书》，第三册：《观堂集林》卷十八，2页。

[2] 任亚珊等《1993—1997年邢台葛家庄先商墓地考古工作的主要收获》，收入《三代文明研究》，北京：科学出版社，1999年，7—25页。

[3] 白狄姬姓说见杜预《春秋释例》和范宁《穀梁传》昭公十二年注。王符《潜夫论·志氏姓》有"厘姓白狄"说，厘是姬之讹。厘，明程荣《汉魏丛书》本作"婿"，则据黄帝十二姓之西姓改字。参看汪继培《潜夫论笺》，北京：中华书局，1979年，456—458页。又《风俗通义·姓氏篇》佚文："鲜于氏，武王封箕子于朝鲜，其子食采于朝鲜，因氏焉。"或说鲜虞为子姓，这也是附会。

自古为兵家必争之地。林胡，又称林人、儋林，为林中胡人之简称，大概来自东北林区。燕京之戎也许是姞姓。

(三) 河南

  姬姓：康—卫（康在禹州，卫在淇县，后迁滑县、濮阳、沁阳）、凡（在辉县）、胙（在延津）、雍（在焦作）、邗（在沁阳）、原（在济源）、南虢（即上阳，在三门峡）、焦（在陕县）、管（在郑州）、郑（在新郑）、东虢（在荥阳）、祭（在荥阳）、密（在新密）、毛（在宜阳）、应（在平顶山）、滑（在睢县）、蒋（初在尉氏，后迁淮滨）、胡（在郾城）、顿（在商水）、蔡（初在上蔡，后迁新蔡和安徽凤台）、聃（在平舆）、沈（在平舆）、息（在息县）。

  【案】卫康叔封，据铜器铭文，初封于康，称康侯丰，[1] 后封于卫，始称卫侯。清华楚简《系年》第四章述卫之封，曰"乃先建卫叔封于庚丘，以侯殷之余民。卫人自庚丘迁于淇卫"。[2] "庚丘"即康，在禹州。"淇卫"即朝歌，在淇县。西周铜器提到"王来伐商邑，诞命康侯图于卫"。[3] 卫同郼，乃殷之别名。祭，见西周金文，字作𥷚，象手执箭头朝下的双矢，可能与射字有关，后来写成祭。上述23国，东虢、南虢是迁自西土。管、蔡、卫、毛、聃、雍、原为文王之子；邗、应为武王之子；凡、蒋、胙、祭是周公之子，这是一批。另一批是密、胡、顿、沈、息。《左传》僖公十七年有密姬，娶自河南之密。齐有胡姬，见《左传》哀公八年。姬姓顿子国，见《汉书·地理志上》汝南郡南顿县。沈为姬姓，见《史记·陈杞世家》索隐引《世本》。息为姬姓，见《左传》隐公十一年疏引《世本》。

  姜姓：申（南申，在南阳）、吕（南吕，在南阳）、许（初在许昌，后迁叶县）。

  子姓：殷（在安阳）、宋（在商丘）、空桐（在虞城）、邶（在汤阴）。

---

[1]《殷周金文集成》（修订增补本），第二册，1127页：02153。
[2]《清华大学藏战国竹简》（贰），下册，114页。
[3]《殷周金文集成》（修订增补本），第三册，2231页：04059。

【案】殷王畿在河内之地，即太行山和黄河故道的夹角内，相当安阳—汤阴—鹤壁—淇县—卫辉—新乡一线。武王克商，封纣子武庚于殷，三分其地为邶、鄘、卫。卫在淇县，邶在卫北，旧说在汤阴，鄘在卫东，旧说在新乡。武王卒，武庚三监作乱，周公东征平定之，封康叔于卫，封微子启于宋，迁殷顽民于洛，分殷民六族于鲁，分殷民七族于卫，有些留在当地。故殷遗有很多分支，如《左传》隐公元年疏引《世本》有子姓九氏，曰殷、时、来、宋、空同、黎、比髦（北髦之误）、自夷（目夷之误）、萧。《史记·殷本纪》有殷、来、宋、空桐、稚、北殷、目夷七氏，缺时、萧。[1] 殷，指安阳，字亦作郼。时，不详。来，即莱。宋在商丘，是商汤的旧都。北殷、北髦，疑即邶。空桐，相当空同，也叫桐，在河南虞城。稚，不详。目夷，宋司马子鱼名目夷。目夷氏居山东滕州，滕州木石镇有目夷亭。萧，在安徽萧县。

赢姓：江（在正阳）、黄（在潢川）、修鱼（在原阳）、葛（在宁陵）、樊（在信阳）、养（在沈丘）。

【案】赢姓十四氏有江、黄、修鱼，无葛、樊、养。葛为赢姓，见《左传》僖公十七年，传文"葛赢"为齐桓公夫人。樊、养为赢姓是据出土铜器。[2] 江、黄、樊在淮水沿岸，属于南淮夷。

己姓：苏（初在济源，后迁温县，也叫温）、番（在信阳一带）。

【案】己姓是祝融八姓之一。《国语·郑语》列举的己姓国，昆吾、顾、董都是夏代古国，武王克商前早已灭亡。西周还在只有苏。番，文献缺略，主要靠考古资料，才知道其族姓地望。[3]

妘姓：邬（在新密）、鄢（在鄢陵，一作邘）。

【案】妘姓是祝融八姓之一，金文作娟。邬为妘姓，见会娟鼎。[4]

祁姓：房（在遂平）。

---

[1]《左传》定公四年记成王分殷民六族于鲁，曰条氏、徐氏、萧氏、索氏、长勺氏、尾勺氏；分殷民七族于卫，曰陶氏、施氏、繁氏、锜氏、樊氏、饥氏、终葵氏。这十三族，除萧氏，皆在《世本》九氏外。鲁地有长勺，在山东莱芜。
[2]《殷周金文集成》（修订增补本），第一册，602 页：00626；第四册，2967—2968 页：04599。
[3] 徐少华《周代南土历史地理与文化》，武汉：武汉大学出版社，1994 年，123—138 页。
[4]《殷周金文集成》（修订增补本），第二册，1267 页：02516。

【案】《国语·周语上》："昔昭王娶于房，曰房后，实有爽德，协于丹朱，丹朱凭身以仪之，生穆王焉。"[1]

姒姓：杞（初在杞县，后迁山东新泰）。

【案】武王克商，求夏禹之后东楼公，封于杞，以奉夏祀。《史记·夏本纪》有姒姓十二氏：夏后、有扈、有男、斟寻、彤城、褒、费、杞、缯、辛、冥、斟戈。夏后氏是夏遗民，主要在晋南豫西。有扈在陕西户县。有男即有南，在湖北荆州。斟寻在河南偃师。彤城在陕西华县。褒在陕西汉中。费在山东鱼台。杞初在杞县，后迁山东新泰。缯在山东兰陵。辛即莘，在陕西合阳。冥即鄍，在山西平陆。斟戈即斟灌，在山东寿光。

妫姓：陈（初在柘城，后迁淮阳）。

【案】妫为舜姓。武王封虞舜之后于陈。

任姓：谢（在南阳）。

【案】《国语·晋语四》之黄帝十二姓，其中有任姓。任姓，金文作妊。《左传》隐公十一年疏引《世本》："任姓，谢、章、薛、舒、吕、祝、终、泉、毕、过。"其中有谢。

姞姓：南燕（在延津）。

【案】姞姓之国，除密须，还有南燕。据《左传》宣公三年，南燕之祖为伯儵，郑文公有贱妾曰燕姞，就是娶自南燕。南燕是对北燕而言。北燕是武王克商后，封召公次子于燕亳故地。我怀疑，南燕出自北戎中的燕京之戎，旧居后来的北燕之地，召公封于北燕之地后，南迁到延津，始分南北燕。《续汉书·郡国志》谓南燕国"有胙城，古胙国"。《通志·都邑略》说"南燕都胙"。南燕与胙在一地。

允姓：郚（在淅川）。

【案】允姓十分罕见。《春秋释例》卷七引《世本》以郚为允姓之国。

允姓之戎：陆浑之戎（在嵩县）。

---

[1] 今本《竹书纪年》"命世子钊如房逆女，房伯祈（祁）归于宗周"，则以娶房女者为康王，系年于周成王三十三年。

【案】旧居瓜州,秦晋迁之于伊川,也叫阴戎。晋灭陆浑之戎,其余众归附晋国,编为九州,号九州之戎。九州的州是州县之州,与《禹贡》九州无关。

杂姓之戎:伊雒之戎(在伊水、洛水上)。

【案】《左传》僖公十一年:"夏,扬、拒、泉、皋伊雒之戎同伐京师,入王城,焚其门。"杜预注:"扬、拒、泉、皋皆戎邑及诸杂戎居伊水、雒水之间者。今伊阙北有泉亭。"伊雒之戎在洛阳南,可能有姜姓、允姓、媿姓很多种,扬、拒、泉、皋四邑是其所居,杜预只注泉邑,以伊阙北泉亭当之。伊阙在洛阳南。泉邑或即《国语·郑语》提到的赤狄之泉。

可能与曼姓有关的戎:戎蛮(在河南襄城)。

【案】戎蛮,蛮与曼通,《左传》昭公十六年"楚子诱戎蛮子,杀之",《公羊传》"蛮"作"曼"。戎蛮故邑,即汉新城县鄤聚(在河南襄城),也叫蛮中。

十一、族姓分布:青徐区

青徐区包括山东半岛和淮河下游。山东半岛的大国是齐、鲁、莒三国,淮河下游的大国是徐国,这是周的东土。

(一) 山东

姜姓:齐(在临淄)、纪(在寿光)、州(即淳于,在安丘)、向(在莒南)、逄(在临朐)。

【案】齐建于蒲姑(亦作薄姑)旧地。"逄",金文作"夆",为逄伯陵之后。

姬姓:鲁(在曲阜)、郕(亦作成、盛,在宁阳)、滕(在滕州)、曹(在定陶)、郜(在成武)、茅(在金乡)、极(在金乡)。

【案】鲁、郕、曹是文王嫡子所封,滕、郜是文王庶子所封,茅是周公之子所封。鲁建于商奄(或商盖)故地。郜,后为齐邑,字亦作禚。《春秋》庄公二年

"夫人姜氏会齐侯于禚",《公羊传》"禚"作"郜"。《春秋》隐公二年记鲁无骇帅师入极。《穀梁传》:"极,国也。……不称氏者,灭同姓,贬也。"可见极是姬姓。

风姓:任(在济宁)、宿(在东平)、须句(在东平)、颛臾(在平邑)。

【案】风姓是鲁地土著,金文从女从凡。任是有仍氏之后,字亦作仍。

嬴姓:莒(初在胶州,后迁莒县)、郯(在郯城)。

【案】嬴姓十四氏有莒、郯,莒在第二,郯在第三,仅次于徐。莒在鲁东,夹处于齐、鲁之间,曾是山东半岛的大国。郯在鲁东南,邻近江苏。《春秋》隐公二年"莒人入向",孔颖达疏:"《世本》:'莒,己姓。'……《谱》云:'莒,嬴姓,少昊之后,周武王封兹与于莒,初都计,后徙莒,今城阳莒县是也。'《世本》:'自纪公以下为己姓。'不知谁赐之姓者。十一世,兹丕公方见《春秋》。共公以下,微弱不复见,四世楚灭之。"

己姓:莒(在莒县)、顾(在鄄城)。

【案】己姓之莒在嬴姓之莒后。

曹姓:莒(不详)、邾(在滕州)、郳(小邾,在枣庄)、牟(即根牟,在安丘)。

【案】祝融八姓有曹姓之莒。邾,秦汉称邹。郳是从邾国分出的附庸国。

任姓:章(在东平)、薛(在枣庄市薛城区)、祝(在宁阳)、过(在莱州)。

【案】章、薛、祝、过在任姓十国中。章,字亦作鄣,是纪国的附庸。薛是夏车正奚仲之后。奚仲居薛,后迁上邳,汤相仲虺居之。出土铜器有邳伯缶,1954年发现于旧峄县,即今枣庄市峄城区。过是夏商古国,西周仍在。西周铜器有过伯簋,记过伯从昭王南征。[1] 祝,《吕氏春秋·慎大》、《史记·周本纪》说武王封黄帝之后于祝。

姒姓:杞(在新泰)、缯(在兰陵,字亦作鄫)。

妘姓:偪阳(在枣庄)、鄅(在临沂)、夷(在即墨)。

---

[1]《殷周金文集成》(修订增补本),第三册,2106 页:03907。

【案】偪阳为妘姓,见《国语·郑语》。鄅为妘姓,见《左传》昭公十八年疏引《世本》。夷为妘姓,见《左传》隐公元年疏引《世本》。

妫姓:邿(在长青)。

【案】邿为妫姓,见山东长青万德镇石都庄一号墓出土的邿仲瑚。[1]

釐姓之狄:鄋瞒。

【案】鄋瞒,也叫长狄或大人,据说个子很高。《国语·鲁语下》载孔子答客问。客问"何骨为大",孔子说:"丘闻之,昔禹致群神于会稽之山。防风氏后至,禹杀而戮之,其骨节专车,此为大矣。"客问"防风何守",孔子说:"汪芒氏之君也,守封嵎之山者也,为漆姓。在虞、夏、商为汪芒氏,于周为长狄,今为大人。"这是讲鄋瞒的来源。另一条材料,《左传》文公十一年载,鄋瞒渠帅有缘斯、侨如、荣如、简如、焚如,先后败于宋、齐、卫、鲁、晋,或见杀,或被俘,经此数役,鄋瞒遂亡,则是讲鄋瞒的下落。[2] 封嵎之山,旧说在浙江德清,离绍兴近,当是为了牵合禹杀防风氏于会稽之说,不可信。有学者论证,鄋瞒可能来自东北。[3] 第一,鄋瞒号长狄、大人,可见其民身材高大,很符合东北亚人种的体型特征。第二,《山海经·大荒北经》有"大人之国,釐姓",叙在"肃慎氏之国"后,说明大人之国与肃慎为邻。第三,封嵎之山应即辽宁的医巫闾山,《山海经》作附禺之山或鲋鱼之山,其名可能与扶余有关。第四,《鲁语下》说汪芒氏之君为"漆姓",前人指出,漆字是涞字之误,《史记·孔子世家》的引文作"釐姓",而莱夷之莱,金文正作"釐"(以族为姓,没有女字旁),与长狄之姓同。这些都不能不使人怀疑,鄋瞒与莱夷有关。我怀疑,长狄南下,很可能是从辽东半岛,经

---

[1] 昌芳《山东长青石都庄出土周代铜器》,《文物》2003年4期,85—91页。
[2] 缘斯败于宋,在宋武公时(前765—前748年);侨如败于鲁,在鲁文公十一年(前616年);荣如、简如败于齐、卫,在齐惠公二年(前607年);焚如败于晋,在鲁宣公十五年(前594年)。《左传》文公十一年记录这些事件,称荣如、简如、焚如为侨如弟,学者以为不可能,原因是荣如、简如败于齐,《左传》系于"齐襄公二年"(前696年),年代比侨如败于鲁还早80年。但据《史记·十二诸侯年表》和《鲁世家》、《齐世家》,"襄公二年"是"惠公二年"之误。如改为"惠公二年",并无矛盾。《左传》四兄弟,《公》、《穀》二传简化为三兄弟。所谓三兄弟,据《穀梁传》说,"一者之齐,一者之鲁,一者之晋"。"之齐"指荣如、简如,"之鲁"指侨如,"之晋"指焚如,不及缘斯。
[3] 《春秋少数民族分布研究》,46—56页和304—309页。

长岛岛链，从蓬莱登陆，一路奔莱州、一路奔烟台、威海、荣成，主要分布在胶东半岛的北岸。他们应与莱夷、嵎夷有关。莱夷的活动中心是龙口莱山，秦汉有月主祠。嵎夷的活动中心是荣成成山，秦汉有日主祠。鄾瞒侵齐、鲁，犯宋、卫，最后逃到晋，都是以这一地区为出发点。

（二）江苏北部

嬴姓：徐（在泗洪）。

【案】嬴姓十四氏，徐居其首。徐国最初可能在山东曲阜到郯城一带，后迁江苏、安徽，率南淮夷，与周对抗。周伐南淮夷，徐势力衰微。春秋时期，又被宋、齐、吴、楚等国挤压，逐渐向江西安义、靖安、高安一带转移。春秋晚期，这一带出土过不少徐国青铜器。[1]

（三）安徽

嬴姓：钟离（在凤阳）。

【案】嬴姓十四氏有钟离。钟离古城在凤阳东北的淮河南岸。古城附近有两座钟离国君墓，一座是凤阳卞庄一号墓（钟离君康墓）。[2] 一座是蚌埠双墩一号墓（钟离君柏墓）。[3]

偃姓：六（在六安）、巢（在巢湖）、桐（在桐城）、宗（在桐城）、舒（在庐江）、舒庸（在舒城）、舒蓼（在舒城）、舒鸠（在舒城）、舒龙（即龙舒城，在舒城）、舒鲍（在舒城）、舒龚（不详）。

【案】安徽地处吴、楚之间，是南淮夷的主要分布区。南淮夷以嬴姓和偃姓为主。偃姓为群舒之姓。群舒在淮河以南。《左传》僖公十二年疏引《世本》："偃

---

[1] 参看徐长青、刘新宇《湮没的王国——靖安李洲坳大墓探秘》，南昌：江西人民出版社，2012年；孙伟龙《徐国铜器铭文研究》，新北：花木兰文化出版社，2014年。
[2] 安徽省文物考古研究所、凤阳县文物管理所编著《凤阳大东关与卞庄》，北京：科学出版社，2010年。
[3] 安徽省文物考古研究所、蚌埠市博物馆编著《钟离国君柏墓》，北京：文物出版社，2013年。

姓，舒庸、舒蓼、舒鸠、舒龙、舒鲍、舒龚。"

姜姓：焦（在亳州）。

【案】武王封神农之后于焦，即秦汉以来的谯县。

媿姓之狄：胡（在阜阳）。[1]

【案】《世本》媿姓有胡国，是赤狄分布最南者。胡见西周金文，从害从夫，确为媿姓。[2] 汉代所谓胡，从古从月，主要指匈奴，则是另一概念的胡。

十二、族姓分布：扬荆区

扬荆区是长江中下游，其南境比较模糊，但至少可达湖南、江西。楚国当周之南，是这一地区的大国。吴、越在其东，[3] 巴、蜀在其西。

（一）江苏南部

姬姓：吴（初在丹阳葛城，后迁无锡阖闾城、苏州姑苏城）。

【案】吴是周章之后，出于西土之虞。吴有三都，从西北到东南，三都在一条线上。

（二）浙江

族姓不详：越（在绍兴）。

---

[1] 裘锡圭《说弌簋的两个地名——棫林和胡》认为，春秋初年的胡应在河南郾城而不在安徽阜阳。参看氏著《古文字论集》，北京：中华书局，1992年，386—392页。
[2]《殷周金文集成》（修订增补本），第三册，2233—2241页：04062—04067。
[3] 商周青铜器在长江流域多有发现，发现地点横跨四川、湖北、湖南、江西等省，如三星堆、金沙、盘龙城、黄材、大洋洲等遗址，皆著名例子。这些铜器虽有地方特色，仍与北方各省的青铜器有共性，东周以来，受北方影响而又带有南方特点的青铜文化更进一步被推广到福建、两广、云南、贵州。

【案】越都会稽。传说大禹治水，计功会稽，葬于会稽。《史记·越世家》说"越王句践，其先禹之苗裔，而夏后少康之庶子也，封于会稽"，因此有姒姓说。另一说是芈姓说，《国语·郑语》讲祝融八姓，有所谓"芈姓夔越"，芈姓说盖出于此。二说都不可靠。

（三）江西

位于楚越之间。江西的安义、靖安、高安出土过不少徐器，上已言之。

（四）湖北

芈姓：楚（在荆州）、夔（在秭归）、罗（在宜城）。
曼姓：邓（在襄阳）、鄾（在襄阳）。

【案】楚为芈姓，金文作嬭，熊为其氏，金文作酓。夔是楚熊挚之后。《左传》桓公十二年疏引《世本》谓"罗，熊姓"。熊为楚氏，应亦芈姓。邓、鄾曼姓，曼与蛮通（参上戎蛮条）。《左传》昭公九年："巴、濮、楚、邓，吾南土也。"周地到楚地，自古有两条道，一条从西安出发，走商洛古道，穿蓝田、商洛、淅川到南阳，从南阳南下；一条从洛阳出发，走宛洛古道，翻外方山、伏牛山到南阳，从南阳南下。南阳到襄阳，走宛襄古道。襄阳到荆州，走荆襄古道，襄阳到武汉，走随枣走廊。杜甫有诗，"剑外忽传收蓟北，初闻涕泪满衣裳。却看妻子愁何在，漫卷诗书喜欲狂。白日放歌须纵酒，青春作伴好还乡。即从巴峡穿巫峡，便下襄阳向洛阳"（《闻官军收河南河北》），是讲从四川到湖北、从湖北到河南的必经之路。从四川到湖北，秭归是枢纽，乃夔之所在。从河南到湖北，襄阳是枢纽，乃邓、鄾、樊所在。荆州在荆襄古道和长江航道的交会处，则是楚之所在。罗在荆襄古道上，也非常重要。

妘姓：庐（在襄阳）。

【案】《国语·周语中》："庐由荆妫。"庐也在荆襄古道上。

姬姓：曾（在随州）、唐（在随州，或说在河南唐河）。

【案】曾，《左传》作随。山西有随，在介休。曾国的考古遗址，西周早期以随州叶家山墓地为代表，西周晚期和春秋早期以枣阳郭家庙墓地和京山苏家垅墓地为代表，春秋中期到战国中期以随州义地岗墓地和擂鼓墩墓地为代表。[1] 据文峰塔M1出土的编钟铭文，姬姓曾国是南宫括之后。[2] 上文说，南宫括是八虞之一。武王克商，封仲雍之后于东方，一为虞，一为吴，都是西土之虞的后代。其实，曾国也是西土之虞的后代。

姜姓：厉（在随州）。

【案】厉，相传为神农厉山氏之后。

姞姓：鄂（初在随州，后迁南阳）。

【案】鄂是商周古国。《战国策·赵策三》有鬼侯、鄂侯、文王为纣三公说。鬼侯媿姓，鄂侯姞姓，文王姬姓。媿姓是赤狄之姓，姞姓与北戎有关，姬姓是白狄之姓。这三个姓都是北方戎狄的姓。北方戎狄南下，山西是大通道。商代，鄂在山西。山西乡宁古称鄂。西周时，鄂南迁湖北。湖北的简称就是来自鄂。据禹鼎铭文，夷王时，鄂侯驭方率南淮夷、东夷叛周，夷王起西六师、殷八师伐鄂，生擒鄂侯驭方，鄂因此灭亡。《史记·楚世家》载，楚王熊渠"兴兵伐庸、扬越，至于鄂"，立其"中子红为鄂王"，就是利用这一时机。考古发现，湖北随州羊子山墓地是西周早期的鄂国墓地。[3] 河南南阳新区新店乡夏响铺墓地是西周晚期至春秋早期的墓地。[4] 以上五国皆在随枣走廊上，战略地位十分重要。

偃姓：英（在英县）、轸（在应城）。

【案】二国为淮夷。

（五）湖南

湖南多商周铜器，往往体形硕大，作各种动物造型，并且时有中原式铭文发现，宁乡的发现最著名。东周以来，湖南属于楚地。

---

[1] 方勤《曾国历史的考古学观察》，《江汉考古》2014年4期，109—115页。
[2] 湖北省文物考古研究所、随州市博物馆《随州文峰塔M1（曾侯舆墓）、M2发掘简报》，《江汉考古》2014年4期，3—51页。
[3] 张昌平《论随州羊子山新出噩国青铜器》，《文物》2011年11期，87—94页。
[4] 崔本信等《河南南阳夏响铺周代鄂国贵族墓地》，国家文物局主编《2012中国重要考古发现》，北京：文物出版社，2013年，60—63页。

两周族姓考
（下）

十三、西周的遗产

西周灭亡，周室东迁，周人把西土留给秦，从此降居小国之列。

西周给中国留下了什么？留下的是一个四分五裂的局面，春秋有十几个国家，战国也有十几个国家。

（一）春秋十二诸侯

春秋时期，哪些国家最重要？司马迁总结，主要是14个国家。他据《春秋》经传、《国语》和《春秋历谱牒》等书，给我们做过一个年表，《史记·十二诸侯年表》。这个表，起共和元年，止周敬王崩，当前841—前477年，表中明明有14国，为什么叫十二诸侯？过去有各种猜测。其实，它是以周年和鲁年作全表的参照系，周、鲁不在十二诸侯之列。十二诸侯指齐、晋、秦、楚、宋、卫、陈、蔡、曹、郑、燕、吴。[1]

这个表有吴没有越。三家分晋前，晋、楚、齐、越才是名副其实的四大国，为什么没有越？原因是句践灭吴，已接近战国，句践之前，越史是

---

[1] 泷川资言、水泽利忠《史记会注考证附校补》，上海：上海古籍出版社，1986年，351页。

空白，没法往里排。

上述14国，如果去周加越，仍是14个国家。这14个国家，可以分为三组，五个一组加五个一组再加四个一组，非常好记。

1．中原五大国（齐、鲁、晋、卫、燕）。

西周金文有"殷东国五侯"（见保尊、保卣）。[1]《左传》僖公四年，管仲说："昔召康公命我先君太公曰：'五侯九伯，女（汝）实征之，以夹辅周室！'"其中也有"五侯"。"五侯"是哪五侯？学者有各种猜测，我怀疑，即齐、鲁、晋、卫、燕。这五国，皆以侯称，相当周在东方的五大军区，同时又是五大占领区。晋占领夏，卫占领殷，燕占领北燕（所以御北戎），齐、鲁占领蒲姑、商奄之地（所以御东夷）。这五大国，周初最重要，后来也非常重要。

2．中原五小国（曹、宋、郑、陈、蔡）。

"五侯九伯"，"九伯"是哪九伯，不好说，也许是虚指，并非实数，但春秋14国，除上述五大国，确实还有九个国家比较重要。首先是曹、宋、郑、陈、蔡。宋称公，属于周人褒封的古国。曹、郑称伯，属于封建亲戚。陈、蔡称侯，只是两个小侯，带有军事性质，类似现在的军分区。这五个国家很好记，它们是孔子周游列国，从卫国南下路过的国家。孔子是鲁人，早年去过齐，晚年去过卫，但从未去过晋、燕。中原五大国，春秋晚期，晋、楚最强。他去卫国，是奔这两个大国，第一目标是晋，第二目标是楚，卫国只是中转站。他去晋国，被子路拦阻，只好南下，正好路过这五个国家；去楚国，被叶公谢绝，他只到过楚国的边邑。

3．周边四大国（秦、楚、吴、越）。

这四个国家，除吴是姬姓，都是异姓。秦僻处雍州，自称为公，与西戎杂处，说是列为诸侯，其实比较独立。楚当周之南，自封为王，为群蛮

---

[1]《殷周金文集成》（修订增补本），第四册，3387—3388页：05415；第五册，3693页：06003。

之首，夙怀问鼎之心，被中原诸夏视为最大威胁。吴、越僻处东南，也自封为王。吴通上国，越盟诸夏，很晚，长时间里，也不与中原通聘问，非常边缘。

上述14国，曹灭于宋（前487年），陈灭于楚（前478年），吴灭于越（前473年），终春秋之世，还剩11国。

（二）战国七雄

《史记·六国年表》起周元王元年，止秦二世自杀，当前476—前207年，体例同《十二诸侯年表》，说是六国，其实列有八国，只不过参照系不同，从周、鲁换成周、秦，六国指魏、韩、赵、楚、燕、齐。司马迁的参考书主要是《秦纪》，他用的周年和秦年估计是利用这部书。

战国时期，晋国一分为三，增加两国，加上春秋留下的11国，加上鲜虞之后异军突起的中山，仍有14国。这14国，蔡灭于楚（前447年），郑灭于韩（前375年），越灭于楚（前306年），[1] 中山灭于赵（前293年），宋灭于齐（前286年），鲁灭于楚（前256年），卫灭于魏（前254年），[2] 最后只剩七大国。这七大国，齐在东，秦在西，楚在南，燕在北，三晋在中央，包裹着两周。三晋两周是众矢之的。

战国七雄，最后一统于秦：前256年，秦灭西周；前249年，秦灭东周；前230年，秦灭韩；前225年，秦灭魏；前223年，秦灭楚；前222年，秦灭燕、赵；前221年，秦灭齐。

当年，周室东迁，左膀右臂是虢、郑，背后靠山是晋。郑武公、郑庄公为平王卿士，地位比虢公更显赫。135年过去，富辰回忆此事，仍然

---

[1] 楚灭越，比较复杂。楚威王杀越王无彊，越因此破散，在前333年。楚怀王亡越而郡江东，在前306年。严格讲，秦并天下，越王无诸废为君长，才是越的最后灭亡。参看李学勤《关于楚灭越的年代》，《江汉考古》1985年7期，56—58页。
[2] 卫灭国后，先附魏，后附秦，并未绝嗣。秦二世元年（前209年），卫始绝嗣。

说："我周之东迁，晋、郑是依。"(《国语·周语中》)。但东虢灭于郑，南北虢灭于晋，郑灭于韩，周沦为韩的国中之国。

韩所在的位置是本来意义上的中国，韩亡则六国灭。

秦灭六国是再造大一统，嬴姓大一统代替姬姓大一统。

周是由秦送到东方，也是由秦灭于东方。

秦是西周的遗嘱继承人。

十四、总结

最后，让我们做一点总结。

1. 两周史，西周是天下一统，东周是礼坏乐崩，形成对照。天下大势，合久必分，分久必合，乃历史常态，但国家形态演进，总趋势是由小到大，由分到合，不能倒过来讲。我们不能认为，只有分裂才是常态，统一反而是变态。

2. 中国是个高度统一而且连续性很强的大国。苏秉琦的古国—王国—帝国模式是对中国历史经验的总结，他说的"古国"是指三代以前，"王国"是指三代，"帝国"是指秦汉以来的中华帝国。这种进化很正常，它对校正欧洲历史是必要的参考。

3. 中国有两次大一统，西周是第一次大一统，秦汉是第二次大一统。没有第一次大一统，就没有第二次大一统。西周，上承龙山文化和二里头文化的两次整合，下启编户齐民的秦汉帝国，在中国历史上很重要。

4. 王国维托梦周公，主张君必世袭，臣必选贤。《殷周制度论》是他的政治宣言。学者对他的批评多集中在他是否夸大了殷周制度的差异而忽视了两者的连续性。其实，他的用意并不在此，他想论证的是中国传统的优越性。

5．王国维美化中国传统，固有夸大之处，但他说族姓制度是周人的一大发明，中原诸夏有姓，蛮夷戎狄也有姓，完全可以成立，至今仍有启发性。两周二十姓不仅是解读两周历史的钥匙，也是解读两周铜器铭文的钥匙。

6．与西洋史对照：马其顿帝国是接收和模仿波斯帝国，昙花一现。欧洲大一统的榜样是罗马帝国。罗马帝国崩溃后，欧洲只有宗教大一统，没有国家大一统。文艺复兴，欧洲认祖归宗，推崇希腊，希腊城邦的特点是小国寡民，古典作家比之为"池塘边的蛤蟆"。

7．文艺复兴以来，人们往往把希腊与波斯的古典对立描写成民主与专制的对立，以为小必民主，大必专制，对大帝国死活看不惯，但大帝国代表世界化，在国家形态的进化谱系上明显处于高端，不是代表落后，而是代表先进。

8．汉学家或把西周比作"瑞士奶酪"（本来就不大，上面还有很多窟窿）。但出土两周铜器，覆盖面极广，几乎遍布清代的内地十八省，甚至连周边地区都有发现，铭文所见国族姓氏与文献记载高度吻合，可见当时确有某种看似松散却初具规模的"大一统"。

9．子曰："夷狄之有君，不如诸夏之亡也。"（《论语·八佾》）汉族常以不立君长，分种为酋豪，描述草原部落。草原帝国虽有君长，但多半以部落为基础，松散联合。这对理解希腊城邦倒是很好的参考，虽然他们不是坐在船上，而是骑在马上。

10．西周有天下共主。杜正胜写过两本书，《周代城邦》、《编户齐民》。西周是城邦制度吗？我看不是。我们的判断是，它既不是希腊式的城邦国家，也不是秦汉式的大帝国。要说接近，肯定也是后者。它是后者的必要准备。

附录一：两周二十姓

表1：古国六姓

姓	国族	族源	有关记载和说明
姜姓	安徽：焦。 陕西：申、吕、矢。 河南：申、吕、许。 山东：齐、纪、州、向、逄。	焦传出神农。 申、吕、齐、许，号称四岳之后。	武王封神农之后于焦。 《国语·周语中》："齐、许、申、吕由太姜。"韦昭注："皆姜四国……，四岳之后，太姜之家也。" 齐、许分自吕。
姞姓	北京：蓟。 山西：偪。 甘肃：密须。 河南：南燕。 湖北：鄂。	传出黄帝。	武王封黄帝之后于蓟。 《国语·晋语四》："凡黄帝之子二十五宗，其得姓者十四人，为十二姓，姬、酉、祁、己、滕、箴、任、(苟)〔荀〕、僖、姞、儇、依是也。"
任姓	河南：谢。 山东：章、薛、祝、过。	传出黄帝。	武王封黄帝之后于祝。 《左传》隐公十一年疏引《世本》："任姓：谢、章、薛、舒、(吕)〔昌〕、祝、终、泉、毕、过。"
祁姓	山西：唐、黎、随。 陕西：杜。 河南：房。	传出黄帝—帝喾。唐尧为祁姓。	武王封唐尧之后于黎。 唐都平阳。叔虞封唐后，唐迁于杜。晋之随氏出自杜。
姚姓	金文有姚姓。	传出黄帝—颛顼。虞舜为姚姓。	舜都蒲阪，本来在山西。禹迁舜子商均于商（河南虞城）。平陆之虞是姬姓，迁自西土。
妫姓	河南：陈。 山东：邿。 湖北：庐。	妫姓是姚姓的分支。	武王封虞舜之后于陈。

表2：夏人的姓[1]

姓	国族	族源	有关记载和说明
姒姓	山西：夏。 陕西：莘、褒。 山东：杞、缯。	传出黄帝—颛顼。夏禹为姒姓。	武王封夏禹之后于杞。 《史记·夏本纪》："太史公曰：禹为姒姓，其后分封，用国为姓，故有夏后氏、有扈氏、有男氏（南氏）、斟寻氏、彤城氏、褒氏、费氏、杞氏、缯氏、辛氏、冥氏、斟戈氏（斟灌氏）。"
弋姓		弋姓可能是姒姓的分支。	《诗·鄘风·桑中》："美孟弋矣。"鲁襄公母，《左传》襄公四年和定公十五年作"定姒"，《公羊》、《穀梁》二传作"定弋"。

表3：商人的姓

姓	国族	族源	有关记载和说明
子姓	河南：殷、宋等。	传出黄帝—帝喾。商离（契）为子姓。	武王封武庚于殷，封微子启于宋。 《左传》隐公元年疏引《世本》："子姓：殷、时、来、宋、空同、黎、（比）〔北〕髦、（自）〔目〕夷、萧。" 《史记·殷本纪》："太史公曰：……契为子姓，其后分封，以国为姓，有殷氏、来氏、宋氏、空桐氏、稚氏、北殷氏、目夷氏。"

---

[1] 褒，金文作孚，参看赵平安《迄今所见最早的褒国青铜器》，收入氏著《金文释读与文明探索》，上海：上海古籍出版社，2011年，169—174页。

表4：周人的姓

姓	国族	族源	有关记载和说明
姬姓	陕西：周、召、毕、荣、虞、芮、虢、蔡、散、井、酆。 山西：唐-晋、霍、杨、贾、北虢、虞、芮、魏、冀、耿、韩、荀、郇、黎。 北京：燕。 河北：韩、邢。 河南：管、蔡、康-卫、毛、聃、雍、原、邘、应、凡、蒋、胙、祭、南虢、焦、滑、郑、东虢、密、胡、顿、沈、息。 山东：鲁、郕、滕、曹、郜、茅、极。 江苏：吴。 湖北：曾、唐。 重庆：巴。	周人传出黄帝—帝喾。周弃为姬姓。 吴，传出太伯。 虢，传出王季。 管、蔡、郕、霍、鲁、卫、毛、聃、郜、雍、曹、滕、毕、原、邘、郇，文王之后。 邢、晋、应、韩，武王之后。 凡、蒋、邢、茅、胙、祭，周公之后。 燕，召公之后。 郑，厉王之后。 杨，宣王之后。	《左传》僖公二十四年："管、蔡、郕、霍、鲁、卫、毛、聃、郜、雍、曹、滕、毕、原、邘、郇，文之昭也。邢、晋、应、韩，武之穆也。凡、蒋、邢、茅、胙、祭，周公之胤也。" 《左传》襄公二十九年："虞、虢、焦、滑、霍、杨、韩、魏，皆姬姓也。" 《左传》昭公二十八年："昔武王克商，光有天下。其兄弟之国者十有五人，姬姓之国者四十人。皆举亲也。" 《荀子·儒效》："（周公）兼制天下，立七十一国，姬姓独居五十（三）〔五〕人。"

表5：西戎之姓[1]

姓	国族	族源	有关记载和说明
姜姓	山西：姜姓之戎。余同表1。	姜姓是氐羌之姓，传出炎帝。	《左传》庄公三十三年："夏四月辛巳，晋人及姜戎败秦师于殽。"杜预注："姜戎，姜姓之戎，居晋南鄙。戎子驹支之先也。"戎子驹支见《左传》襄公十四年，范宣子数之，谓秦逐其先吾离于瓜州，来归晋献公。
允姓	甘肃：陆浑戎，后迁河南。 陕西：䣘。 山西：小戎。	允姓是猃狁之姓，金文未见。	《左传》庄公二十八年："小戎子生夷吾。"杜预注："小戎，允姓之戎。"《左传》僖公二十二年："秋，晋迁陆浑之戎于伊川。"杜预注："允姓之戎，居陆浑，在晋西北。" 荀济《请废佛法表》引《汉书·西域传》谓："塞种本允姓之戎，世居敦煌，为月氏所迫逐，遂往葱岭南奔。"

[1] 秦灭西戎后，姜姓之戎和猃狁之戎退出历史舞台。《史记》、《汉书》没有为西戎立传，《后汉书》有《西羌列传》，只讲青海的河湟诸羌。

表6：北狄和北戎之姓[1]

姓	国族	族源	有关记载和说明
媿姓	山西：冯氏、东山皋落氏、潞氏、甲氏、留吁、铎辰、茅戎（草中之戎）、徐吾、廧咎如、蒲戎。 河南：泉戎。 安徽：胡。	赤狄媿姓。	冯氏即《世本》廧氏，也叫河宗氏。晋伐东山皋落氏、潞氏、甲氏、留吁、铎辰、茅戎、徐吾氏、廧咎如，见《左传》闵公二年、宣公十五、十六年，成公元年、三年。《国语·郑语》："北有卫、燕、狄、鲜虞、潞、洛、泉、徐、蒲。"韦昭注："潞、洛、泉、徐、蒲，皆赤狄媿姓也"。徐即徐吾。
姬姓	河北：鲜虞、肥、鼓、中山。	白狄姬姓。	姬姓戎狄还有陕西的骊戎（丽土之狄）、山西的大戎。周人可能是姬姓戎狄的一支。
姞姓	同上表1。		姞姓四国主要活动于河北北部、山西和甘肃，疑属北戎。

表7：东夷和南淮夷之姓[2]

姓	国族	族源	有关记载和说明
风姓	山东：任、宿、须句、颛臾。	风姓是东夷之姓，传出太昊。	《左传》僖公二十一年："任、宿、须句、颛臾，风姓也，实司太皞与有济之祀，以服事诸夏。"
嬴姓	山东：莒、郯。 江苏：徐。 安徽：钟离。 河南：江、黄、修鱼、樊、养。 山西：赵。 陕西：梁、秦。 甘肃：大骆之族。	嬴姓是东夷和淮夷之姓，传出少昊。	《史记·秦本纪》："太史公曰：秦之先为嬴姓，以国为姓，有徐氏、郯氏、莒氏、终黎氏（钟离氏）、运奄氏、菟裘氏、将梁氏、黄氏、江氏、脩鱼氏、白冥氏、蜚廉氏、秦氏。然秦以其先造父封赵城，为赵氏。"
偃姓	安徽：六、巢、桐、宗、舒、舒庸、舒蓼、舒鸠、舒龙、舒鲍、舒龚。 湖北：英、轸。	偃姓是群舒之姓，传出皋陶，金文未见。	偃姓，金文未见。《左传》僖公十二年疏引《世本》："偃姓，舒庸、舒蓼、舒鸠、舒龙、舒鲍、舒龚。"

---

[1] 中国北方，鬼方、北狄、北戎之名出现较早，匈奴出现较晚。晋灭赤狄，赵灭白狄，战国以后，中原不闻有狄。战国晚期，匈奴崛起于大漠南北，汉地呼之为胡。《史记》、《汉书》皆为匈奴立传。东汉，北匈奴西迁，《后汉书》只有《南匈奴列传》。

[2] 夷本指山东半岛的东夷和淮水流域的淮夷。两周以降，东夷、淮夷逐渐被同化，夷的概念发生变化，主要指朝鲜和日本。《史记》有《朝鲜列传》，《汉书》有《朝鲜传》，《后汉书》有《东夷列传》，《三国志·魏书》有《东夷传》，都是以朝鲜为主，兼及日本。

表8：祝融八姓和南蛮之姓[1]

姓	国族	族源	有关记载和说明
己姓	河南：苏、番。山东：莒。	传出颛顼—祝融。祝融八姓的前五种只有己姓是姓，董、彭、秃、斟四姓都是氏，武王克商前就灭国。当时还没有姓。	《世本》："其一曰樊，是为昆吾，卫是也。二曰惠连，是为参胡，韩是也。三曰籛铿，是为彭祖，彭城是也。斟姓无后。"《国语·郑语》："己姓昆吾、苏、顾、温、董。董姓鬷夷、豢龙，则夏灭之矣。彭姓彭祖、豕韦、诸稽，则商灭之矣。秃姓舟人，则周灭之矣。"
妘姓	河南：鄢、郐。山东：偪阳、鄅、夷。	传出颛顼—祝融。	《世本》："四曰求言，是为郐人，郑是也。"《国语·郑语》："妘姓邬、郐、路、偪阳。"（邬，字同鄢）
曹姓	山东：邾、莒、邿、牟。	传出颛顼—祝融。	《世本》："五曰安，是为曹姓，邾是也。"《国语·郑语》："曹姓邹、莒，皆为采卫，或在王室，或在夷狄，莫之数也，而又无令闻，必不兴矣。斟姓无后。"
芈姓	湖北：楚、夔、罗。	传出颛顼—祝融。	《世本》："六曰季连，是为芈姓，楚是也。"《国语·郑语》："融之兴者，其在芈姓乎？芈姓夔越，不足命也。蛮芈蛮矣，惟荆实有昭德，若周衰，其必兴矣。"
曼姓	湖北：邓、鄾。		邓近楚。邓为曼姓，字与蛮通。

---

[1] 陆终六子分属己、董、彭、妘、曹、芈六姓，见《史记·楚世家》集解、索隐引《世本》。《大戴礼·帝系》、《史记·楚世家》同。陆终见邿国铜器，终作融。陆终犹言六融，陆终六子是祝融氏的六个分支。祝融八姓是己、董、彭、秃、妘、曹、斟、芈八姓，见《国语·郑语》，比前说多秃、斟二姓。所谓八姓，其实是四姓。古人所谓南蛮，多指吴、楚以南的百濮、百越等族。楚国当周之南，在长江流域的古国中离洛阳最近，开化最早，最发达，但被中原视为荆蛮。《史记》有《南越列传》、《东越列传》，《汉书》有《南粤传》、《闽粤传》，都是讲广东、福建的越人。《后汉书·南蛮列传》的"南蛮"则指武陵、长沙、零陵三郡的武陵蛮、长沙蛮、零陵蛮（在湖南），交趾、九真、日南三郡的徼外蛮（在越南），以及巴郡、南郡的板楯蛮（在重庆市和鄂西）。

附录二：中国古代的少数民族

中国古代的少数民族，从地理分布看，似可分为六大块。

（一）东北

1．肃慎

主要分布在东三省，商周时期，一度接近燕地。肃慎的后裔，两汉叫挹娄，南北朝叫勿吉，隋唐叫靺鞨。靺鞨建渤海国。女真出黑水靺鞨，建金。满族出建州女真，建清。这一系的民族，语言属阿尔泰语系通古斯语族。

2．濊貊

由濊、貊两支组成，主要分布在吉林和与吉林邻近的朝鲜北部。扶余出濊貊，发展为朝鲜族。朝鲜语与阿尔泰语系有关，并受日语和汉语影响，其系属存在争论。

3．长狄（釐姓）

即鄋瞒，因为身材高大，也叫长人、大人。他们可能出自东北，从辽东半岛南下，定居胶东半岛，与莱夷、嵎夷有关。

【案】东北各族，古人叫东北夷。东北与山东，自古有密切关系。古之所谓夷，本来多指山东半岛的东夷和淮水流域的南淮夷。两周以降，这批夷人逐渐被同化，东夷的概念发生变化，变成专指东北夷，特别是濊貊系。如《史记》、《汉书》有《朝鲜传》，《三国志》、《后汉书》有《东夷传》，《朝鲜传》也好，《东夷传》也好，都是以讲朝鲜半岛的居民为主，兼及与之邻近的中国东北人和倭人。

（二）北方

1．东胡

主要分布在东北西部和内蒙古东部。汉初，东胡被匈奴击破，东逃，分为乌桓、鲜卑两支。[1] 鲜卑活跃于魏晋南北朝时期，从东向西发展，取

---

[1]《后汉书》有《乌桓鲜卑列传》，《三国志·魏书》有《乌丸传》、《鲜卑传》。

代匈奴，成为中国北方势力最大的游牧集团。东部鲜卑有宇文氏、段氏、慕容氏，中部鲜卑有拓拔氏，西部鲜卑有秃发氏、乞伏氏。宇文氏建北周，慕容氏建五燕中的前燕、西燕、后燕、南燕，拓跋氏建代、北魏，秃发氏建五凉中的南凉，乞伏氏建西秦。柔然出郁久闾氏，居大漠南北，也与鲜卑有关。吐谷浑出慕容氏，西迁甘青。此外，东部鲜卑还有库莫奚、契丹和室韦。契丹建辽。蒙古出蒙兀室韦，建元。这一系的民族，语言属阿尔泰语系蒙古语族。

2. 北狄

（1）赤狄（媿姓）：出自鬼方。鬼方可能来自南西伯利亚。商周时期，他们自蒙古高原南下，曾活跃于内蒙古河套地区，并顺黄河南下，进入陕西、山西。入陕西者，主要活动于圁、洛之间，即无定河和洛水之间。入山西者，有所谓"怀姓九宗"（即媿姓九支），最初在晋南，后来在晋东南，春秋以来叫赤狄。赤狄之后，战国秦汉有丁零，魏晋南北朝有敕勒和高车丁零。隋唐有铁勒、突厥，也是赤狄的后裔，取代匈奴、鲜卑，雄踞大漠南北。突厥黠戛斯部出汉代坚昆，是柯尔克孜人或吉尔吉斯人的前身。突厥袁纥部即回纥或回鹘，[1] 回鹘是维吾尔人的祖先。五胡十六国，翟氏建翟魏、冯氏建北燕，二氏皆赤狄后裔。这一系的民族，语言属阿尔泰语系突厥语族。

（2）白狄（姬姓）：春秋有肥、鼓、鲜虞，战国有中山。四国是从山西北部，沿滹沱河进入河北中部。汉以来的鲜于氏是白狄的后裔。

3. 北戎

东周时期，今山西北部和河北北部有山戎、无终戎、林胡、娄烦等部。他们主要活跃于河北北部和山西北部，被称为北戎。河南的南燕、山西的偪、甘肃的密须、湖北的鄂，可能与北戎有关。四国都是姞姓。

---

[1] 袁可读圜（皆匣母元部字），与回（匣母微部字）读音相近。

4. 匈奴

战国晚期，匈奴崛起于蒙古高原，地盘很大。汉代，中原多称匈奴为胡。匈奴和胡是译音，西人称Hun。司马迁作《史记·匈奴列传》，有两点值得注意。一是说匈奴为夏后氏之苗裔，始祖叫淳维；二是把西北戎狄全都混在一起，搁在匈奴名下而述之。这两点虽然都有问题，但至少反映出两点。第一，中国早期，狄人和夏人确实住在一起，叔虞封唐时，情况仍如此。第二，匈奴称雄草原，成分复杂，既可能包含源出鬼方系的赤狄，也可能包含东胡系的北戎，甚至西戎系的猃狁，确实很难分辨。司马迁当时都分不清，焉能苛求后人。如王国维《鬼方昆夷猃狁考》就以鬼方、混夷、猃狁、戎狄为匈奴的早期名称。匈奴种属有三种可能，赤狄可能是主体。《周书·突厥传》说"突厥者，盖匈奴之别种，姓阿史那氏，别为部落"。《魏书·高车传》说高车语"略与匈奴同，而时有小异，或云其先匈奴甥也"。突厥出自鬼方，但赤狄隗姓，猃狁允姓，不容混为一谈。秦皇汉武北逐匈奴，匈奴之境日蹙。降及东汉，匈奴分裂为北匈奴、南匈奴，北匈奴西迁欧洲，南匈奴入居塞内，从此一蹶不振。[1] 五胡十六国时期，南匈奴与匈奴屠各部建汉—前赵（冒姓刘），卢水胡建北凉，铁弗匈奴建夏，据说出自匈奴别部的羯族建后赵（姓石），则可能来自中亚，这是匈奴的尾声。

【案】蒙古高原一直是由东胡、赤狄两大系统轮流控制，东胡—鲜卑—柔然—蒙古系偏东，与东北各族有关；赤狄—丁零—敕勒—突厥系偏西，与西戎各族有关。北戎可能近于前者，匈奴可能近于后者。白狄的来源还有待研究。

（三）西北

1. 猃狁（允姓）

---

[1]《史记》有《匈奴列传》，《汉书》有《匈奴传》，但《后汉书》只有《南匈奴列传》，《三国志》无传。

西周有猃狁，即犬戎。东周有允姓之戎。允姓之戎旧居敦煌，也叫陆浑戎，后沿河西走廊东进，翻越陇山，进入陕西。秦灭西戎后，陕甘地区的陆浑戎，不是向新疆、中亚方向逃遁，就是被秦、晋迁置于河南嵩县一带。

2．月氏

旧居河西走廊，后分二支，大月氏西迁中亚，小月氏留居甘青。《后汉书·西羌传》有湟中月氏胡，与羌杂处，"被服饮食言语略与羌同"。

3．乌孙

旧居河西走廊，后西迁中亚。《汉书·西域传下》有乌孙国，颜师古注："乌孙于西域诸戎，其形最异，今之胡人青眼赤须状类弥猴者，本其种也。"外貌特征接近欧洲人。

【案】西北诸戎可能与早期活跃于中亚的塞种有关，但不一定就是塞种，而是印欧人与北亚人种混合的族群。

（四）西南

1．氐羌（姜姓）

氐、羌是同一民族的两种称谓。氐是低地之羌，以定居农业为主，有别于在高原游牧的羌人，跟华夏更接近。[1] 五胡十六国有成汉（姓李）、前秦（姓苻）、后凉（姓吕），皆出氐人。南北朝以后，氐人融入汉族，不再听说，只有羌族之名沿用至今。氐羌是今羌、藏二族的共同祖先，与周人通婚，互为姻娅。西周有申、吕、齐、许，皆姜姓之国，东周有姜姓之戎，秦汉有西羌，五胡十六国有后秦（姓姚），唐有吐蕃，宋有党项，[2] 皆出氐羌。氐羌与中原诸夏关系最密切，与巴、蜀、西南夷关系最密切。这一系的民族，语言属汉藏语系藏缅语族的羌语支和藏语支。

---

[1] 童恩正《古代的巴蜀》，成都：四川人民出版社，1979年，56—57页。
[2] 西夏的族众是党项，统治者是拓拔氏。拓拔氏是吐谷浑的后裔（姓李）。

2. 巴（国君为姬姓）

主要分布在嘉陵江流域和重庆地区，并包括秦岭山区的东部和湘鄂两省的西部，西近蜀地而东邻楚、邓。[1]《后汉书·南蛮列传》说巴郡、南郡有巴、樊、瞫、相、郑五姓蛮，皆出武落钟离山（在湖北长阳），巴氏为大，号廪君种，又有板楯蛮。巴与百濮杂居，其君为姬姓，族众可能属于百濮系。

3. 蜀

主要分布在四川的岷江流域和成都平原，并包括秦岭山区西部、湖南西部和滇黔两省北部。《尚书》"牧誓八国"有蜀，孔传称"蜀叟"，孔疏："叟者，蜀夷之别名。"《后汉书·刘焉传》："汉世谓蜀为叟。"蜀是汉化之叟，叟是蜀夷泛称，族源是氐羌。[2]

4. 西南夷

主要分布在川滇黔，并包括四川与甘肃交界处。《史记》、《汉书》、《后汉书》的"西南夷"既不包括巴，也不包括蜀。秦并巴、蜀后，设巴、蜀二郡，巴、蜀被汉化，不在西南夷之列。西南夷有很多支：白马在甘肃甘南和四川绵阳之间，冉、駹在四川阿坝一带，徙、筰都在四川雅安一带，邛都在四川西昌一带，滇在云南昆明一带，昆明和嶲在云南大理和大理以西，[3] 夜郎主要在贵州。诸夷，或称僰，[4] 或称昆，或称叟。[5] 僰有很多种，西僰在四川宜宾一带，邛僰即邛都之僰，滇僰即滇国之僰。[6] 滇僰

---

[1]《左传》昭公十年："巴、濮、楚、邓，吾南土也。"

[2] 叟，可能与《禹贡》西戎三支中的渠搜有关。

[3] 徙、嶲，或与《禹贡》西戎三支中的析支有关。案：徙是心母支部字，嶲是匣母支部字，析是心母锡部字，古音相近。析支亦作赐支，这支羌人曾驻牧于青海赐支河，故也叫河曲羌。昆明，可能与《禹贡》西戎三支中的昆仑有关。昆仑为河首，《山海经·海内西经》说昆仑有开明兽。蜀君亦有开明氏。这支羌人曾驻牧于青海的黄河源头。

[4] 僰，今读 bó。《说文解字·人部》对僰字的解释是："犍为蛮夷，从人棘声。"《礼记·王制》："屏之远方，西方曰僰，东方曰寄。"郑玄注："僰当为棘，棘之言逼，使之逼寄于夷戎。"《文选》卷四四《檄吴将部曲文》提到"湟中羌僰"，看来这支羌人来自青海。

[5]《华阳国志·南中志》："夷人大种曰昆，小种曰叟。"

[6]《水经注·江水》："（僰道）县本僰人居之，《地理风俗记》：'夷中最仁，有仁道，故字从人。'"

的后裔是白蛮。白蛮是白族。昆、叟的后裔是乌蛮。乌蛮是彝族。此外，摩沙（摩些）的后裔是纳西族，和蛮的后裔是哈尼族，还有今傈僳、拉祜、苦聪、基诺等族，也都属于这一系。这一系的民族，语言多属汉藏语系藏缅语族中与羌语支相近的彝语支，分布范围偏于南中国的西部。而云南景颇、阿昌、怒、独龙等族，语言属汉藏语系藏缅语族的缅语支，则与东南亚的缅甸语有关。

【案】云南、广西与东南亚比邻，多跨境民族，跨境语言。缅甸语属汉藏语系藏缅语族缅语支，泰语属汉藏语系侗台语族傣语支，老挝语和越南北部的岱依语、侬语属汉藏语系侗台语族侗台语支，柬埔寨语属南亚语系孟—高棉语族高棉语支。它们，除最后这种，皆属汉藏语系。

(五) 南方

1. 百濮

早期活跃于鄂西山区和江汉平原，与楚、邓为邻，后来不断向南退缩。濮人的来龙去脉是个谜。今佤、布朗、德昂（崩龙）等族出自汉代闽濮、南诏扑子蛮和元以后的蒲人，据说是百濮的后裔。但这一系的民族，语言属南亚语系孟—高棉语族佤—德昂语支，分布范围主要在中国云南和缅甸一带。

2. 盘瓠种

早期活跃于湖南。《后汉书·南蛮传列》说盘瓠之后有长沙、武陵诸蛮，光武中兴以来大寇郡县。长沙蛮在长沙郡，武陵蛮在武陵郡，零陵蛮在零陵郡，大体在湖南境内。其后裔是苗族、瑶族、畲族，语言属汉藏语系苗瑶语族。

【案】百濮和盘瓠种，活动范围相对居中，早期偏北，后来偏南，大体在百越和西南夷之间。

(六) 东南

百越

主要分布在中国的东南沿海和越南北部。邗越在江苏（以扬州为中心），于越在浙江北部（以绍兴为中心），扬越在江西，[1] 瓯越在浙江南部（以台州为中心），闽越在福建（以福州为中心），南越在广东东部（以广州为中心），西瓯、骆越在广东西部、广西大部和越南北部（以广西桂平为中心）。邗越灭于吴，于越、扬越灭于楚，瓯越、闽越、南越、西瓯、骆越灭于秦。[2] 其后裔为壮、侗、水、傣、布依、仡佬等族，语言属汉藏语系侗台语族。海南黎族也属这一系。今越南语以京族为主体，京语为国语，京语属汉藏语系侗台语族还是南亚语系孟—高棉语族，有争论，但越南北部的岱依人和侬人，他们的语言属侗台语族。

【案】越人以舟为车，以楫为马，擅长航海。与百濮相比，其活动范围相对偏东。中国沿海岛屿与太平洋诸岛有历史渊源，侗台语族与南岛语系有关。

2015 年 7 月 1 日写于北京蓝旗营寓所

---

[1] 旧说扬越之扬指九州之扬州，扬越为扬州之越的泛称，或以扬越为南越。舒大刚以为扬越即越章，越章即豫章，范围在长江以北、大别山以南，并以扬越为阳越，在江之北，于越（会稽之越）为阴越，在江之南。参看氏著《春秋少数民族分布研究》，280—287 页。案：舒说很有启发性，但阳越、阴越之说比较勉强。《史记·楚世家》载，熊渠伐庸、扬粤，至于鄂，立其三子为句亶王、鄂王、越章王。庸在竹山，位于楚之西北，即句亶王所封；鄂在随州，位于楚之东北，即鄂王所封；扬越在楚东，即豫章王所封。豫章在哪里，旧说纷纭，估计在湖北黄梅和江西九江一带，相当《禹贡》荆、扬二州交界处。其地与扬州比邻，可能仍与扬州有关。楚伐扬越，应指长江下游（即扬子江）之越。

[2] 秦始皇攻取越地，设会稽、闽中、南海、桂林、象五郡。汉武帝伐灭南越、东越，设会稽、南海、苍梧、合浦、郁林、交趾、九真、日南八郡。《史记》有《南越列传》、《东越列传》，《汉书》有《南粤传》、《东粤传》，东越指闽越和东瓯。东瓯即瓯越。《后汉书》只有交趾、九真、日南、象林徼外蛮，不及其他。

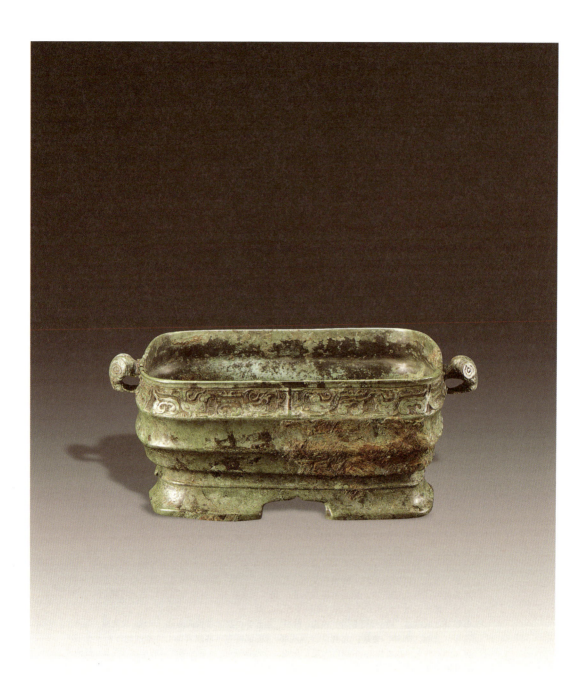

燹公盨

论燹公盨发现的意义

最近，保利艺术博物馆新收了一件非常重要的铜器，即燹公盨。承蒋迎春馆长不弃，以铭文拓本寄示，嘱为考释，并送原器至寓所，供作检验，使我先睹为快，大饱眼福。特别是器物送上海博物馆去锈后，蒋馆长还将新摄器形照片和口沿花纹拓本遣人送来学校，为我提供充分的研究便利，尤其令人感动。今不揣浅陋，草记印象，和大家一起讨论。

一、器形、纹饰和字体

此器失盖，胎壁较薄，除锈前，器身和器底满布黄泥和锈斑，器身上的泥，上面印有席纹，清晰可辨。器形，四隅虽是圆角，但器壁较直，作椭方形，两侧有兽首錾一对，器底有趾足四个（四面正中有⌒形开口，类似瑚的器足）。纹饰，口沿为对称的长尾凤鸟纹（宽面左右各两对，窄面左右各一对），器腹为三道瓦棱，瓦棱下有一道突起的弦纹。这是它的基本特征。

案盨在铜器发展上非常重要。它的功能与盂、簋相似，也是盛食器，但来源不同，它不是从盂、簋派生，而是从西周中期的附耳方鼎发展而来，^[1]在当时是一种新型的盛食器。附耳方鼎，西周早期就有，器的高宽比例近似，给人感觉好像比较高，纹饰多作饕餮纹；西周中期以来，高度降低，宽度增加，给人感觉是器形变矮，纹饰也有变化，多半是以顾首夔龙或长尾凤鸟装饰口沿，瓦纹装饰器腹。例如1975年陕西扶风庄白出土的两件㦰方鼎就是这一时期最典型的附耳方鼎。^[2]早期的盨，估计就是脱胎于这种形式的附耳方鼎。最初，它的器形不太固定，器纽、器足和器耳有多种形式。纽，除矩形纽，还有环纽，或作捉手盖，类似于簋。足，除柱足，还有圈足和蹄足，或在圈足、蹄足下加环纽或短柱式小足。耳，除附耳，还有兽耳和兽首衔环。但在后来的发展中，风格逐渐统一。其原始形式，应是保持附耳方鼎的样子，器耳为附耳，器足为柱足，器盖上有矩形纽，即类似1983年陕西宝鸡贾村出土的矢赚盨（虽然该器年代略晚）。^[3]但新趋势是易附耳为兽首鋬，易柱足为圈足或蹄足，与鼎告别，向簋靠拢。它和西周晚期敛口带盖、腹饰瓦纹的簋有类化趋势（影响恐怕是相互都有），二者的器名常互相借用或连称（但盨可称"簋"或"盨簋"，簋却从不称"盨"或"簋盨"），以至宋以来，很长一段时间里，所有金石学家都分不清簋、盨，一直拿"簋"当盨的器名，反而以"彝"、"敦"二名分别称呼真正的簋（以"彝"称无盖敞口的簋，以"敦"称带盖敛口的簋和"西瓜鼎"式的敦）。比如1937年，罗振玉编《三代吉金文存》，他还是这样分类。^[4]直到1941年，容庚先生才把二者分清。^[5]现在，大家熟悉的盨，其实是西周晚期流行的盨，即圈足（或蹄足）兽首鋬，盖饰矩形纽，腹饰

---

[1]《保利藏金》，岭南美术出版社，1999年，96页：王世民文。
[2] 北京大学考古文博学院等编《吉金铸国史》，文物出版社，2002年，图版40、41。案：上引王文提到年代最早的盨是"晋侯墓地中相当于穆王前后的第一组13号墓所出"，"因尚待修复，形制、纹饰不详"，最近，我和王先生一起在山西省考古研究所侯马工作站参观库房，得见原器，器形是由两件附耳方鼎扣合而成，盖是口大底小，器是口小底大，和目前看到的盨差距较大。
[3] 高次若《宝鸡贾村再次发现矢国铜器》，《考古与文物》1984年4期，107转94页。
[4] 罗振玉《三代吉金文存》，1937年（有中华书局1983年重印本），卷前总目。
[5] 容庚《商周彝器通考》，北京：哈佛燕京学社，1941年，上册，19—27页。

瓦纹的盨，但它的形成，背景很复杂。对判断这件盨的年代，早期背景是必要参考。

另外，研究盨的年代，其晚期发展和使用下限也值得考虑。盨的流行，时间很短，主要是西周中晚期。但盨的出现在铜器发展上是标志性事件，不仅对西周晚期簋的发展和瑚的出现有很大影响，而且还预示了整个东周时期的变化趋势，即器物普遍配置带纽的盖（除矩形纽，还流行环纽和兽纽），可以却置，器形趋于双合化和盒形化，器耳流行兽首衔环。如果归纳盨的发展，我们可以说，它是出现于西周中期，盛行于西周晚期，东周以来逐渐消亡（不像瑚，一直流行于春秋战国）。但这只是比较笼统的说法。实际上，西周以后，盨并不是一下子就没有了，或绝对没有了。我们只能说，它的使用已不太普遍，其实还是有一些偶然的发现。如春秋中期，甘肃礼县的赵坪墓地还有盨；[1] 春秋晚期，淮水流域也发现过蟠虺纹（类似秦器的花纹）的盨（原藏安徽省博物馆，现存中国历史博物馆）；[2] 战国时期，仍有貌似方鼎的盨发现。[3] 此外，燕下都16号墓还出土过模仿西周晚期风格的仿铜陶盨，年代也在战国时期。[4]

现已发现的盨，我的印象，主要是穆、共二王以后的盨。[5] 西周中期的盨（懿、孝时期的盨），是形成中的盨。西周晚期的盨（厉王和厉王以后的盨），是典型的盨。夒公盨，从基本特点看，属于前者。它与最近上海博物馆《晋国奇珍》展展出的四件一套的晋侯对盨比较接近，[6] 并与保利艺术博物馆收藏的白敢臬盨有相近之处（两者口沿上的夔龙纹很相

---

[1] 赵坪墓地的铜器曾在北京大学赛克勒考古与艺术博物馆展出（2001年4—5月）。
[2] 安徽省博物馆编《安徽青铜器》（明信片），上海美术出版社。
[3]《商周彝器通考》，下册，图144。
[4]《考古学报》1965年2期，93页：图一六，3、4。
[5] 参看：王世民、陈公柔、张长寿《西周青铜器分期断代研究》（文物出版社，1999年）102—109页。
[6] 上海博物馆编《晋国奇珍》，上海人民美术出版社，2002年，78—84页。

似）。[1] 上博展出的四件一套的晋侯对盨是流散文物，器形都是椭方形。它包括上博收藏的三件和范季融先生收藏的一件，推测可能是出于晋侯墓地的二号墓，即晋侯对夫人的墓。[2] 它们和推测出于一号墓的另外四件晋侯对盨不同。后者，上博只展出了一件，即上博收藏的一件。[3] 它的器形是椭圆形。上博展出的椭方形盨，也是薄胎，也有兽首鋬和三道瓦棱，大形和这件盨比较接近。但不同点，它们都是圈足，器盖、器底都有环纽，而此器是跗足，因失盖，盖纽形制不详。口沿的纹饰也不一样，晋侯对盨是顾首夔龙，它是长尾凤鸟。

说到晋侯对器，其年代值得讨论。现在，学者有不同意见，主流看法是"釐侯说"（李学勤、李伯谦、黄锡全、冯时、朱凤瀚，夏商周断代工程是采用这种意见），年代约当共和时期和宣王初年。[4] 另外一种意见是"靖侯说"（孙华、张长寿），年代约当厉王晚年。[5] 此外，还有年代略早的"或厉侯或靖侯说"（裘锡圭）和年代更晚的"穆侯说"（卢连成）。[6] 我的感觉是，上面讨论的晋侯对盨，它们的圈足虽为重环纹，给人印象稍晚，但器形还是属于"形成中的盨"，而不属于"典型的盨"。特别是其口沿上的顾首夔龙，与彧方鼎基本一样（保利博物馆的白敢甗盨的花纹也基本一样）。而彧方鼎，同出的同人之器彧簋，主题花纹是陈公柔、张长寿先生定为所谓"大鸟纹"的Ⅱ7式；白彧饮壶，主题花纹是陈公柔、张长寿先

---

[1]《保利藏金》，91—96 页。
[2]《晋国奇珍》78—84 页。案：这一推测主要是以墓中出土铜器的碎片为依据。
[3]《晋国奇珍》76—77 页。案：这一推测主要是以墓中出土铜器的碎片为依据。
[4]《史记·晋世家》说"釐侯十四年，周宣王初立。十八年，釐侯卒，子献侯籍立"，据《世本》和谯周《古史考》，"籍"是"苏"之误，可见釐侯的年代是在共和时期和宣王初年，即前840—前823年。
[5]《史记·晋世家》说"靖侯十七年，周厉王迷惑暴虐，国人作乱，厉王出奔于彘，大臣行政，故曰'共和'"，可见靖侯的年代应在厉王在位的最后十七年，即前858—前841年。
[6] 徐天进《晋侯墓地的发现及研究现状》，收入上海博物馆编《晋侯墓地出土青铜器国际学术讨论会论文集》，上海书画出版社，2002年，517—529页。

生定为所谓"长尾鸟纹"的Ⅲ3式。[1] 一般看法，白𢻳诸器是西周中期的铜器，这两种鸟纹也是西周中期的花纹。我感觉，这四件盨，它们的年代可能晚一点，但不会太晚。

现在讨论的燹公盨，它口沿的凤鸟纹，仍比较接近陈公柔、张长寿先生定为所谓"长尾鸟纹"的Ⅲ5式，即穆王时期的鸟纹，[2] 给人的印象比较早。器形，则大体接近上面讨论的四件晋侯对盨。这四件盨，即使采用年代较早的靖侯说，也晚于穆、共二王。它的铭文，字体与史墙盘接近。史墙盘，学者多定为共王时器，即使晚一点，也在懿、孝之际。[3] 这是我们的主要参考依据。

综合上述考虑，我的印象是，这件盨的年代，似以定在西周中期偏晚比较合适。

二、铭文考释

释文：

天令（命）禹尃（敷）土，陲（随）山𡍺（浚）川，乃¹
𠭰（别）方埶（设）征。降（？）民监（鉴）德，乃自²
乍（作）配乡（飨）。民成父母，生我王³
乍（作）臣，氒顯（㬎）唯德。民好明德，⁴
𢓊（扰）才（在）天下，用氒卲（诏）好益（谥），㛄⁵

---

[1]《吉金铸国史》，图版42、43；《西周青铜器分期断代研究》附录一：陈公柔、张长寿《殷周青铜器上鸟纹的断代研究》。

[2]《西周青铜器分期断代研究》附录一：陈公柔、张长寿《殷周青铜器上鸟纹的断代研究》。

[3] 参看：李零《重读史墙盘》，收入《吉金铸国史》，42—57页。

歆（懿）德，康亡不楙（懋），考（孝）各（友）訏（訏）明，⁶
坙（经）齐（济）好祀无期（期）。心好德，婚（婚）⁷
遘（媾）亦唯齒（协）。天釐（厘）用考，申（神）逯（复）⁸
用祓（祓）录（禄），永㡇（定）于盜（宁）。豳公曰：⁹
民唯克用兹德亡诲（悔）。¹⁰

考释：

天令禹尃土，随山濬川，乃召方執征。

参看《书·禹贡》。《禹贡》曰："禹敷土，随山刊木，奠高山大川。"《禹贡》序曰："禹别九州，随山浚川，任土作贡。"又《诗·商颂·长发》"禹敷下土方"。此铭与《禹贡》、《长发》语句相似。

"天令禹尃土"，"令"读"命"，"尃土"即"敷土"，铭文合于《禹贡》所说"禹敷土"。案《禹贡》"敷土"《史记·夏本纪》作"傅土"，"傅"与"敷"通。古人对"敷土"有三种解释，一曰分土（《史记集解》引马融说），二曰布土（《禹贡》郑玄注），三曰治土（《孟子·滕文公上》赵岐注）。此外，《诗·商颂·长发》郑玄笺、《周礼·春官·大司乐》郑玄注，还有以"敷"为"溥"，释为广大之义者，说详孙星衍《尚书今古文注疏》卷三。这里应以"布土"说最为合理。全句的意思是说，上天授命禹，让他来规划天下的土地分布。孙星衍曰："《说文》云'尃，布也。''敷，敉也。'书传以'敷'为'尃'，音相近，假借字。"铭文"敷"正作"尃"。

"随山濬川"，读"随山浚川"，是顺应山势，疏浚河川之义。"随"，从双左，但ㄐ作又，反正无别。《史记·夏本纪》是以"行山表木"语译《禹贡》的"随山刊木"，但《禹贡》郑玄注是以"刊木"为斩除之义。铭

燹公盨铭文

文无"刊木"。"浚",原从川从叡。

"乃𠂤方埶征",第二字,上从求,并非"莘"字(但与通常所见象裹皮的"求"字不同,参看拙作《郭店楚简校读记》,北京大学出版社,2002年,76—77页),下从𠬪(与艸有别),疑是"拜"字的异写("拜"字从手与从𠬪同),这里读为"别"("别"是并母月部字,"拜"是帮母月部字,读音相近)。"埶",古书多用为"设"。"别方设征",与"禹别九州,……任土作贡"含义相似。

隓(？)民监德,乃自乍配乡。

"隓(？)民监德","隓(？)民",疑相当古书中的"黎民"、"烝民"、"庶民"等词。上字左半为𨸏旁,右半难以隶定,从字形看,似从双虫,也有可能读为"流民"[参看拙作《古文字杂识(二则)》,收入张光裕等编《第三届国际中国古文字学研讨会论文集》(香港:问学社有限公司,1997年),757—762页],但不能肯定;"监德",读"鉴德",指心明其德而感念之。

"乃自乍配乡",读"乃自作配飨",疑指民戴禹德,以之配飨上帝。

民成父母,生我王乍臣,氒顯唯德。

"民成父母",指民成婚配。

"生我王乍臣",指生下我辈,为王作臣。中方鼎"易(赐)于武王乍(作)臣"是类似的辞例。

"氒顯唯德",读"氒昧唯德"。铭文是说,我辈为王作臣,他们最不明白的地方恰好就是"德"。"氒"同"厥",下同。此字,一般多理解为"他(或她、它)的"或"他(或她、它)们的",但这里和下文的"氒"

字却相当于"他（或她、它）"或"他（或她、它）们"。"顥"，即《说文》卷九上页部释为"昧前也"并且"读若昧"的"顥"字，这里读为"昧"。

民好明德，譞才天下，用乎邵好益，美歖德，康亡不㮣，考咠恈明，巫齐好祀无期。

"民好明德"，"明德"，是针对上文"乎昧唯德"而讲，"昧"和"明"含义正好相反。

"譞才天下"，"譞"，从食从憂省，这里读为"扰"。"扰"有柔顺、驯化等义。《周礼·夏官·服不氏》"掌养猛兽而教扰之"，郑玄注："扰，驯也。教习使之驯服。"《周礼·夏官·职方氏》把马、牛、羊、豕、犬、鸡称为"六扰"，就是指驯养的动物。典籍"柔远能迩"，西周金文有之（如晋姜鼎、大克鼎、番生簋），其相当于"柔"的字，是从憂得声，也是类似含义。"才"读"在"。这里是说民好明德，则天下归心，无不驯服。

"用乎邵好益，美歖德"，读"用乎诏好谥，美懿德"。"邵"，从邑不从阝，此即《周礼·春官》所谓的"诏号"之"诏"（《大宗伯》、《小宗伯》、《职丧》），是宣告之义。"诏好谥"与"美懿德"，乃互文见义，指用有道德寓意的词汇作人的善谥，加以宣告，彰显其德行。"康亡不㮣"，读"康亡不懋"，意思是安于享乐者无不自勉自励。"康"是逸乐之义，"懋"是勉励之义。《书·康诰》两言"懋不懋"，"康"即"不懋"，不懋当懋之，故曰"康无不懋"。

"考咠恈明"，疑读"孝友訏明"，指孝友之道大明。"孝友"，《诗·小雅·六月》"张仲孝友"，毛传："善父母为孝，善兄弟为友。""恈"，从心从盂，疑读"訏"，古书多训"訏"为"大"（参《尔雅·释诂上》、《方言》卷一）。"訏明"，即大明。此亦明德之义。

"㞢齐好祀无期",疑读"经济好祀无期",指维持禋祀不绝。"经济",有经营操办之义。"好祀",指美好的祭祀。"无期",下字似从其从丮,这里读为"期"。

心好德,䫉遘亦唯劦。

"心好德",内心好德。
"䫉遘亦唯劦","䫉遘",读"婚媾";"劦",读"协"。意思是说,如内心好德,婚姻也会协调。

天斄用考,申遉用猎录,永厄于㐱。

"天斄用考,申遉用猎录",读"天釐用考,神复用祓禄"。案"天釐"与"神复"互文,"考"与"祓禄"互文,这里指天以寿考为赐,神以福禄为报。"斄",即"釐"字所从,这里读为"釐"。"釐"有赐义,西周金文中用作赏赐的"釐",字多从贝,但声旁是一样的。"申",在西周金文中,除作干支字,多用为"神祖"之"神"(如大克鼎、杜伯盨,后者的"皇申祖考"就是"皇神祖考"),与加示旁的"神"字没有区别。西周金文表示重复之义的"申",如册命金文常说的"申就"之"申",是假"绅"字的古体为之,和"陳"字的写法有关,而与这种写法的"申"字不同。"遉",从辵与从彳通,楚简读为"复"或"覆"的字往往这样写,这里读为"復"。"復"有回报之义。"猎录",写法同史墙盘。"猎",《说文》卷三彡部列为"髟"字的或体,这里读为"祓"。"祓",《尔雅·释诂下》训"福"。"录",同"禄",《说文》卷一上亦训"福"。作为合成词,两者是同一个意思。

"永厄于㐱",第二字,是在卩旁的左侧加一斜画,略向左撇。此字见于殷墟卜辞（或体从人）和穆公簋，都是表示"夕"以后的时称，过去有许多不同解释，黄天树先生认为，此字即今"厎"字，而以音近假为"定"，相当后世的"人定"。[1]"人定"，是黄昏（即"夕"）之后入寝就息的时段，"定"是"止"、"息"之义。另外，此字又见于𤔲匜，辞例作"今女（汝）亦既又（有）～誓"，"亦既～乃誓"，从文义看，似是约誓、立誓一类意思，读为"今汝既有定誓"，"亦既定乃誓"，亦通。[2] 第四字，见中山王方壶，辞例作"～又（有）寁（慊）悬（惕）"，有些学者是读"宁"，[3] 但也有学者怀疑，它和"宁"字并不是同一个字。[4] 案两周金文"宁"字多从此，中山王圆壶有"不能宁处"句，其"宁"字也从此，恐怕还是读"宁"更好（在中山王方壶的铭文中是"岂"的意思）。"定"、"宁"含义相近，古书常连言，如《淮南子·精神》"气志虚静恬愉而省嗜欲，五脏定宁充盈而不泄"，《淮南子·本经》"天下宁定，百姓和集"，《论衡·宣汉》"四海混一，天下定宁"，这段话的意思是说"永远安宁"，"于"在文中相当"与"，是既定且宁的意思（参看：王引之《经传释辞》卷一）。

䛫公曰：民唯克用兹德亡诲。

"䛫公曰"，第一字，或加支旁，金文辞例，有"～王"，乃䛫地之王，又为周师驻屯之所，刘心源释"䜣"，潘祖荫疑同典籍"豳"字，[5] 学者多

---

[1] 黄天树《殷墟甲骨文所见夜间时称考》，《新古典新义》，台北：学生书局，2001年，73—94页。
[2] 学者或释"卪"，读为"节"，如李学勤《岐山董家村训匜考释》，收入所著《新出青铜器研究》，文物出版社，1990年，110—114页。
[3] 朱德熙、裘锡圭《平山中山王墓铜器铭文的初步研究》，《文物》1979年1期，42—52页；于豪亮《中山三器铭文考释》，《考古学报》1979年2期，171—184页。
[4] 李学勤、李零《平山三器与中山国史的若干问题》，《考古学报》1979年2期，147—170页；张政烺《中山王𩵦壶及鼎铭考释》，《古文字研究》第一辑（中华书局，1979年），208—232页。
[5] 参看周法高主编《金文诂林》，香港中文大学，1974年，第十二册，5976—5985页。

从后说,但还缺乏足够的证据。这里仍按字形隶定,暂时不做讨论。此铭"燹公",疑是王室大臣,不能确知究为何人。

"民唯克用兹德亡海",读"民唯克用兹德亡悔",意思是下民只有恪遵上述道德,才能没有悔吝之忧。这是燹公在铭文结尾特意强调和告诫的话,但"燹公曰"以前也应是燹公的话。

案此铭凡十行九十八字,前九行皆十字,最后一行为八字。这八个字,它的前三字,间距较宽,"民"、"唯"之间有一浅坑,初以为"心"字,目验乃是垫片痕迹,其空字距离实与"唯"、"克"两字同,中间不会再有字。

三、几点感想

(一)铭文的格式。

这篇铭文,格式比较特殊,和过去常见的铭文都不太一样。过去,陈梦家先生把西周铜器铭文分为四类:

(1)"作器以祭祀或纪念其祖先的";

(2)"记录战役和重大的事件的";

(3)"记录王的任命、训诫和赏赐的";

(4)"记录田地的纠纷与疆界的"。[1]

这四大类,第一类可简称为"祭祀类",第二类可简称为"战功类",第三类可简称为"册赏类",第四类可简称为"诉讼类",如果再加上"媵嫁类",则有五类。它们都属于家族性的纪念文字,即纪念祖考,纪念通

---

[1] 陈梦家《西周铜器断代》(三),《考古学报》1956年1期,65—114页。此说见该文100页。陈先生已指出,这四类当中,第一、第三两类最多,第四类最少。

《尚书正义》卷六《禹贡》首页

婚,纪念战功,纪念封赏,以及诉讼胜利。这些当然是现有铭文的主体,数量最多。但数量较少的例外也值得重视。比如,我已指出,史墙盘的铭文就比较特殊,和上述五类都不一样。[1]

这次发现的铭文应当算哪一种?我的看法,它和上述五类也不一样,形式和内容都不一样。过去,大家常说,发现一篇铭文,如同发现一篇《尚书》,要讲文体,铜器铭文和《尚书》最接近。这话有一定道理,但并不完全准确。因为认真比较,《尚书》和铜器铭文,它们除语言相近,并不一样。严格说,金文五类,类似文体,《尚书》并没有,《逸周书》也没有。唯一有点交叉,只是金文"册赏类"和《尚书》的某几篇"命"(如

---

[1] 李零《重读史墙盘》。

《顾命》和《文侯之命》)。

【案】《尚书》类型的古书,即先秦所谓"书",本即"文书"之"书",乃档案之别名。这类档案,因文体不同,各有名称,似可粗分为四类:

(1) 掌故类(典、谟)。

古人有以历史掌故垂教训的传统。如《左传》文公六年、《国语·楚语上》有所谓"训典",《尚书》有《尧典》、《舜典》,是所谓"典"(义同"典故"之"典");[1]《尚书》有《大禹谟》、《皋陶谟》,是所谓"谟"(取谋议之义)。它们都是以古史传说垂教训的篇章(《益稷》、《禹贡》也属于这一类)。《尚书》中的《虞夏书》各篇,基本上是这一类。当然,《尚书》和《逸周书》,它们也包含年代稍晚的故事(如《尚书》的《太甲》、《西伯戡黎》、《金縢》,等等)。这一类讲教训,和第二类的"诰"、第四类的"训"有交叉,但它的特点是不托空言,藉助历史掌故。

(2) 政令类(誓、诰、命)。

《尚书》有《甘誓》、《汤誓》、《泰誓》、《牧誓》、《费誓》、《秦誓》,是所谓"誓"(誓神曰誓,此类多为誓军旅之辞);有《帝告(诰)》、《仲虺之诰》、《汤诰》、《尹诰》(即《咸有一德》)、《盘庚之诰》(即《盘庚》)、《大诰》、《康诰》、《酒诰》、《召诰》、《洛诰》、《康王之诰》,是所谓"诰"(此类多为布政之辞,但也含教训之辞,有时与"训"无别,《尚书》中的《微子》、《梓材》、《多士》、《多方》、《立政》也属于这一类);有《肆命》、《原命》、《说命》、《旅巢命》、《微子之命》、《贿肃慎之命》、《顾命》、《毕命》、《冏命》、《蔡仲之命》、《文侯之命》,是所谓"命"(此类多为命官之辞)。

(3) 刑法类(刑、法)。

《左传》昭公十四年有"皋陶之刑"、昭公六年有夏"禹刑"、商"汤

---

[1] 杜预注说"训典"是"先王之书",韦昭注说"训典"是"五帝之书",《说文》卷五上也说"典"是"五帝之书也"。可见这里的"典"不是一般的简册,而是专指经典化的、掌故化的,可以垂为教训的古史传说。

刑"和周"九刑",《逸周书·尝麦》有周成王《刑书》,《尚书》有《吕刑》,是所谓"刑";《管子·任法》有黄帝置法之说,《左传》昭公七年有《周文王之法》,《逸周书》有《刘法》,是所谓"法"。

(4) 教训类(训、箴、戒)。

《尚书》有《伊训》、《高宗之训》(即《高宗肜日》),《逸周书》有《度训》、《命训》、《常训》,是所谓"训"(此类多为教训之辞,《尚书》的《沃丁》、《洪范》、《无逸》也属于这一类);《左传》襄公四年有《虞人之箴》,《逸周书·尝麦》有成王箴大正之辞,是所谓"箴"(此类多属劝谏之辞);《大戴礼·武王践阼》提到周武王"退而为戒书",《逸周书》有《大戒》,是所谓"戒"(此类多属警告之辞)。

同《尚书》类的古书相比,我的印象是,这篇铭文,它的开头和第一类有关,也是以历史掌故作引子,但下面的内容则近于训、诰、箴、戒。它主要是讲道德教训,而不是纪念某一具体事件,和铜器铭文是不一样的。它更接近于章学诚所谓的"议论文词",[1] 即后世古书的主体。我们应注意的是,《尚书》虽来自古代的文书档案,但它们变为古书,变为后世可以阅读的材料,其实是选取的结果(不管这种选取是不是由孔子来完成)。它之区别于自己的母体,即原始的文书档案,主要在于,它更关心的并不是具体的制度或政令,也不是历史细节本身,而是围绕重大历史事件的议论和思想,它们引出的教训和借鉴,情况比较类似后世"事语"类的古书(如《国语》)。这篇铭文,它的文体,要比以往发现的铜器铭文更接近《尚书》(特别是其中讲道德教训的篇章),也更接近我们习惯上称为"古书"的东西。这在铜器铭文中还是首次发现,它对探讨古书的渊源很重要。

---

[1] 章学诚《校雠通义》,古籍出版社,1956年,47页。

（二）铭文的内容。

此篇是以禹平水土为整篇铭文的引子，这也是很重要的发现。因为大家都知道，20世纪20—30年代的疑古运动，禹是重点怀疑对象。过去，在《古史辨》第一册的中编，顾颉刚先生在他与钱玄同、刘掞藜、胡堇人讨论古史的几组文章中，一开始就是讨论这个问题。[1]他怀疑，禹和夏本来并没有关系，二者发生关系，是因为夏铸九鼎，代代相传，传到西周，上面有各种动物纹饰。许慎既然说"禹，虫也"（《说文》卷十四下内部），顾颉刚先生怀疑，"禹或是九鼎上铸的一种动物"，"大约是蜥蜴之类"，只是到了西周，才被神化，从一条虫变成最古的人王。这就是鲁迅先生在《故事新编·理水》中大加嘲笑，所谓"禹是一条虫"的来历。[2]当时，顾先生以为《诗·商颂·长发》是最早提到"禹"的文献，并据王国维说，把《长发》定为西周中期宋人的作品。他认为，东周以来，所有关于禹的传说，都是从《诗经》推演；《尚书》中讲禹事的《禹贡》等篇，都是战国时期的作品。这些说法固然值得商榷。但我们都知道，顾先生是以大胆假设，提出问题，勇于开拓见长，属于"但开风气不为师"的学者类型。[3]他的研究，虽有疏于考证的地方，未必都能颠扑不破，但他提出的问题，他所搜集的材料，他所开拓的领域，经常都是后人讨论的基础。

案"禹"于早期文献多见，肯定不是秦汉虚构。如《诗》有《小雅》的《信南山》，《大雅》的《文王有声》和《韩奕》，《鲁颂》的《閟宫》，《商颂》的《长发》和《殷武》；《书》有《大禹谟》、《皋陶谟》、《益稷》、《禹贡》、《五子之歌》、《仲虺之诰》、《洪范》、《立政》、《吕刑》和《书序》；《逸周书》有《大聚》、《世俘》、《商誓》、《尝麦》和《太子晋》；《左

---

[1] 参看：《古史辨》第一册，朴社，1933年，中编，59—198页。案：此编所收的十篇文章是作于1923年2月—1924年2月，历时整整一年。
[2] 《鲁迅全集》，人民出版社，1956年，330—333页。
[3] 参看：顾潮《历劫终教志不灰》（华东师范大学出版社，1997年），161—165页引顾颉刚致谭其骧信（1935年3月18日）。

传》有庄公十一年、僖公三十三年、文公二年、宣公十六年、襄公四年、二十一年和二十九年、昭公元年、哀公元年和七年；《国语》有《周语下》、《鲁语上》、《鲁语下》、《晋语五》、《郑语》和《吴语》，至于《礼记》、《论语》、《孟子》，以及其他先秦诸子（除了《老子》），也是盛言禹功（特别是《墨子》）。这些文献，它们讲"禹"，最热闹的传说，都是围绕他平治水土、划分九州，即《禹贡》所说的故事。这类故事，不仅是中国古代帝王传说的重要组成部分，也是中国地理学和制图学一向推崇的基本观念，以至《山海经》也好，《水经注》也好，凡古今之言舆地者，无不推崇于此（参看：刘歆《上山海经表》、郦道元《水经注》序）。而其代表性词汇，就是《左传》襄公四年引《虞人之箴》所说的"禹迹"（禹走过的地方）。[1]

在上述古史讨论中，王国维先生并不是直接参与者。但1925年，即紧接在顾先生他们的讨论之后，他在他的讲义即《古史新证》中还是对这一问题给予了响应。如讲义序言对"信古"和"疑古"都有所批评：批"信古"，是以《古文尚书》和《今本纪年》为例；批"疑古"，是以抹杀尧、舜、禹为例。他说"疑古之过"，在

《禹迹考》叔夷镈，处禹之堵

《禹迹考》秦公镈，恣宅禹迹

[1] 案："禹迹"又见《史记·越王句践世家》。《文王有声》"维禹之绩"，《殷武》"设都于禹之绩"，两"绩"字亦应读为"迹"。

于"乃并尧、舜、禹之人物而亦疑之。其于怀疑之态度、反批评之精神不无可取,惜于古史材料未尝为充分之处理也"。为了说明这一看法,他特意在介绍性的第一章后,一上来就讨论"禹",并以"禹"作为第二章的题目。在这一章里,他讨论了两件铜器,一件是秦公簋(王氏作"秦公敦"),一件是叔弓镈(王氏作"齐侯镈钟")。前者是春秋秦国的铜器,提到"鼏宅禹责(迹)"。后者是春秋齐国的铜器,提到"虩虩(赫赫)成唐(汤),处禹之堵"。秦为嬴姓,齐为姜姓,它们都是周王室封建的异姓国家,一个西处雍州,一个东临海隅,它们都说,自己是住在禹活动过的地方。这对证明大禹传说的古老,当然是有力证据。

王氏说:

> 夫自《尧典》、《皋陶谟》、《禹贡》皆纪禹事,下至《周书·吕刑》,亦以禹为"三后"之一。《诗》言禹者,尤不可胜数,固不待藉他证据。然近人乃复疑之。故举此二器,知春秋之世东西二大国,无不信禹为古之帝王,且先汤而有天下也。[1]

现在发现的豳公盨,年代属于西周中期,这不仅比王氏举出的秦公簋和叔弓镈年代更早,而且语句与《禹贡》相似。这不仅对研究"大禹"传说流行的年代很重要,也对研究《尚书》中《禹贡》等篇的年代很重要。至少

---

[1] 王国维《古史新证》,北京:清华大学出版社,1994年。案:后来,顾先生把《古史新证》的第一、二章收进他主编的《古史辨》第一册的下编(264—267页),并附跋语:"颉刚案,读此,知道春秋时齐、秦二国的器铭中都说到禹,而所说的正与鲁、宋二国的颂诗中所举的词义相同。他们都看禹为最古的人,都看自己所在的地方是禹的地方,都看古代的名人(成汤与后稷)是承接着禹的。他们都不言尧、舜,仿佛不知道有尧、舜似的。可见春秋时人对于禹的观念,对于古史的观念,东自齐,西至秦,中经鲁宋,大部分很是一致。我前在《与钱玄同先生论古史书》中说,'那时(春秋)并没有黄帝、尧、舜,那时最古的人王只有禹。我很快乐,我这个假设又从王静安先生的著作里得到了两个有力的证据!'"对禹的传说,顾氏主疑,王氏主信,倾向不同,但他们都承认它自西周以来已广为流行。

把《禹贡》式的传说，从战国向前推进了一大步。现在，我们必须承认，西周中期，这类说法已经流行开来。

(三) 铭文的主题。

此铭从大禹治水的故事往下讲，主要讲"德"。其叙述方式略同《尚书·洪范》。《洪范》陈箕子之言说：

> 我闻在昔，鲧堙洪水，汩陈其五行；帝乃震怒，不畀洪范九畴，彝伦攸斁。鲧则殛死，禹乃嗣兴，天乃锡禹洪范九畴，彝伦攸叙。

它也是以上天命禹平治水土为前提，讲"彝伦"。他所谓的"彝伦"，就是由"洪范九畴"（"初一"至"九"所叙）安排的生活秩序。这和铭文比较相似。

案此铭说话人是"燹公"（出现一次），说话对像是"民"（出现四次），教训"民"的是"德"（出现六次）。它所强调的是"德"。铭文中的"德"字，其第一次出现，原文是"天命禹敷土……，堕（？）民鉴德，自作配飨"，上来先讲禹的"德"。禹的"德"是什么？是上天命禹治水土，任土作贡，让住在禹域之内的人民衣食有自，生生不已。可见圣人的"德"，作为榜样的"德"，其实是"生民之道"，它是来自上天的授命。"德"第二次出现，原文是"民成父母，生我王作臣，毕昧唯德"，则是说生民昧"德"，要靠教化，让他们喜欢这种"德"，遵用这种"德"。所以铭文第三、第四和第五次提到"德"，就是反复申说"民好明德"的重要性。"民好明德"的重要性是什么，原文讲得很清楚，就是"扰在天下，用毕昭好谥，美懿德，康无不懋，孝友訏明，经济好祀无期"，"婚媾亦唯协"，它强调的是旌表德行，提倡孝养父母，友爱兄弟，调和婚姻，繁育子孙，维持祭祀不绝，也就是说，还是落实在"生民之道"。第六次，也是最后一次，铭文是由"燹公曰"作结，强调"民唯克用兹德"。全文以"德"始，以"德"终，"德"在铭文中处于中心位置。如果我们把这篇铭文当文章读，它最好的题目就是"好德"或"明德"。

铭文所说"好德"，《洪范》三言之，《论语》两言之，可摘录于下：

五，皇极：……而康而色，曰："予攸好德。"汝则锡之福。……于其无好德，汝虽锡之福，其作汝用咎。

九，五福：……四曰攸好德。（《书·洪范》）

子曰：吾未见好德如好色者也（《论语》的《子罕》、《卫灵公》）

至于"明德"，古书所见更多，如《易》的《晋卦》，《书》的《康诰》、《梓材》、《召诰》、《多士》、《君奭》、《多方》、《君陈》、《文侯之命》，《诗》的《大雅·皇矣》。此外，《左传》的隐公八年，僖公五年、二十二年和二十八年，文公十八年，宣公三年和十五年，成公二年和八年，襄公十九年、二十四年和二十六年，昭公元年、七年和八年，定公四年，还有《礼记》的《大学》、《中庸》，它们也都提到了"明德"。文献中的"明德"有两种用法，一种是以"明"为形容词，一种是以"明"为动词。前者居大多数，后者只有《康诰》、《多方》的"明德慎罚"。而《大学》之两言"明明德"，则是祖述早期文献而对两者都有所强调的新词汇。

我国治思想史的学者，多谓周人重亲尚德，铭文的发现，对探讨中国古代思想史有重要意义，这是用不着我来多说的。

（四）地理观念问题。

研究中国近代学术史，有一件事非常重要，这就是1934年，受上述讨论鼓舞，顾颉刚先生发起出版《禹贡》杂志和成立禹贡学会。[1] 顾先生治舆地，也是属于高屋建瓴。他想从中国地理学的核心概念入手，重新梳理我国的民族演进史和地理沿革史。[2] 这对我国地理学史的研究无疑有深远意义。五年前，我和唐晓峰先生发起创办《九州》杂志，就是想把顾先生提倡的研究讨论和学术气氛（自由讨论，平等对话，互相批评，互相尊重）继续下去。当时，我们不仅给杂志起了"九州"这个名字，还在每期扉页上，请不同的学者重复书写"芒芒禹迹，画为九州"（《虞人之箴》）。现在杂志已出到第三册。爨公盨的发现，无异天助神思。在该刊第一册上，笔者曾专门讨论铜器铭文中的"禹迹"，以及"中国古代地理大视野"中的"九州"概念。当时，我曾这样议论：

"禹迹"或"九州"，有出土发现为证，不仅绝不是战国才有的概念，可以上溯于春秋时代，而且还藉商、周二族的史诗和书传可以上溯到更早，显然是一种"三代"相承的地理概念。这种地理概念是一种有弹性的概念，虽然夏、商、周或齐、秦等国，它们的活动中心或活动范围很不一样，但它们都说自己是住在"禹迹"，这点很值得注意。它说明"九州"的大小和界划并不重要。并且从古文字材料，我们已经知道，古书所说的"雅"字，比如《诗经》中《大雅》、《小雅》的"雅"，本来都是写成"夏"。可见"夏"不仅是一种地域狭小、为时短暂的国族之名，而且还成为后继类似地域集团在文化上加以认同的典范，同时代表着典雅和正统（雅可训正），与代表"野蛮"的"夷"这个概念形成对照，为古代"文明"的代名词。春秋时代，中原诸夏强调"尊王攘夷"，使"夷夏"的概念更加深入人心。在这

---

[1] 早在1923年底，即上述讨论即将结束时，顾先生就已提出，"依本文的顺序，这一期应办'《禹贡》'"，参看：顾颉刚《启事三则》，《古史辨》第一册，中编，187—188页。

[2] 参看：顾潮《历劫终教志不灰》，158—173页。

方面，秦是一个好例子。这个国家，不但其贵族本来和山东境内或淮水流域的夷人是一家，而且族众也是西戎土著，一直到战国中期的秦孝公时仍很落后，"僻在雍州，不与中国之会盟，夷狄视之"（《史记·秦本纪》），但有趣的是，就连他们也是以"夏"自居。证据有二，一是上面提到的秦公簋，二是睡虎地秦简《法律答问》。后者涉及秦的归化制度（即现在的移民法），规定秦的原住民叫"夏"，归化民叫"真"，只有母亲是秦人，孩子才算"夏子"，如果母亲不是秦人或出生于外国则只能叫"真"不能叫"夏"。所以"九州"不仅是一种地理概念，也是一种文化概念。[1]

燹公盨的发现再次证明，以"夏"为起点的"三代"概念在古代是何等深入人心。

最近，在上海召开的"新出土文献与古代文明研究"国际学术研讨会（上海大学，2002年7月28—30日）上，应会议邀请，和有关方面批准，我向大会介绍了《上海博物馆藏战国楚竹书》第二卷中归我负责注释的《容成氏》。《容成氏》，现存53简，篇幅较长，内容是讲上古帝王传说，它是从容成氏等一大批上古帝王，一直讲到尧、舜、禹和年代更晚的商汤和周文王、周武王，内容非常丰富。其中讲禹，重点也是大禹治水，讲他如何疏导山川，划分九州，涉及很多重要的地理问题。篇中所述九州之名和山川形势，不尽同于《禹贡》。这不仅为重新认识传世文献中的《禹贡》提供了新的线索，也为深入探讨出土文字材料中的"禹"增加了新的材料。将来材料公布，会有进一步讨论。

2002年8月29日写于北京蓝旗营寓所

---

[1] 李零《中国古代地理的大视野》，收入《中国方术续考》，北京：东方出版社，2001年，255—269页。

补记一：

最近，到山东省博物馆参观，我又发现一件西周时期的柱足盨，即《殷周金文集成》第九册（中国社会科学院考古研究所编，中华书局，1988年）:4436著录的㝬盨。此器与带矩形纽器盖的附耳方鼎十分相似，但自名为"盨"，盖器均饰重环纹和瓦纹。这也是盨源自附耳方鼎的重要证据。

补记二：

隆，应分析为从双圣。

（原载于《中国历史文物》2002年6期）

龙门（禹门口）

禹迹考
——《禹贡》讲授提纲

中国经典，天文祖《尧典》，地理宗《禹贡》，《易传》道阴阳，《洪范》序五行，对中国思想影响至深。它们除《易传》附于《易经》，皆在《尚书》中，《禹贡》居其一。中国古代天下观，最初的表述就是《禹贡》九州。[1]

《禹贡》九州，自古相传，是大禹治水，用脚丫子一步一步走出来的。[2]禹的足迹，古人叫"禹迹"。《左传》襄公四年，魏绛引辛甲《官箴》，其《虞人之箴》曰："芒芒（茫茫）禹迹，画为九州。"[3]《禹贡》就是讲"禹迹"。

夏、商、周三代都以夏人自居，认为自己住在"禹迹"的范围之内。这是中国最早的地域认同。

---

[1] 历史如流水，治史如治水。水道歧出，纷乱如麻，既要溯源而上以寻其源，又要顺流而下以见归宿。

[2] 传说大禹治水，劳累过度，走路歪歪扭扭，其步态号称"禹步"，后来成为道教仪式的一部分。

[3] 辛甲，亦称辛公甲，是辅佐周武王灭商的功臣之一。传夏后启封支子于莘，为辛氏。莘在今陕西合阳，武王母太姒即出此国。刘向《别录》谓辛甲为周太史，封于长子（在今山西长子县）。《官箴》是记录百官匡王之失的话。《虞人之箴》是《官箴》之一篇。虞人是管理山林川泽的职官。《汉书·艺文志·诸子略》道家著录《辛甲》二十九篇。马国翰《玉函山房辑佚书》子编道家类辑有《辛甲书》，一条辑自《左传》襄公四年，即《虞人之箴》；一条辑自《韩非子·说林》，则称"散篇"。

我把《禹贡》原文分成《序》、《九州》、《导山》、《导水》、《告成》五章，从头到尾串讲一遍。[1]

一、序

禹敷土，随山刊木，奠高山大川。

【案】"敷土"，读布土，指擘画九州。"随山刊木"，有两种理解：一种是行山表木，即走到哪座山，都砍一棵树，立个标杆；一种是伐木除道，即走到哪座山，都披荆斩棘，开出一条人走的道路。"奠高山大川"，奠训定，指为高山大川分类定名。类似说法也见于其他先秦古书，如《禹贡》序："禹别九州，随山浚川，任土作贡。"《诗·商颂·长发》："禹敷下土方。"《山海经·海内经》："帝乃命禹卒布土以定九州。""随山浚川"就是导山、导水，"任土作贡"就是为土壤分类，为田地定级，对出赋纳贡做出具体规定。《禹贡》九州，范围很大，几乎和秦皇汉武巡狩封禅的范围差不多大。我们很难想象，在秦皇汉武以前，有谁能这样巡行天下。因此近人怀疑，《禹贡》最早作于战国，甚至晚到秦代。但如果我们并不在乎这一故事的传说形式，以为真有这么一位"禹爷"（鲁迅《理水》语）一步一个脚印转了这么一大圈，而是把这位"禹爷"当作一个跨时空的集合主语，把"禹迹"当作中国早期地理知识、地理观念的一种拼凑版，我们还是可以把它看作一种相当古老的思想。当年，王国维在清华大学讲中国上古史，他就指出过，"禹迹"是三代相承的固定词汇，不惟《诗》、《书》盛称，而且屡见于东周铜器，《禹贡》的年代当在西周中期。[2]现在，考古发现证实了他的推测。保利博物馆藏燹公盨，铭文提到"天命禹敷土，随山浚川，乃拜（别）方设征"，说明至少西周中

---

[1] 参看顾颉刚、刘起釪《尚书校释译论》，北京：中华书局，2005年，第二册，521—853页。
[2] 王国维《古史新证——王国维最后的讲义》，北京：清华大学出版社，1994年，1—6页。案：顾颉刚先生持战国说，但刘起釪先生却改从西周说，参看顾颉刚、刘起釪《尚书校释译论》，832—843页。

期，《禹贡》式的说法就已存在。[1] 上海博物馆藏楚简《容成氏》则提供了大禹治水的另一个故事版本。[2] 现在重读《禹贡》，实在很有必要。

二、九州章

此章讲九州，叙述顺序是：冀—兖—青—徐—扬—荆—豫—梁—雍。

九州者，中国大陆之谓也。古人以水流环绕中可居人之高地为州，[3] 小者环河，大者环海，皆可称州（或洲），小九州外，复有大九州。《禹贡》以山川为经界，[4] 把中国大陆分为九块，不是四方八位加中央，如九宫格，而是东边四块，中间三块，西边两块，作四三二结构。这九块，以西河、华山为界，又分为东西土。[5] 治水起点是龙门西河。东七州，冀、兖在北，从西往东转；青、徐、扬在东，从北往南转；荆在扬西，从东往西转，豫在荆北，从南往北转。这七州，始于冀而终于豫，按顺时针方向旋转，是一大圈，贡道相连，以冀州为归宿。西部二州，梁南雍北，包括陕西、甘肃、青海和四川，范围很大。梁在豫西，接豫而行，从东往西讲。雍在冀西，接梁而行，从西往东讲，按顺时针方向旋转，也是一大圈，贡道相连，以冀州为归宿，最后又转到治水的起点，龙门西河。

九州，每一州分五部分：先讲州域，次讲地理，次讲土田（兼及植

---

[1] 李零《论燹公盨发现的意义》，《中国历史文物》2002年6期，35—45页。案：西周封国的范围也可支持这一点。下文以"某国故地"作注，只是为了方便理解，并非表示夏商时期也有这些国家。
[2] 李零《容成氏》考释，收入马承源主编《上海博物馆藏战国楚竹书》（二），上海：上海古籍出版社，2002年，247—293页。这里的释文是用宽式，下不再注。
[3] 《说文解字·川部》："水中可居曰州，周绕其旁，从重川。昔尧遭洪水，民居水中高土，或曰九州。"
[4] 这种设计，使人很难按地名沿革作时代判断。
[5] 三代的东西对峙：夏、商在东，周在西。东周的东西对峙：周与齐、鲁、晋（后来分裂为韩、赵、魏三国）、卫、燕在东，秦在西。汉唐时期，洛阳、西安一直是东西都。

被),次讲贡赋,最后讲贡道。特点是只有山川,没有城邑,更加突出地理本色。我把其中的地理部分再细分为山、川、泽、原四项。

下面,我把《九州》章的原文,每州分五段,拆开来讲。

(一) 冀州

〔两河惟〕冀州:既载壶口,治梁及岐。既修太原,至于岳阳。覃(沁)怀底绩,至于衡(横)漳。〔恒、卫既从,大陆既作〕。厥土惟白壤。〔厥田惟中中〕。厥赋惟上上错。(厥田惟中中)。(恒、卫既从,大陆既作)。〔厥贡……〕。(岛)〔鸟〕夷皮服,夹右碣石入于河。

1. 州域:"【两河惟】冀州。"

【案】《禹贡》是依托大禹治水的故事。九州是以夏地的晋南为中心。冀州是《禹贡》第一州,其名得自龙门口上山西一侧的河津。河津古称冀。[1]《禹贡》体例,头一句话都是讲州域,一般只有五个字,多者七个字,用山川作标志,表示范围。"冀州"上显然缺了三个字,兹据文义,[2]参酌古书,拟补缺文,以足其义。冀州属晋、燕故地,地跨今山西、河北二省,并包括河南的一部分。黄河九曲,青海段、甘肃段、宁夏段、内蒙段是黄河上游,山陕段、河南段、河北段是黄河中下游。[3]黄河山陕段,《禹贡》叫"西河"(见下雍州节),河南段,《禹贡》叫"南河"(见下荆州节)。河北段,《礼记·王制》叫"东河"。这里的"两河"是西河和东河。古人讲地理范围,通常讲四至,即东、南、西、北四个方向,每个方

---

[1] 河津,古称皮氏。《左传》僖公二年"冀之既病",杜预注:"冀,国名,平阳皮氏县东北有冀亭。"冀亭在今稷山县北。
[2]《周礼·夏官·职方氏》:"河内曰冀州。"《吕氏春秋·有始览》:"两河之间为冀州,晋也。"《尔雅·释地》:"两河间曰冀州。"案:《职方》"河内"是"三河"(西河、南河、东河)之内。
[3] 地理学界多把青海河源到内蒙古托克托叫黄河上游,托克托到河南郑州叫黄河中游,河南郑州到黄河入海口叫黄河下游。

向到什么地方，但《禹贡》只讲二至（只有徐州讲三至）。[1] 冀州，西界西河、东界东河，南北界要从下文推敲。南界，要看下豫州贡道节。豫州在冀州南，其贡道北端是南河，可见南河是冀州南界。北界，要看此州贡道节。鸟夷入贡从碣石来，我们从它的入贡路线看，冀州可能还包括辽宁甚至内蒙古的一部分。冀州三面环河，西河是冀、雍二州的界线，南河是冀、豫二州的界线，东河是冀、兖二州的界线，很清楚，只有北界不太清楚。由此可知，河内，即太行山与南河、东河之间的狭长地带，其实也在冀州的范围内。《周礼·夏官·职方氏》把冀州分为冀、幽、并三州，去掉徐州和梁州仍为九州。《吕氏春秋·有始览》、《尔雅·释地》把冀州分为冀、幽二州，去掉梁州，仍为九州。所谓并州是山西北部，幽州是河北北部和辽宁一带。上博楚简《容成氏》："禹通蒌与易，东注之海，于是乎蓏州始可处也。"蒌即涞水。《山海经·北山经》："虖沱之水出焉，而东流注于涞水。"[2] 涞水是滹沱河的支流。易指易水。所叙二水皆河北境内之水。楚文字，蓏与并相近，蓏州是并州之误。该篇有并无冀。《禹贡》所说冀州，核心地区是山西南部。今太原古称并州，并州指太原、太原以北和太原以东。幽州指河北北部。今人以冀州为河北，并州为山西，与《禹贡》的概念不一样。

2. 山川："既载壶口，治梁及岐。既修太原，至于岳阳。覃（沁）怀底绩，至于衡（横）漳。〔恒、卫既从，大陆既作〕。"

（1）山：壶口山、梁山、太岳山、碣石山。

【案】西河是冀州和雍州的分界线。这条河道上有两个关节点。一个是壶口，一个是龙门口。壶口在山西吉县和陕西宜川之间。黄河流经壶口，最狭窄，形成壶口瀑布（中国第二大瀑布），非常壮观。龙门口在山西河津和陕西韩城之间，跟壶口正好相反。这里有一道隆起的山梁，横穿二县，黄河从这道山梁穿行，是谓

---

[1] 冀州只讲东、西界（西河、东河），兖州只讲东、西界（河、济），青州只讲东、南界（海、岱），徐州只讲东、北、南界（海、岱、淮），扬州只讲北、东界（淮、海），荆州只讲北、南界（荆、衡阳），豫州只讲南、北界（荆、河），梁州只讲东、西界（华阳、黑水），雍州只讲西、东界（黑水、西河）。

[2] 晏昌贵《上博简〈容成氏〉九州柬释》，简帛研究网，http://www.jianbo.org/wssf2003/yanchanggui01.htm，2003年4月6日。

龙门口。过了龙门口，地势平坦，河面突然变得异常宽阔。[1]"既载壶口"是讲壶口，壶口有壶口山，在山西吉县一侧。"既载"与下"既修"是类似表达，旧说纷纭，有既始、既作、既成等解，这里疑读既裁，指凿开山梁（当然不是由人工开凿，而是以想象的鬼斧神工开凿），扩展河面。"治梁及岐"是讲龙门口。龙门口，也叫禹门口，古人认为，这是大禹凿开的山口。它的两面都有山。我初以为"梁"是韩城一侧的梁山，"岐"是河津一侧的龙门山，后来从Google地图看，所谓梁山也好，龙门山也好，都在同一条横亘的山梁上。我怀疑，"梁"即横跨龙门口的山梁，"岐"是这道山梁的缺口，也就是龙门口（与远在陕西岐山县的岐山无关）。韩城古称韩，称少梁，称夏阳。河津古称冀，称耿，称皮氏，称龙门。韩城称梁是取津梁之义，河津称津亦取津梁之义。[2]"至于岳阳"，"岳"即太岳山，也叫霍山。霍山，商周时期也叫霍太山，在山西霍县一带。此山是山西的岳山，就像泰山在山东、华山在陕西（也叫华太山）、嵩山在河南（也叫太室山）、衡山在湖南，但后世未能入于五岳，降为镇山（五镇的中镇）。"右碣石"，见下贡道节，即碣石山，在河北昌黎县。[3]通常认为，鸟夷从东北来，山在其右，故称右碣石。另一种理解，古代有两碣石，一为昌黎碣石，一为乐浪碣石。昌黎碣石在西，乐浪碣石在东。左为东，右为西。我们把昌黎碣石理解为右碣石，亦通。[4]

（2）川：河水、沁水、漳水、恒水、卫水。

【案】"河"，黄河，上州域节缺，但见下贡道节。黄河是四渎之一，四渎是独流入海的大河。贡道节的"河"是讲黄河入海的一段，即所谓东河。"恒、卫既从，大陆既作"，原文错在贡赋节后，从文义看，应移到"覃怀厎绩，至于衡漳"

---

[1] 汾阴在龙门口下，也很开阔。汉武帝于汾阴（今山西万荣县西）立后土祠，目的是为了祠河。
[2] 河津称河津县始于宋，但汉辛氏《三秦记》"河津，一名龙门"，已用河津指龙门。
[3] 旧有二说，一为汉班固骊成说，以碣石为河北昌黎县碣石山；一为汉文颖絫县说，以为碣石沦海，成为秦皇岛、昌黎一带的海上礁石。前人多主后说，非是。参看：谭其骧《碣石考》（原载《学习与批判》，1976年2期），收入氏著《长水集》（下），北京：人民出版社，1987年，98—104页；王育民《碣石新辨》，《中华文史论丛》1981年第4辑，237—247页；刘起釪《碣石考》，收入氏著《古史续辨》（原载《江海学刊》1984年5期），北京：中国社会科学出版社，1991年，574—601页。
[4]《史记·夏本纪》索隐引《太康地理志》："乐浪遂成县有碣石山，长城所起。"《通典》卷一八六以乐浪碣石为左碣石。

后。"覃怀厎绩"（覃有二音，一音tán，一音qín），覃是定母侵部字或清母侵部字，沁是清母侵部字，古音相近，可通假。覃疑读沁，指河南沁阳县，怀指河南武陟县。厎同底，训致，绩训致，这里是告成之义。下文此字多见，基本都是这种用法。沁水源出山西沁源县，南流，经安泽、沁水、阳城，穿越太行山，过河南沁阳县，在武陟县注入黄河。[1] "至于衡漳"，到达漳水流域。衡漳读横漳，指横流的漳水。漳水分清、浊二水。浊漳水，南源出长子，西源出沁县，北源出榆社，三源合流，从平顺县，横穿太行山，在河北涉县合漳村与从左权方向流来的清漳河合为一水，穿邺城遗址（在河北临漳县）。清漳水，东源出昔阳，西源出和顺，流经左权，下注浊漳水。浊漳水从西往东流，清漳水从北往南流。横流者，主要是浊漳水。"恒、卫既从"，恒、卫是漳水以北的两条河。恒是恒水，即通天河，在河北曲阳汇入唐河；卫是卫水，即卫河，在河北灵寿县汇入滹沱河；既从，指二水与衡漳平行，也是从西向东流。下雍州节"漆、沮既从"是同样的辞例。汾水纵贯山西，《禹贡》没有提到。晋北大河，如桑干河和滹沱河，《禹贡》也没提到。

（3）泽：大陆泽。

【案】"大陆既作"，大陆指大陆泽，原本在河北宁晋、隆尧、任县、巨鹿、平乡、南和一带，明代中期，分为南北二泊，北泊叫宁晋泊，南泊叫大陆泊，上一世纪缩小干涸。《吕氏春秋·有始览》、《淮南子·墬形》"九薮"有"晋之大陆"，《尔雅·释地》"十薮"也提到"晋有大陆"，北魏亦称大陆陂。泽与薮是相关概念，区别是什么？《有始览》高诱注："有水曰泽，无水曰薮。"《禹贡》只用泽，不用薮。其治泽术语，"作"指动土兴役，"泽"指修堤筑堰，蓄水为泽，"猪"读潴（音zhū），有停蓄积潴之义，指汇聚众流，积为大湖。

（4）原：太原、岳阳、覃怀、衡漳。

【案】"既修太原，至于岳阳"，指山西临汾到霍县一带。"覃怀厎绩，至于衡漳"，指河南沁阳到山西长治一带。"太原"，大平原。《尔雅·释地》："大野曰平，广平曰原。"山西自北而南有六大盆地：大同盆地、忻定盆地、太原盆地、上党盆地、临汾盆地、运城盆地，大平原都在这六大盆地中。山西，早期都邑多在山西

---

[1]《山海经·海内东经》："沁水出井陉山东，东南注河，入怀东南。"此井陉山非石邑（在河北获鹿县）井陉山。

南部。学者认为,《禹贡》"太原"不在太原盆地,而在临汾盆地或运城盆地。"岳阳",太岳山以南,疑指霍山西南的洪洞县一带。霍山西南是一片开阔地,属于临汾盆地的北缘。"覃怀",上文提到,指沁水流经的沁阳、武陟一带。沁阳当太行陉(太行八陉之一)外口,商代西周叫于或孟,战国秦汉叫野王。古代从河南洛阳去山西长治,必走这个山口。武陟县,古称怀。沁阳、武陟一带,大体相当清怀庆府和今河南焦作市。[1] 焦作市,下辖二市四县,沁阳在西,武陟在东。"衡漳"是漳水流域,这里是以浊漳流域代指上党盆地。以上描述可以分为三路:壶口—梁、岐在西,太原—岳阳在中,覃怀—衡漳在东,都在山西南部。原文未讲山西北部。

3. 土田:"厥土惟白壤。〔厥田惟中中〕。"

【案】"厥土惟白壤",其土为白壤。土是原生的土壤,惟训为,白壤是盐碱化的土壤,品级较差。"厥田惟中中",其田为第五等。田是经过治理的田地,中中是第五等。此句原来错在"厥赋惟上上错"后,应当移到"厥土惟白壤"后。《禹贡》九州,把土田分为九级,冀是中中,兖是中下,青是上下,徐是上中,扬是下下,荆是下中,豫是中上,梁是下上,雍是上上。雍土积高,水患最小,其田为第一等。徐、青二州,不临河道,水患较小,其田为第二、第三等。豫临南河,冀、兖临东河,皆有水患,越到下游,水患越甚,其田为第四至第六等。梁在长江上游,荆在长江中游,扬在长江下游,水患比黄河流域更严重,也是越到下游,水患越甚,其田为第七至第九等。

4. 贡赋:"厥赋惟上上错。〔厥贡……〕。"

【案】"厥赋惟上上错",赋是土田所出,以粮食为主,上上错是第一等杂第二等。古代军赋,还包括车马军械。《禹贡》体例,贡在赋后,这里缺。

5. 贡道:"(岛)〔鸟〕夷皮服,夹右碣石入于河。"

【案】九州贡道以水道为主,陆路为辅。"岛夷皮服",今本"岛夷",应从《史记·夏本纪》作"鸟夷"。鸟夷大概是辽西的少数民族,其贡物为皮服。"夹右碣石入于河",其贡道是沿秦皇岛海岸线航行,右手贴着碣石山,从黄河入海处入

---

[1] 这一带属于古代的河内之地。河内是太行山和黄河所夹的狭长地带。它分南北两部分,安阳、鹤壁、新乡一带是其北境,焦作、济源一带是其南境。覃怀相当后者。

河。《禹贡》九州所记居民,只记少数民族,冀州有鸟夷,青州有嵎夷、莱夷,徐州有淮夷,扬州有岛夷,梁州有和夷,雍州有三苗或西戎三族,所述多在贡道节。黄河是九州贡道的大动脉,各州贡物皆以冀州三面的黄河为归宿,最后目的地是冀州。

(二) 兖州

济、河惟兖州:九河既道(导),雷夏既泽,灉、沮会同。桑土既蚕,是降丘宅土。厥土黑坟(肥),厥草惟繇,厥木惟条。厥田惟中下。厥赋(贞)〔下下〕,作十有三载乃同。厥贡漆、丝,厥篚织文。浮于济、漯,达于河。

1. 州域:"济、河惟兖州。"

【案】兖州在河北、山东交界处,属卫国故地。[1] 兖州之兖,字亦作沇,[2] 州名是得名于沇水。沇水是济水的别名,如下《导水》章就是以沇水东流为济水。济水亦作泲水。"济"是济水,"河"指东河。兖州在二水之间。河水是兖州和冀州的界限,济水是兖州和青、徐二州(青州在北,徐州在南)的界限,河、济二水东北流,河水在天津、河北沧州一带注入渤海(古称北海),济水在山东东营一带注入渤海,两个入海口之间的海岸线是其东北界,西南界则在河南濮阳、长垣一带。孔子居卫,就是住在这一带。它的东边是山东菏泽地区,属曹国故地,东南是河南商丘地区,属宋国故地。曹、宋二国属豫州之地。《容成氏》:"禹亲执(耒)

---

〔1〕兖州之域包括河北沧州、衡水二市和邢台、邯郸二市的东部,河南濮阳市和新乡市的东南部。今山东兖州市并不在古兖州范围内,但仍用这一名称。
〔2〕《说文解字》无兖字,其字形来源还值得研究,目前缺乏古文字线索。其《儿部》有兊字,许慎以为从仌,徐铉等曰:"仌,古文兖字,非声。"《说文解字·水部》:"沇水出河东东垣王屋山,东为泲。""泲,沇也。东入于海。""济,水出常山房子赞皇山,东入泜。"许慎是把沇、泲当四渎之一的济水,而把济当河北赞皇县的济水。许慎以为沇从允声,古文作沿。这两个字的古文写法有㕣、㳂、渷三种写法,参看徐在国编《传世古文字编》,北京:线装书局,2006年,下册,1087 页:兖(沇)。

〔㭒〕秸，^[1]以陂明都之泽，决九河之滐，于是乎夹州、徐州始可处。"以夹州、徐州并叙。夹州，疑读沛州或济州。策，古书经常写成笶。策是初母锡部字，沛、济是精母脂部字，古音相近，可通假。"明都之泽"即下豫州节之"孟猪"。滐是水激回漩貌。

2. 山川："九河既道（导），雷夏既泽，灉、沮会同。桑土既蚕，是降丘宅土。"

（1）山：~

【案】兖州无山。

（2）川：济水、河水、九河、灉水、沮水、漯水。

"济、河"，见上州域节。《尔雅·释水》："江、河、淮、济为四渎。四渎者，发源注海者也。"四渎都是独流入海的大河。北方二渎，黄河是第一大河，济水是第二大河。黄河源出青海东南的巴颜喀拉山，历史上不断改道，前后有三个入海口，北口在天津市和河北黄骅市一带，东口在山东东营市一带，南口在江苏滨海县一带。战国到西汉，以北口为主。东汉以来，河道南移，或走东口，夺济入海，或走南口，夺淮入海。济水是黄河的姊妹河。它发源于河南济源市王屋山，分南北两段，北段在黄河北，南段在黄河南。其南段本来与黄河平行，今黄河南移，夺济水道，二水已合一。"九河既道"，《尔雅·释水》："徒骇、太史、马颊、覆鬴、胡苏、简、絜、钩盘、鬲津，九河。"九河是黄河播散，在河、济之间构成的河网，今唯徒骇、马颊二河在，其他支流，或改道，或绝流，或易名，已难详考其故迹。道读导，指疏浚河道，以通其流。"灉、沮会同"，灉（音yōng）是黄河支流的统称，沮是济水支流的统称，这些支流在黄河下游汇合。^[2]《尔雅·释水》："水自河出曰灉，济为濋。"濋是初母鱼部字，沮是从母鱼部字，可通假。《水经注·瓠子河》引京相璠说："六国时，沮、

---

[1] 㭒，㭒之误，读作秣。
[2] 京杭大运河就是利用这些支流，加以改造。

溉同音。"《尔雅·释水》的灉、溉就是这里的灉、沮。"漯",也是黄河支流,见下贡道节。

(3) 泽:雷夏泽。

【案】"雷夏既泽",雷夏即雷夏泽,也叫雷泽,据说在山东鄄城旧城乡和河南范县濮城镇一带,已涸;泽指蓄水,这里是动词。

(4) 原:~

【案】"桑土既蚕,降丘宅土",兖州低平,自古是黄泛区,常被水患,如卫国的都城在黄河两岸经常搬来搬去。[1] 卫地在濮水之上,宜于养蚕。古人常以"桑间濮上之音"称卫国的音乐,如《礼记·乐记》,郑玄注:"濮水之上,地有桑间。"这里是说,经过治水,居民已从高地搬到低地住,恢复养蚕。

3. 土田:"厥土黑坟(肥),厥草惟繇,厥木惟条。厥田惟中下。"

【案】"厥土黑坟",其土为黑壤,很肥沃。坟是肥字的假借字。坟是并母文部字,肥是并母微部字,属阴阳对转。《释文》引马融注:"有膏肥也。"已指出其正确含义。孙星衍《尚书今古文注疏》:"坟、肥声之转。故《汉地理志》'壤坟',应劭读坟为肥。"也指出二者是通假关系。"厥草惟繇,厥木惟条",繇读由,是抽的意思。条者条畅,形容茂盛。草木与土有关,是讲植被。《禹贡》只于兖、徐、扬三州讲草木:兖、徐二州叙于土后,扬州叙于土前。"厥田惟中下",其田为第六等。

4. 贡赋:"厥赋(贞)〔下下〕,作十有三载乃同。厥贡漆、丝,厥篚织文。"

【案】"厥赋"后应为出赋等级,此作"贞",旧注训正,不可解。《九州》之赋,冀为上上,青为中上,徐为中中,扬为下上,荆为上下,豫为上中,梁为下中,雍为中下,唯缺下下。前人指出,贞乃下下之误。致误原因是下字重文,古文字写法,照例要在下字底下加重文号,即两道短横,这种写法的"下下",字形

---

[1] 卫,初都沬(河南淇县),在黄河西,后来搬到黄河东,先都曹(河南滑县东),次都楚丘(河南滑县东北),后都帝丘(河南濮阳)。

似正,先误为正,后读为贞,遂讹为贞。[1] 其说可从。"作十有三载乃同",指大禹治水十三年,水患平,九州同。《史记·河渠书》引《夏书》:"禹抑洪水十三年,过家不入门。"此文不见今本《尚书》,或即意引此文。兖州是黄河入海处,水患严重,出赋最轻,《禹贡》特书治水年数于此。"厥贡漆、丝",漆、丝是兖州特产。贡与赋不同,所贡非田亩所出,乃山林川泽所产。"厥篚织文"(篚音fěi),篚是竹筐类盛具,织文是有花纹的纺织品。《禹贡》讲纺织品入贡,必以竹筐为盛具,下文讲纺织品例用"厥篚"。

5. 贡道:"浮于济、漯,达于河。"

【案】"浮于济、漯",航行于济、漯二水。"达于河",达训通,指从一条水道转入另一条水道。《禹贡》体例,贡道以水道为主,乘舟行水曰"浮",水道转水道曰"达",水道转陆路曰"逾"。其贡道,东线四州,彼此相承,贡物是从扬州输徐州,徐州输青州,青州输兖州,然后由兖州入河。这里所述是由济入漯、由漯入河的一段,由济入漯在四渎津(在山东茌平县),由漯入河在宿胥口(在河南浚县)。最后目的地是冀州。

(三)青州

海、岱惟青州:嵎夷既略,潍、淄其道(导)。厥土白坟(肥),海滨广斥。厥田惟上下。厥赋中上。厥贡盐、絺,海物惟错,岱畎丝、枲、铅、松、怪石,莱夷作牧,厥篚檿丝。浮于汶,达于济。

1. 州域:"海、岱惟青州。"

【案】青州以色名。九州之域,青州最东,方色为青。《晋书·地理志下》:"(青州)盖取土居少阳,其色为青,故以名也。"或说方色之说晚出,必待战国

---

[1] 马廷鸾、金履祥说,参看《尚书校释译论》,562—565页引。

而后出,未必。青州在山东北部,属齐国故地。[1]"海",青州东部为半岛,三面环海,渤海(古称北海)在北,黄海(古称东海)在东与南。"岱"即泰山。泰山是青、徐二州的分界线,为其南界;济水是青、兖二州的分界线,为其陆境的西北界。青州,《尔雅·释地》作"营州"。[2]《释名·释州国》:"齐、卫之地于天文属营室,取其名也。"毕沅《释名疏证》指出,营室是卫国的星野,与齐无关,齐太公封于营丘,"营州盖取名于营丘也"。《容成氏》:"禹通淮与沂,东注之海,于是乎竞州、莒州始可处也。"竞州相当青州,而与莒州并说。莒在齐南鲁东,在山东半岛,地位仅次于齐、鲁。载籍九州,从无莒州。

2. 山川:"嵎夷既略,潍、淄其道(导)。"

(1) 山:岱。

【案】"岱",见上州域节。岱即泰山,也叫岱宗。泰山是齐、鲁两国的分界线。泰山即太山,本来的意思只是大山,岱才是它的本名。山东半岛有六座海拔1000米以上的高山,泰山是最高一座,[3]但在五岳中,它比华山、恒山矮,并非最高。[4]中国大地,西北高而东南低。古人讲地理,山水一体,都是自西向东,以东为尊,故泰山为五岳之首。

(2) 川:潍水、淄水、汶水、济水。

【案】"嵎夷既略,潍、淄其道",道读导,指嵎夷之地既得经略,潍水、淄水也相继被疏浚。嵎夷(嵎音yú),旧说纷纭,疑指住在山东半岛最东端的东夷部族。《尧典》:"分命羲仲宅嵎夷曰旸谷。"《释文》引马融注以嵎为海隅。旸谷也叫汤谷,上有扶桑。汤谷是太阳升起的地方。古人把太阳升起的地方叫东隅。今山东荣城县城山头为山东半岛最东端,乃迎日之处,古有日主祠,疑即嵎夷所居。[5]

---

[1] 青州之域以淄博、潍坊、青岛、烟台、威海五市为主,并包括东营、济南、泰安、莱芜、临沂、日照五市的一部分,但不包括德州、聊城二市,以及东营、滨州、济南三市在济水以北者。

[2] 汉人以《禹贡》九州加幽、并、营三州,以凑《舜典》十二州之数,类似九鼎和十二鼎的关系。汉武十三州,去营州,以益、凉易梁、雍,加上交趾、朔方。

[3] 泰山海拔1524米,蒙山1150米,崂山1132米,鲁山1108米,沂山1032米,徂徕山1028米。

[4] 华山(西岳)海拔2083米,恒山(北岳)海拔1898米,泰山(东岳)海拔1524米,嵩山(中岳)海拔1440米,衡山(南岳)海拔1290米。

[5] 成山头,先有胡耀邦题"天尽头",后有范曾题"天无尽头",今改名叫"好运角"。

潍是潍河,在临淄以东。淄是淄河,齐都临淄所依。"浮于汶,达于济",见下贡道节。汶是汶水,在临淄西南。济是济水,在临淄以西,为青、兖二州之界。整个顺序是从东往西讲。

(3) 泽:~

(4) 原:~

3. 土田:"厥土白坟(肥),海滨广斥。厥田惟上下。"

【案】"厥土白坟",其土为白壤,很肥沃。"海滨广斥",斥是斥卤之地,青州临海,海滨多盐碱地。"厥田惟上下",其田为第三等,属于上等。

4. 贡赋:"厥赋中上。厥贡盐、絺,海物惟错,岱畎丝、枲、铅、松、怪石,莱夷作牧,厥篚檿丝。"

【案】"厥赋中上",其赋为第四等。"厥贡盐、絺"(絺音chī),其贡物为海盐和细葛。絺是细葛,可织夏布。"海物惟错",海物是海产品如鱼虾之类,惟错的惟与上不同,不是为的意思,而是与的意思,读法同扬州节"惟木",错是攻玉的磨石。"岱畎丝、枲、铅、松、怪石"(枲音xǐ),岱畎是泰山的沟谷,下徐州节"羽畎"是类似用法,[1] 以下五项皆泰山山沟里的特产,丝是蚕丝,枲是大麻[2],铅是铅矿,松是松木,怪石是泰山文石。文石即珉。[3] 古人常把带花纹的美石统称为文石。泰山文石是一种夹带各色纹理的片麻岩。[4] 晋王嘉《拾遗记》卷七:魏文帝时"太山下有连理文石,高十二丈,状如柏树,其文彪发,似人雕镂,自下及上皆合而中开,广十六尺,望若真树也……""莱夷作牧",疑指莱夷从事养殖业,所贡为畜产品。莱夷是东夷的一支,主要活动于山东北部。今山东北部,地名多用莱字,如莱芜、莱州、莱州湾、莱山、蓬莱、莱西、莱阳。莱山在山东龙口市南,山上有月主祠,山下有西周归城遗址,可能就是古代莱夷的活动中心。"檿丝"(檿音yǎn),柞蚕丝,山东昌邑、潍坊一带的特产。

---

[1] 畎字本指田间沟垄,如畎亩的畎就是这个意思,这里指山间沟谷。
[2] 大麻(Cannabis sativa)分雌雄株,雄曰枲,雌曰苴,统称麻。
[3] 《说文解字·玉部》:"珉,石之美者。"字亦作玟、瑉。泰山文石只是其中一种。
[4] 参看章鸿钊《石雅、宝石说》,上海:上海古籍出版社,1993年,168页。

5．贡道："浮于汶，达于济。"

【案】此贡道是由汶入济，与上兖州贡道相通。汶水是从山东东平县入济水。

（四）徐州

　　海、岱及淮惟徐州：淮、沂其乂，蒙、羽其艺。大野既猪（潴），东原厎平。厥土赤埴坟（肥），草木渐包（苞）。厥田惟上中。厥赋中中。厥贡惟土五色，羽畎夏翟，峄阳孤桐，泗滨浮磬，淮夷蠙珠暨鱼，厥篚玄纤、缟。浮于淮、泗，达于河（菏）。

1．州域："海、岱及淮惟徐州。"

【案】徐州之名与徐夷有关，[1] 徐夷嬴姓，为淮夷中的大族。徐州之域包括山东南部和江苏、安徽的淮北地区，属鲁国故地。[2] "海"是黄海，为徐州东界。"岱"是泰山，为徐州北界。青州也用这两个字，但这里多了一个"淮"字。淮水是徐州南界。这里没提西界，西界可能在安徽境内。《周礼·夏官·职方氏》无徐州。《容成氏》："禹亲执（枌）〔朸〕耜，以陂明都之泽，决九河之滺，于是乎夹州、徐州始可处。"是把徐州放在兖州下边讲。

2．山川："淮、沂其乂，蒙、羽其艺。大野既猪（潴），东原厎平。"

（1）山：岱、蒙山、羽山、峄阳。

【案】"岱"，泰山，见上州域节。"蒙、羽其艺"，蒙是蒙山，在山东蒙阴县和平邑县交界处，海拔1150米，"羽"是羽山，在江苏东海县与山东临沭县交界处，海拔269.5米。《孟子·尽心上》："孔子登东山以小鲁，登太山以小天下。"东山即蒙山，蒙山在曲阜东，故称东山。蒙山是鲁地最高的山（除去北界泰山），故曰"登东山以小鲁"。太山即泰山，是山东半岛最高的山，故曰"登太山以小天

---

[1] 今江苏徐州市仍用古代名称。
[2] 徐州北部以山东泰安市南部、济宁市和枣庄市为主，并包括临沂、日照二市的一部分，但不包括山东菏泽市和河南商丘市；南部包括江苏淮水以北，以及安徽淮水以北的一部分。

下"。"峄阳",见下贡赋节,一说峄阳山,一说峄山之南。峄阳山,又名葛峄山,今名岠山(岠音jù),在江苏邳州市与睢宁县交界处,海拔213米。峄山即秦始皇立峄山刻石的峄山,在山东邹城市,很有名,海拔582.8米。江苏境内无高山,云台山最高,只有625米。[1]但此山早先是海岛(叫郁洲山),并不是陆地上的山。峄山以南,淮水以北,徐州境内的山,这两座山也算高山了。

(2)川:淮水、沂水、泗水、菏水。

【案】徐州,淮字三见:一见州域节,为徐州南界;一见山川节,与沂水并叙;一见贡道节,与泗水并叙。"淮、沂其乂",是说淮、沂二水得到治理。淮水是四渎之一,不仅是徐州和扬州的分界线,也是中国南方和北方的分界线。此水源出河南桐柏县桐柏山,东流,横贯河南南部、安徽北部和江苏北部,从江苏滨海县入海。沂水源出山东沂源县艾山,南流,经山东泗水、沂南、临沂、郯城,在江苏睢宁县附近注入泗水。此水很重要,如上面提到的莒国就是沂水流域的国家。"浮于淮、泗,达于河",见下贡道。泗水也很重要,如鲁都曲阜和任、邾、郳、滕、薛等小国,都在泗水流域。泗水源出山东泗水县陪尾山,先西流,再南流,经曲阜、兖州、鱼台,进入江苏,经沛县、徐州,在淮安市注入淮河。河是菏之误。菏水是济水的支流,自山东菏泽市一带分流,经巨野、金乡,在鱼台县附近注入泗水,今已湮没。

(3)泽:大野泽。

【案】"大野既猪",大野即巨野泽,在山东巨野、梁山、东平一带,即《水浒传》的"八百里梁山泊",清以后湮没,东平县的东平湖是其遗存。《尔雅·释地》"十薮"提到"鲁有大野"。

(4)原:东原。

【案】"东原厎平",东原指山东东平县一带,厎平是致平之义。

3.土田:"厥土赤埴坟(肥),草木渐包(苞)。厥田惟上中。"

【案】"厥土赤埴坟",其土为红色黏土,很肥沃。赤是土色,埴是黏土。"草

---

[1] 江苏境内,海拔在200—600米的高山还有无锡黄塔顶、宜兴锅底山、南京紫金山、镇江大华山、徐州大洞山、苏州穹窿山、淮安狮子峰等,都在淮水以南。

木渐包"，包读苞，有丛生之义。"厥田惟上中"，其田为第二等。

4．贡赋："厥赋中中。厥贡惟土五色，羽畎夏翟，峄阳孤桐，泗滨浮磬，淮夷蠙珠暨鱼，厥篚玄纤、缟。"

【案】"厥赋中中"，其赋为第五等。"厥贡惟土五色"，其贡物为五色土。古之社稷坛是用五色土封筑，如今北京中山公园的社稷坛（清代的社稷坛）犹如此。汉唐旧注和《晋太康三年地记》、《元和郡县志》、《太平寰宇记》等书都说，五色土是徐州特产。"羽畎夏翟"，羽畎是羽山的山沟，夏翟是一种野鸡，长羽五色，可用于礼仪类的乐舞。"峄阳孤桐"，峄阳山所产孤桐，适合做良琴。"泗滨浮磬"，泗水之滨，有石浮现水中，适合做磬石。[1]"淮夷蠙珠暨鱼"（蠙音pín），淮夷是东夷居于淮水流域者，多为嬴姓，西周金文叫"南淮夷"，其所贡之物为蠙珠和鱼。蠙，字亦作玭。蠙珠是河蚌中的珍珠。暨是及或与。《史记·夏本纪》、《汉书·地理志上》引古文本作眔（音dá），下暨字同。这种写法很古老，西周金文就是用眔表示及。徐州贡鱼应即古人盛称的淮水白鱼，学名叫鲌（Culterinae）。"厥篚玄纤、缟"，玄纤是一种黑经白纬的细缯，缟是白缯。缯是丝绸的统称。

5．贡道："浮于淮、泗，达于（河）〔菏〕。"

【案】徐州四水，沂水注泗，泗水注淮，没问题，但淮水与河水并不相通。这里的"达于河"是"达于菏"之误。《说文·水部》："菏泽水，在山阳胡陵。《禹贡》：'浮于淮、泗，达于菏。'"《水经注·济水》引《禹贡》同。《说文》所谓"菏泽水"，也叫菏水，其实是济水支流，今已断流。菏水是联系泗水与济水的河流。可见徐州贡道是由淮入泗，由泗入菏，由菏入济，与青州的贡道相接。

（五）扬州

淮、海惟扬州：彭蠡既猪（潴），阳鸟攸居。三江既入，震泽厎定。筱簜既敷，厥草惟夭，厥木惟乔。厥土惟涂泥。厥田惟下下。厥

---

[1] 磬、声同源，其上半皆像悬磬而击之。声字从耳，表示侧耳而听之，磬字从石，表示好听的石头。

赋下上上错。厥贡惟金三品，瑶、琨、筱、簜、齿、革、羽、毛惟木，岛夷卉服，厥篚织贝，厥包桔柚，锡贡。沿于江、海，达于淮、泗。

1. 州域："淮、海惟扬州。"

【案】扬州为什么叫扬州，不清楚，前人有各种猜测，多不可信。[1]九州之域，扬州居东南，也许扬州之名只是表示它是个向阳的州，或阳鸟栖息的州。[2]扬州在淮水以南和长江下游，属吴、越故地。[3]"淮"是扬州北界，"海"是扬州东界，没问题，但它的南界、西界在哪里，原文没有讲。我怀疑，其南境还包括长江以南，与下荆州一样。其州域不仅包括淮河以南的江苏、安徽，也包括浙江、江西的沿江地区。钱塘江（即浙江）和杭州湾一带，如杭州、绍兴、余姚和宁波等地（皆在秦汉会稽郡），估计也在扬州境。传说舜命禹治水，前后十三年，前三年为舜服丧，实际治水仅十年，卒于会稽。《史记·夏本纪》："十年，帝禹东巡狩，至于会稽而崩。""或言禹会诸侯江南，计功而崩，因葬焉，名曰会稽。会稽者，会计也。"会稽即绍兴，有禹陵，《史记·越王句践世家》说，句践奉禹为祖，以会稽为都。其后秦皇、汉武南巡，必循江至于会稽，估计就是追寻传说中的大禹行迹。[4]《容成氏》："禹乃通三江五湖，东注之海，于是乎荆州、扬州始可处也。"是把同居长江流域的荆州、扬州放在一块儿讲，但"三江五湖"专指扬州。三江是震泽以西的长江支流，五湖即震泽。荆州和扬州的界限在哪里，这里没讲，说见下荆州。

2. 山川："彭蠡既猪（潴），阳鸟攸居。三江既入，震泽厎定。"

（1）山：~

【案】江苏全境无高山，安徽北部也没有高山，海拔600米以上的高山极为罕见。高山主要在浙江、福建、安徽南部和江西。

---

[1]《释名·释州国》："扬州州界多水，水波扬也。"《释名疏证》引李巡说："江南扬州其气躁劲，厥性轻扬，故曰扬州。"又李匡乂说："地多白杨，故曰杨州。"毕沅曰："非古训也。"
[2] 扬州，《容成氏》作"䣙州"。
[3] 今江苏扬州市仍用古代名称。
[4] 秦始皇三十七年（前210年），曾"上会稽，祭大禹，望于南海，而立石刻颂秦德"（《史记·秦始皇本纪》），即著名的会稽刻石。

（2）川：淮水、三江、江水、泗水。

【案】"淮"，淮水，扬州北界，见上州域节和下贡道节。"三江既入"，聚讼纷纭，学者多以三江入海为说，以应下《导水》章所谓的"北江"和"中江"。但这里说的入是指汇入震泽，三江应是震泽以西的三条江，而不是他们说的北江、中江、南江。"沿于江、海，达于淮、泗"见下贡道节。江是长江，泗是泗水，见下贡道节。扬州境内的长江，隋唐以来叫扬子江。泗水是徐州之水，北注于淮，不在扬州境内。

（3）泽：彭蠡泽、震泽。

【案】"彭蠡既猪"，彭蠡是彭蠡泽。彭蠡泽是今鄱阳湖的前身，地跨安徽、江西二省，主体在长江以北。今安徽南境的龙感湖、大官湖、黄湖、泊湖皆其遗存。今鄱阳湖全部在长江以南、江西境内。"阳鸟攸居"，阳鸟是鸿雁类候鸟，冬天到彭蠡泽过冬。"震泽厎定"，震泽即太湖。《吕氏春秋·有始览》、《淮南子·墜形》"九薮"有"吴之具区"，《尔雅·释地》"十薮"也提到"吴越之间有具区"，具区泽即震泽。

（4）原：~

3．土田："筱簜既敷，厥草惟夭，厥木惟乔。厥土惟涂泥。厥田惟下下。"

【案】"筱簜既敷"（筱音xiǎo，簜音dàng），筱是小竹，比较细；簜是大竹，比较粗；既敷是既布的意思。"厥草惟夭"，夭同葽，是茂盛之义。"厥木惟乔"，乔是高大之义。此叙草木于土前。第一句讲多竹，第二句讲草密，第三句讲树高，说明扬州植被很好。"厥土惟涂泥"，其土为泥泞之地，品级较差。"厥田惟下下"，其田为第九等。

4．贡赋："厥赋下上上错。厥贡惟金三品，瑶、琨、筱、簜、齿、革、羽、毛惟木，岛夷卉服，厥篚织贝，厥包桔柚，锡贡。"

【案】"厥赋下上上错"，其赋为第七等杂第六等。"厥贡惟金三品"，古人不能以化学成分为金属分类，只能以颜色区别之。如许慎以金为五色金的总称，以银为白金，铅为青金，锡为银、铅之间，铜为赤金，铁为黑金，镠为黄金之美者(《说文解字·金部》)。但古之黄金未必是后世所谓的黄金,白金未必是后世所谓的白银,赤金也未必是后世所谓的红铜。商代西周,黄金很少,白银没有,铁是陨铁,早期冶金以铜、铅、锡为主。"瑶、琨",瑶是青玛瑙,[1]琨是一种美石。[2]"筱、簜",释见上土田节。"齿、革、羽、毛惟木",齿是象牙,革是皮革,羽是禽羽,毛是兽毛,皆取之动物,惟训与,用法同上青州节"厥贡盐、𫄨、海物惟错"。"岛夷卉服",岛夷是沿海岛民,江苏几乎没有岛,岛屿多在长江口以下,疑岛夷是舟山群岛上的居民,其所贡之物为卉服,孔颖达疏以为草服。卉,今多用为花卉之卉,但古文字却与屮(草)无别。[3]草服不是葛布,江南多雨,岛夷常以竹笠蓑衣避雨,或即这里的卉服。"厥篚织贝",或以为是一种以贝纹为饰的纺织品,但宋人(如《东坡书传》卷五、蔡沈《书集传》卷二等)多以吉贝(Ceiba pentandra)即木棉布为织贝。吉贝见《梁书·诸夷传》,云为林邑国(在越南南部)所产。"厥包桔柚",以囊橐盛桔柚。"锡贡",纳贡。下荆州节有"纳锡"。

5. 贡道:"沿于江、海,达于淮、泗。"

【案】"沿于江海",江是长江,海是东海。此贡道是由长江入海,再顺海边北上。"达于淮、泗",先入于淮水,再入于泗水,与上徐州的贡道相连。

(六)荆州

> 荆及衡阳惟荆州:江、汉朝宗于海,九江孔殷。沱、潜既道(导),(云土梦)〔云梦土〕作乂。厥土惟涂泥。厥田惟下中。厥赋上下。厥贡羽、毛、齿、革,惟金三品,杶、干、栝、柏,砺、砥、砮、丹,惟箘、簬、楛,三邦厎贡,厥名包匭菁茅,厥篚玄𫄸玑组,九江纳锡大龟。浮于江、沱、潜、汉,逾于洛,至于南河。

---

[1] 古人常以琼、瑶并说。据考,琼是红玛瑙,瑶是青玛瑙。参看章鸿钊《石雅、宝石说》,35—41页。
[2] 古人所谓美石,可能主要是方解石(calcite)类的汉白玉、大理石、雪花膏石,以及叶蜡石类的青田石、寿山石等。参看章鸿钊《石雅、宝石说》,35—41页。
[3] 《说文解字》把屮、艸、卉、茻强分为四字,但古文字多混用无别,只是繁简不同而已。

1. 州域："荆及衡阳惟荆州。"

【案】荆州是得名于荆山，[1] 属楚国故地。荆、楚互训。"荆"是荆山，为荆州北界。"衡阳"是衡山之南，为荆州南界。荆州东界，从下文看，应即古九江，即湖北黄梅县。西界不太清楚。《容成氏》："禹乃通三江五湖，东注之海，于是乎荆州、扬州始可处也。"上文已引。

2. 山川："江、汉朝宗于海，九江孔殷。沱、潜既道（导），（云土梦）〔云梦土〕作乂。"

（1）山：

【案】"荆"，荆山，在湖北南漳县。"衡阳"，湖南衡山之南，今湖南衡阳市正好在衡山之南。《周礼·春官·大司乐》有"四镇五岳"之说。"四镇五岳"是九座山。《周礼·夏官·职方氏》以九山配九州，荆州所配为衡山。《尔雅·释山》有两套五岳，一套是"河南华，河西岳，河东岱，河北衡，江南衡"，一套是"泰山为东岳，华山为西岳，霍山为南岳，恒山为北岳，嵩高为中岳"。前者以吴山为岳山，是秦系五岳。后者以霍山（安徽天柱山）为南岳，是汉武帝元封五年（前106年）的新制。

（2）川：江、汉。

【案】"江、汉朝宗于海"，江是长江，汉是汉水。汉水源于陕西宁强县嶓冢山，在湖北武汉市入江，是长江的最大支流。二水合流，在扬州入海。这两条河是荆州最主要的河。古人常以江汉指楚境。"九江孔殷"，九江在哪儿，聚讼纷纭，应指彭蠡泽西的长江支流，孔殷是形容水势很大。九江入彭蠡，如同三江入震泽，江在泽西，泽在江东。九江也叫浔阳江。汉浔阳县在湖北黄梅县，东晋浔阳县在江西九江市。我们在上文已经说过，彭蠡泽原在安徽南境，今在江西北境，位置有变化，已经南移。浔阳东移当与彭蠡南移有关。准此可知，九江属荆州，彭蠡属扬州，州界正在九江、彭蠡间。"沱、潜既道"，《尔雅·释水》有所谓"江为沱"、"汉为潜"之说。沱是江水支流的统称，潜是汉水支流的统称。

（3）泽：云梦土。

【案】"云梦土作乂"，今本讹为"云土梦作乂"。云梦即云梦泽，泽在湖北江

---

[1] 今湖北荆州市仍用古地名。

陵以东。土字表示其相关区域。作义是开始治理的意思。《吕氏春秋·有始览》、《淮南子·地形》"九薮"有"楚之云梦"。《尔雅·释地》"十薮"也提到"楚有云梦"。长江三泽，云梦泽在西，属于荆州；震泽在东，属于扬州；彭蠡泽属于吴头楚尾，在两者之间。

（4）原：~

3．土田："厥土惟涂泥。厥田惟下中。"

【案】"厥土惟涂泥"，同扬州。"厥田惟下中"，其田为第八等。

4．贡赋："厥赋上下。厥贡羽、毛、齿、革，惟金三品，杶、干、栝、柏、砺、砥、砮、丹，惟箘、簬、楛，三邦底贡，厥名包匦菁茅，厥篚玄纁玑组，九江纳锡大龟。"

【案】"厥赋上下"，其赋为第三等。"杶、干、栝、柏"（杶音chūn，栝音kuò），四种木材。杶是椿木，干是柘木，栝是桧木，柏是柏木。"砺、砥、砮、丹"（砮音nú），四种石材。砺是粗磨石，砥是细磨石，砮是可以作箭头的石头，丹是朱砂。朱砂以辰州所产最有名。辰州即湖南沅陵县。"箘、簬、楛"（箘音jūn，簬音lù，楛音hù），箘、簬是适于作箭杆的竹材（或说应连读，是一种竹材，或说应分读，是两种竹材）。楛是适于作箭杆的木材。"三邦底贡厥名包匦菁茅"（匦音guǐ），应于贡下断句。"三邦底贡"是说有三个国家来进贡。"厥名包匦菁茅"是说贡物之名为包匦菁茅。包匦，疑读包橐（橐音gāo），指包裹菁茅的囊橐。橐、匦皆见母幽部字，古音相同，可通假。古代的酒是用发酵法制成，酒糟和酒液混在一起，要把酒糟滤去才能喝，菁茅是用来筛酒的茅草。这种茅草，以楚地为优。《左传》僖公四年齐桓公伐楚，管仲责问楚成王："尔贡包茅不入，王祭不共，无以缩酒，寡人是征。"所谓"包茅"就是这里的"包匦菁茅"。"玄纁玑组"（纁音xūn，玑音jī），红黑二色的珠串。玄是黑色，纁是红色。"九江纳锡大龟"，也是荆州特有的贡物，九江在今湖北黄梅县，纳锡是纳贡，黄梅蔡山出产的大龟很有名，如《左传》襄公二十三年"臧武仲自邾使告臧贾，且致大蔡焉"、《论语·公冶长》"臧文仲居蔡"，都是讲这种龟。

5．贡道："浮于江、沱、潜、汉，逾于洛，至于南河。"

【案】"浮于江、沱、潜、汉"，江、汉是荆州最主要的大河，沱是江水支流的统称，潜是汉水支流的统称。"逾于洛"，从洛水换陆路。逾有转输之义，两条水道不通行，若从此水转他水，必舍舟登岸，换乘车马，从陆路走。《禹贡》使用这个术语，鄂君启节也使用这个术语。[1] 洛是洛水。"至于南河"，是以南河为终点。南河是洛阳以北的黄河。河、洛二水是豫州之河，不在荆州境内，这里是讲贡道而涉及。江、汉不通河、洛，古人要从江汉地区去河洛地区，必走荆襄古道（江陵—荆门—宜城—襄阳）、宛襄古道（襄阳—邓州—南阳）和宛洛古道（南阳—鲁山—汝州—伊川—洛阳）。[2]

（七）豫州

> 荆、河惟豫州：伊、洛、瀍、涧，既入于河，荥波既猪（潴），导菏泽，被（陂）孟猪。厥土惟〔□〕壤，下土坟垆。厥田惟中上。厥赋错上中。厥贡漆、枲、絺、纻，厥篚纤、纩，锡贡磬、错。浮于洛，达于河。

1. 州域："荆、河惟豫州。"

【案】豫州居九州之中，古人也叫中州，范围大体相当今黄河以南的河南省全境（但不包括古代的河内之地），今河南省的简称就是豫。武王克商，周公卜宅，营建洛邑，处天下之中，"四方入贡道里均"（《史记·周本纪》），洛邑是豫州的中心，也是西周统治东方和天下的中心，汉代叫河南。"荆"，荆山。"河"，黄河。黄河是豫州北界，荆山是豫州南界，其南北二至很清楚。东西二至，豫州西界在潼关和函谷关之间，也清楚，不太清楚是东界。我们从西周封国的格局看，其东界当止于商丘、菏泽一带。[3]《容成氏》："禹乃通伊、洛，并瀍、涧，东注之河，

---

[1] 鄂君启节分车节和舟节，是楚国官员行于江汉地区的交通凭证，参看中国社会科学院考古研究所编《殷周金文集成》（修订增补本），北京：中华书局，2007年，第八册，6601—6606页：12110—12113。
[2] 今207国道是走这条道。
[3] 豫州境内，除拱卫京畿的虢、郑，南有应、许、申、吕，东有曹、宋、陈、蔡，这对判断它的东界是重要参考。孔子周游列国，就是在豫州转。

于是乎豫州始可处也。"豫州是自成一节。

2．山川："伊、洛、瀍、涧，既入于河，荥波既猪（潴），导菏泽，被（陂）孟猪。"

（1）山：荆山。

【案】"荆"，荆山，在湖北南漳县，见州域节。豫州西部和南部还有不少山，这里均未提及。

（2）川：河水、荆水、伊水、洛水、瀍水、涧水。

【案】"河"指南河，全文三见。"伊、洛、瀍、涧"，四水皆南河支流。伊是伊水，源出河南栾川县，在熊耳、陆浑二山之间。洛是洛水，[1] 源出陕西蓝田县，在崤山、熊耳二山之间。瀍是瀍水，源出河南孟津县，在洛阳以北。涧是涧水，源出河南陕县，在洛阳以西。"既入于河"，瀍、涧二水在洛阳注入洛水，洛水与伊水并行，从洛阳穿过，在偃师汇合，然后在巩义市注入南河，四水的归宿都是南河。

（3）泽：荥波泽、菏泽、孟猪泽。

【案】"荥波既猪"，荥波，[2]《左传》闵公二年作"荥泽"。荥泽在河南荥阳县，汉代已干涸湮没。荥泽是济水所汇。济水分两段，一段在南河北，较短；一段在南河南，较长。济水注河后，南出之水，溢为荥泽。"导菏泽"，导是疏导，菏泽在山东定陶县，也是济水所汇。下《导水》章："导沇水，东流为济，入于河，溢为荥；东出于陶丘北，又东至于菏。"就是讲这两个泽。其东出之水就是徐州的菏水。"被孟猪"，被字，旧以为覆被，其实应读陂，指围湖造堰，孟猪即孟诸泽，在河南商丘。《吕氏春秋·有始览》、《淮南子·墬形》"九薮"有"宋之孟诸"，《尔雅·释地》"十薮"也提到"宋有孟诸"，[3] 菏泽在曹国，孟猪在宋国，可见豫州东界必在曹、宋与鲁之间。

---

[1] 此水有别于陕西北部的北洛水，也叫南洛水。
[2] 荥波，波与陂通，陂指泽障，即围湖造堰的堤堰。古人或以陂名泽，如大陆泽也叫大陆陂。《史记·夏本纪》作"荥播"，又讹波为播。
[3] 孟诸，亦作孟潴、望诸、明都、盟都。

(4) 原：~

3. 土田："厥土惟〔□〕壤，下土坟垆。厥田惟中上。"

【案】"厥土惟壤"，"壤"上疑脱一字，表示颜色。"下土坟垆"（垆音lú），下土是表土以下，坟是形容土壤肥沃，垆是黑刚土。[1]北方人把上为沙土、下为黑土叫"沙盖垆"。

4. 贡赋："厥赋错上中。厥贡漆、枲、絺、纻，厥篚纤、纩，锡贡磬、错。"

【案】"厥赋错上中"，一般理解为第二等杂第一等，或第二等杂第三等。但此句"错"字不在"上中"之后，而在"上中"之前，这里也有可能，它是指上等与下等之间，即第三等杂第四等。"厥贡漆、枲、絺、纻"（纻音zhù，纩音kuàng），漆、枲、絺，释见上文，纻是苎麻（Boehmeria nivea）。"厥篚纤、纩"，纤是细缯，释见上文，纩是细绵。绵是丝绵，不是棉花。"锡贡磬、错"，锡贡，见上扬州节；磬、错，释见上文。

5. 贡道："浮于洛，达于河。"

【案】洛水与河水相通。

（八）梁州

华阳、黑水惟梁州：岷、嶓既艺，沱、潜既道（导），蒙、蔡旅平，和夷厎绩。厥土青黎。厥田惟下上。厥赋下中三错。厥贡璆（镠）、铁、银、镂、砮、磬、熊、罴、狐、狸织皮。西倾因桓是来，浮于潜，逾于沔，入于渭，乱于河。

1. 州域："华阳、黑水惟梁州。"

---

[1] 垆为黑色，字亦作黸。

【案】梁州称梁，疑与秦岭有关。[1]秦岭横亘，绵延1600公里，是中国南方和北方的西部分界线（东部分界线是淮水）。梁州在雍州之南，是西周崛起的背景地区。[2]平王东迁，西土属秦。秦岭叫秦岭，与秦国有关。司马迁说"夫作事者必于东南，收功实者常于西北。故禹兴于西羌，汤起于亳，周之王也以丰、镐伐殷，秦之帝用雍州兴，汉兴自蜀汉"（《史记·六国年表》），"蜀汉"也指这一地区。蜀是合巴、蜀而言之，指四川东部；汉是以汉中为中心的汉水流域。三国时期，蜀国亦称蜀汉，魏灭蜀，以蜀地为益州，汉地为梁州。"华阳"，华山之南。华阳为梁州东界。[3]"黑水"，指四川北部阿坝藏族自治州的松潘黑水，即岷江上游的黑水。[4]黑水为梁州西界。岷江上游，今阿坝藏族自治有两条黑水，一条是若尔盖县的黑河，一条是流经黑水县和茂县的黑水河。这两条黑水是岷江上游最大的支流，据说河水呈黑色，藏语称之为"措曲"（义为"铁一样的水"）。《周礼·夏官·职方氏》、《吕氏春秋·有始览》和《尔雅·释地》均无梁州，《容成氏》亦无。

2．山川："岷、嶓既艺，沱、潜既道（导），蒙、蔡旅平，和夷厎绩。"

（1）山：岷山、嶓冢山、蔡山、蒙山、西倾山。

【案】"岷、嶓既艺"（嶓音bō），岷为岷山，北起甘肃岷县，南至四川峨眉山，其主峰雪宝顶在四川松潘县；嶓为嶓冢山，在陕西西南角的宁强县；艺是种艺，既可指种庄稼，也可指植树造林。岷山是岷江的源头，嶓冢山是汉水的源头，属秦岭山脉。"蔡、蒙旅平"，蔡是蔡山，蒙是蒙山，旅是祭山，平是礼毕。蔡山也叫周公山，[5]在四川雅安市雨城区。蒙山也叫蒙顶山，在四川雅安市名山区。二

---

[1] 秦岭西起甘肃临潭县白石山，东经天水麦积山进入陕西，并向东延伸到河南，北支为崤山，中支为熊耳山，南支为伏牛山，余脉还入于湖北。陕西南郑县（在汉中市附近）有梁州山，《舆地纪胜》卷一八三说此山"在南郑县东南百八十里，与孤云、两角相接，大山四围，其中三十里许甚平，或云古梁州治也"。《尔雅·释地》："南方之美者，有梁山之犀象焉。"或以为即梁州山，但山出犀象，似乎是南方的山。古代以梁为名的山很多，除龙门梁山，还有吕梁山。
[2] 周武王"牧誓八国"，庸、蜀、羌、髳、微、卢、彭、濮，多在秦岭山区、汉水流域和四川盆地。
[3] 晋常璩《华阳国志》以"华阳"泛指大西南，范围不仅包括从甘南到鄂西北的整个秦岭山区（汉中）和四川（巴、蜀），还包括贵州和云南（南中），比这里的"华阳"大得多。
[4] 中国西北、西南以黑水为名的河极多，前人聚讼，有几十种说法，参看《尚书校释译论》，第二册，680—713页。这些说法，当以"松潘黑水"说最可信。
[5]《诸葛亮集》故事卷五引《南中志》："蔡山在雅州城东五里，武侯征西南夷经此，而梦见周公，故名周公山。"

山都在岷江的支流青衣江上。青衣江、大渡河与岷江交汇处是乐山市，峨眉山在其西侧，为四川名山之最。胡渭《禹贡锥指》怀疑，峨眉山才是蔡山。祭山曰旅，见《论语·八佾》"季氏旅于泰山"，下雍州节"荆、岐既旅"，《导山》章"九山刊旅"，旅字同此。"西倾因桓是来"，见下贡道节，西倾山是桓水即白龙江的源头，因述桓水而及。

(2) 川：黑水、沱水、潜水、桓水、沔水、河水。

【案】"黑水"，见上州域节，释见上文。"沱、潜既道"，《尔雅·释水》以沱为江水支流的统称，潜为汉水支流的统称。"西倾因桓是来，浮于潜，逾于沔，入于渭，乱于河"，见下贡道节。桓是桓水，即白龙江。沔是沔水。沔水是汉水的别名。汉水三源，北源叫沮水，中源叫漾水，南源叫玉带河，三水汇于陕西宁强县。漾水是《禹贡》认为的汉水正源。此水源出嶓冢山，叫东汉水，[1]流经陕西勉县叫沔水，流经陕西汉中市叫汉水，流经湖北丹江口市叫沧浪之水。

(3) 泽：~

(4) 原：~

(5) 其他

【案】"和夷厎绩"，"和夷"是住在和水上的少数民族。和水，也叫和川水，即四川雅安市天全县的天全河，为青衣江支流。

3．土田："厥土青黎。厥田惟下上。"

【案】"厥土青黎"，其土为青黑色。"厥田惟下上"，其田为第七等。

4．贡赋："厥赋下中三错。厥贡璆（镠）、铁、银、镂，砮、磬，熊、罴、狐、狸织皮。"

【案】"厥赋下中三错"，第八等杂第七、第九等。"璆、铁、银、镂"是四种金属。璆（音qiú）是美玉，不当列其中，这里读镠（音liú）。什么叫镠？《尔雅·释器》的解释是："黄金谓之璗，其美者谓之镠。"郭璞注："镠即紫磨金。"四川多金，或把镠理解为黄金。但古人所谓黄金，往往指黄色的金属，未必就是

---

[1] 西汉水是嘉陵江的支流，与汉水无关。

后人理解的黄金。黄金，商代西周虽有发现，非常少，真正流行开来，恐怕要到战国秦汉时期。两周铜器铭文中的"玄镠"是一种良铜，并不是黄金。铁，古人以为黑金。铁分生铁、熟铁、钢铁，生铁硬而脆，熟铁柔而韧。钢铁兼有两者的优点，既坚硬，又柔韧。中国早期的铁多为陨铁，如商周时期的铁刃兵器就是使用陨铁。银，古人以为白金，其实常与铅、锡混淆，如汉代铜镜铭文常说的"银锡"，其实只是锡，与银无关。镂，与上文铁有别，硬度较高。《说文解字·金部》："镂，刚铁，可以刻镂。"所谓"刚铁"，后世演变为"钢铁"。学者或凭此条断定，《禹贡》必作于战国。其实"刚铁"只是硬度较高的铁。东周铜器，铭文多为刻铭，能刻铜器的刀，一定硬度较高。这种现象，西周已有。"砮、磬"，两种石材，释见上文。"熊、罴、狐、狸织皮"，熊是黑熊，罴是棕熊，狐是狐狸，狸是狸猫，织皮是兽皮。旧说织皮指罽，恐怕不妥。罽是毛毯类织物。古人所说罽，一般用牛羊毛编织，不会用熊、罴、狐、狸的毛编织。织皮二字，还是应该理解为兽皮。皮上加织，只不过说明，若用裘皮制衣帽，还要裁合拼接。

5. 贡道："西倾因桓是来，浮于潜，逾于沔，入于渭，乱于河。"

【案】这条贡道，起点是西倾山，终点是西河。"西倾因桓是来"是说西倾山一带的贡物要从桓水上运来。《禹贡》以为桓水源出西倾山。西倾山在青海河南蒙古族自治县。桓水即白龙江，源出四川若尔盖县的郎木寺镇（由甘肃碌曲县与若尔盖县共管，在西倾山东南，若尔盖湿地北），西南流，在四川广元市注入嘉陵江。"浮于潜"，潜是汉水支流的统称，这里指注入汉水主流的三条小河，即上面提到的汉水三源。"逾于沔"，沔是汉水的别名。沔水东流，与渭水平行，要从沔水去渭水，必从汉中走陆路，故曰逾。去宝鸡，要走陈仓道；去眉县，要走褒斜道；去周至，要走傥骆道；去西安，要走子午道。"入于渭"是进入渭水。"乱于河"是横渡以济。《尔雅·释水》："正绝流曰乱。"其终点是潼关附近的黄河。渭水、黄河不在梁州境内。

（九）雍州

> 黑水、西河惟雍州：弱水既西，泾属渭汭。漆、沮既从，沣水攸

同。荆、岐既旅，终南、惇物，至于鸟鼠。原隰厎绩，至于猪野。三危既宅，三苗丕叙。【昆仑、析支、渠搜、西戎即叙】。厥土惟黄壤，厥田惟上上。厥赋中下。厥贡球琳、琅玕、【织皮】。浮于积石，至于龙门西河，会于渭汭。（织皮）（昆仑、析支、渠搜、西戎即叙）。

1. 州域："黑水、西河惟雍州。"

【案】雍州是以雍城（在陕西凤翔县南）西北的雍山、雍水而得名。古人说"自古以雍州积高，神明之隩，故立畤郊上帝，诸神祠皆聚云"（《史记·封禅书》）。雍山是一座小山，但雍城所在的凤翔原，与岐周故地的周原连在一起，地势很高，是汉雍五畤（祭祀五帝的五个祠）所在。"黑水"、"西河"是雍州的西界和东界。上梁州节是从东往西讲，故以华阳、黑水为序。这里是从西往东讲，故以黑水、西河为序。这里的黑水，与上梁州黑水别，乃另一黑水。参看下《导水》章："导黑水，至于三危，入于南海。"此水即今敦煌党河。党河，汉称氏置水。[1]前凉称甘泉水（敦煌遗书S.5448《敦煌录》），隋称龙勒河，宋称都乡河，今名是元代新起，译自蒙语"党金格勒"。"党金格勒"是什么意思？我在肃北县请教过当地的蒙古族人，他们说"党金"是"党金洪台吉"（即"党金皇太子"）的省称，"格勒"是河。《禹贡》九州采用回环式叙事法。它把大禹治水的巡游路线分为两个圈：东部七州一个圈，西部二州一个圈。东部七州，起点是龙门西河（壶口、龙门以下的西河），终点是洛阳以北的南河。西河拐弯处，古人叫河曲，这是两个大圈的中分点。西部二州，梁州从华阳到梁州黑水是从东往西，雍州从雍州黑水到龙门西河是从西往东。九州大循环是始于冀而终于雍，起点是龙门西河，终点也是龙门西河。雍州在黑水、西河间，地跨陕、甘二省和青海东部，为周秦故地，并与西戎杂处。雍、梁二州以南北别。雍州主要在渭水流域和渭水流域以西的河西走廊，偏北；梁州主要在汉水流域和汉水流域以西的四川北部，偏南。《容成氏》："禹乃通泾与渭，北注之河，于是乎虞（沮）州始可处也。"沮州，从泾、渭

---

[1] 氐置，从名称判断，应是驿站名。今敦煌去格尔木和德令哈的交通要道盖即汉通氐羌之地的驿道，今党金山口或即这个驿站。

注河看,显然相当雍州。[1]

2. 山川:"弱水既西,泾属渭汭。漆、沮既从,沣水攸同。荆、岐既旅,终南、惇物,至于鸟鼠。原隰厎绩,至于猪野。三危既宅,三苗丕叙。"

(1) 山:荆山、岐山、鸟鼠山、终南山、惇物山、三危山、积石山。

【案】这七座山是从东往西讲。"荆、岐既旅",荆山和岐山,已经祭祀。这里的荆山与上荆州、豫州节的荆山同名,但不是一回事。这座荆山在哪里?有两种说法,一是襄德说,二是阌乡说。《汉书·地理志上》左冯翊襄德县:"《禹贡》北条荆山在南,下有强梁原。洛水东南入渭,雍州浸。"班固把荆山定在陕西大荔县朝邑镇西南,学者多持此说,似乎已成定论。但大荔全境,除西北有山,全是平地,朝邑附近,只有浅坂,根本无山。我认为,雍州荆山不在此地,应在河南灵宝。汉武帝元鼎四年(前113年),公孙卿答武帝问,有所谓"黄帝采首山铜,铸鼎于荆山下"(《史记·封禅书》)。此说不仅年代比《汉书·地理志》早,而且历代祭祀,名气很大,当地立有唐代的《轩辕黄帝铸鼎碑》。黄帝铸鼎处在灵宝县西阳平镇,现在叫铸鼎原,旧属阌乡县,汉代叫湖县。湖县叫湖县,就是因为荆山下有鼎湖,相传是黄帝铸鼎处。荆山即崤山。秦岭东延,入于灵宝叫崤山。崤山是真正的大山,其主峰青岗峰,高达1903米。它与大荔朝邑是斜对角,位于渭水入河处以东,黄河河曲南侧,北有首山,西有潼关,东有函谷关。我想,在这么小的一个范围内,不大可能有两座荆山。班固另倡襄德说,恐怕是因为灵宝已入豫州之境,出了他理解的雍州范围,他想把荆山收回到渭河与西河的夹角内。其实,下《导山》章讲得很清楚,"导岍及岐,至于荆山,逾于河",这列山,从岍山到岐山到荆山,到了荆山,就已经过了西河和南河。岐是岐山,在陕西岐山县东北,是周人崛起的地方,没问题。"终南、惇物",终南即太白山,在陕西太白县东(位于太白、眉县、周至三县交界处),高3767米,是秦岭主峰;惇物即垂山,也叫武功山,现在叫鳌山,在太白县东南,太白山的西边,高3475.9米,常与太白山并提。"至于鸟鼠",鸟鼠山在甘肃渭源县,下文"鸟鼠同穴山"是它的全称。这是渭水的源头。以上五山,除荆山在河、渭交汇处的附近,都在渭水两

---

[1] 沮州,或与漆、沮水有关。

岸。岐山在渭水北岸，终南、惇物在渭水南岸，鸟鼠是渭水南源。"三危既宅"，三危是三危山。《山海经·西山经》"又西二百二十里曰三危之山，三青鸟居之。是山也，广员（圆）百里"，郭璞注："在燉煌郡，《尚书》云'窜三苗于三危是也'。""三青鸟主为西王母取食者，别自栖息于此山也。《竹书》曰：'穆王西征，至于鸟所解也。'"《括地志》："三危山有三峰，故曰三危，俗亦名卑羽山，在沙州敦煌县东南三十里。"（《史记·五帝本纪》正义引。《史记·夏本纪》正义引，"三十里"作"四十里"）。《后汉书·西羌传》李贤注："三危山在今沙州敦煌县东南，山有三峰，故曰三危也。"此山在甘肃敦煌市和瓜州县之间。[1] "浮于积石"，积石是积石山，即青海的阿尼玛卿山，见下贡道节。《禹贡》以积石为河源。

（2）川：黑水、弱水、泾水、渭水、漆水、沮水、沣水、河水。

【案】"黑水"、"西河"见上州域节。"龙门西河"见下贡道节。"弱水既西"，《禹贡》弱水是今张掖黑河与弱水的统称。此水即《汉书·地理志下》的羌谷水。羌谷水出祁连山（古名穷石山），沿此山南麓，从祁连县西侧，宛转北上，进入甘肃省。进入甘肃境内，水从张掖市西流，流经张掖市的临泽、高台二县，其北为合离山，故又名张掖水或合离水，现在叫黑河。黑河继续向西流，从酒泉市金塔县东侧向北流，进入内蒙古巴丹吉林沙漠，注入居延海，一般叫弱水。弱水内蒙段也叫额济纳河。下《导水》章"导弱水，至于合离，余波入于流沙"就是讲这条河。"泾属渭汭"，泾水源出泾源县鸟鼠山，在咸阳市注入渭水，泾水与渭水的夹角，就是所谓"渭汭"。"漆、沮既从"，漆、沮水即石川河，其上游有东西二源，西源叫沮水，东源叫漆水，二水源出铜川市，经富平县，在临潼市东北入渭。陕西境内有两组漆、沮水，一组在泾西，一组在泾东。这里的漆、沮水是泾东的漆、沮水，即《水经注·沮水》篇说的漆、沮水。"沣水攸同"，是说沣水也注入渭河。沣水源出陕西西安市长安区，在渭河以南，与渭水交汇处在西安市西北。"龙门西河，会于渭汭"，黄河经内蒙古托克托，自北往南流，经龙门西河，与渭

---

[1] 从《禹贡》原文的语境分析，黑水、三危在雍州西境，雍州西境当在甘肃，而非青海。《后汉书·西羌传》说三危在"河关之西南羌地"是不对的。范晔之所以这样说，主要是因为他注意到，《禹贡》提到的三支西戎（"三苗"），其名称与青海境内的昆仑山和黄河有关。

水相汇。河水与渭水交汇处在潼关。[1]

（3）泽：猪野泽。

【案】"猪野"，猪野泽，汉代叫休屠泽，唐代叫白亭海，民国改名青土湖。《汉书·地理志下》武威郡武威："休屠泽在东北，古文以为猪野泽。"汉武威县在今甘肃民勤县。此泽位于民勤县东北的西渠镇一带，在石羊河上游，1958年因在石羊河下游修红崖山水库，导致湖水干涸。

（4）原：~

【案】原文只说"原隰厎绩，至于猪野"，没有提到具体的原名。

（5）其他

【案】此节最后有"三危既宅，三苗丕叙"。《舜典》有舜逐四凶于四裔说，其中提到"（舜）窜三苗于三危"。《山海经·大荒北经》："西北海外，黑水之北，有人有翼，名曰苗民。颛顼生驩头，驩头生苗民，苗民釐姓，食肉。有山名曰章山。"旧说三苗在洞庭、彭蠡之间，被舜流放到三危。《后汉书·西羌传》："西羌之本，出自三苗，姜姓之别也。其国近南岳，及舜流四凶，徙之三危，河关之西南羌地是也。滨于赐支，至于河首，绵地千里。赐支者，《禹贡》所谓析支者也。"范晔指出，三苗是三支羌人，他们来源于兰州西南、青海境内的黄河流域，这是对的。我怀疑，这里所谓三苗，并非今苗瑶语族的苗族，而是古人对羌人的一种叫法。查西夏党项出于羌，古称弭药。今四川康定、道孚一带有自称木雅的羌人，或说即西夏后裔。窃疑三苗即弭药三族。"昆仑、析支、渠叟，西戎即叙"，原文错在贡道节之后，从文义看，当移至"三危既宅，三苗丕叙"后。昆仑，《尔雅·释水》："河出昆仑虚。"古人往往把昆仑当河源。此族估计来自河源附近。析支，亦作赐之，估计来自青海东南部的黄河流域，即海南、果洛藏族自治州一带，《水经注·河水》称之为"河曲羌"。渠搜，《逸周书·王会》作"渠叟"，《穆天子传》卷四作"巨搜"，《大戴礼记·五帝德》作"渠廋"，估计也是来自青海的羌人。汉朔方郡有渠搜县。这段话看似平常，却透露出雍州西界到底在哪里。第一，

---

[1] 周秦时期的重要城邑多在渭水与其支流的交汇处，如陈仓在汧、渭之会，咸阳（秦都）、长安（汉都）在泾、渭之会和沣、渭之会，临潼在漆（漆沮水）、渭之会。潼关在渭水最东端，则在河、渭之会。

三苗所居是河西走廊的西端，再往西走就是新疆的哈密地区。第二，三苗的来源是青海境内的黄河流域，而不是湖南。

3．土田："厥土惟黄壤，厥田惟上上。"

【案】"厥土惟黄壤"，陕、甘二省属黄土高原，其土为黄壤。"厥田惟上上"，其田为第一等。

4．贡赋："厥赋中下。厥贡球琳、琅玕、〔织皮〕。"

【案】"厥赋中下"，其赋为第六等。"厥贡球琳、琅玕"，其贡物为两种绿色宝石。《史记·夏本纪》"球"作"璆"。璆琳是青金石（lapis lazuli,），琅玕是绿松石（turquoise）。[1]《穆天子传》卷四提到采石之山出琅玕，巨搜之奴献琅玕。"织皮"错在"昆仑、析支、渠搜，西戎即叙"上，当列贡物中。

5．贡道："浮于积石，至于龙门西河，会于渭汭。"

【案】这是讲龙门西河以前的黄河贡道。《禹贡》以为河源在积石山，黄河是从积石山发源，东北流，经甘肃、宁夏、内蒙古，穿山陕二省间，到达龙门，最后与渭水交汇。

三、导山章

《导山》、《导水》章与《九州》章都讲山川，互有详略。《九州》章讲山水，侧重的是州域范围和贡道串连。《导山》、《导水》章侧重的是山水走向，不限州域。"导山"讲山的走向，"导水"讲水的走向。山有头有尾，水有源有流。"导"是讲它们的来龙去脉。地理的理是由山川的脉络来体现。水随山势，互为表里，所以先讲山，后讲水。

---

[1] 古人说，璆琳、琅玕，其形似珠，生于玉树琼枝之上，因此常把琅玕与珊瑚混为一谈。如李时珍说"生于海者为珊瑚，生于山者为琅玕"（《本草纲目·金石部·珊瑚》），章鸿钊辨之，指出所谓玉树，盖积石似树，宝石发现其上，与珊瑚无关，参看氏著《石雅·说宝石》，1—34页。

《导山》章把下述26座山分为九组,即所谓"九山"。这九组山,多横向排列,从北到南分四列,每一列都从西往东讲。第1—4组是北方第一列山,主要与渭水东段、黄河西河段、黄河南河段、黄河东河段和济水有关。第5、第6组是北方第二列山,主要与桓水和渭水西段,伊、洛、瀍、涧,以及淮、泗二水有关。第7、第8组是南方第一列山,主要与汉水有关。第9组是南方第二列山,主要与长江有关。[1]

兖州无山。青州,《九州》章有岱山(泰山),但《导山》章无一字及之。徐州,《九州》章有岱、蒙、羽、峄阳四山,但《导山》章无一字及之,只于第6组提到徐州的陪尾山。

五岳四镇见于《周礼·春官》、《礼记·王制》,先秦已有这类说法,但《禹贡》未见。

五岳,此章提到西岳华山(太华山)、中岳嵩山(外方山)、北岳恒山和南岳衡山,但没有提到东岳泰山(《九州》章叫"岱")。

五镇,此章提到西镇吴山(岍山)、中镇霍山(太岳山),这两座山本来就是岳山;但没有提到北镇医巫闾山、东镇沂山和南镇会稽山。这九组山是据山势走向串连,不能与现代地质学家讲的山脉山系划等号。

> 导岍及岐,至于荆山,逾于河。壶口、雷首,至于太岳。厎(砥)柱、析城,至于王屋。太行、恒山,至于碣石,入于海。西倾、朱圉、鸟鼠,至于太华。熊耳、外方、桐柏,至于陪尾。导嶓冢,至于荆山。内方至于大别。岷山之阳,至于衡山,过九江,至于敷浅原。

---

[1] 郑玄有"四列"说,即1—4为正阴列,5、6为次阴列,7、8为次阳列,9为正阳列。马融、王肃有"三条"说,即1—4为北条,5、6为中条,7—9为南条。

1．北方第一列山的第一段："导岍及岐，至于荆山，逾于河。"

【案】岍山（吴山，在陕西宝鸡市）—岐山（在陕西岐山县）—荆山（在河南灵宝县）一组是雍州东部的山，主要在陕西。岍山、岐山属陇山山脉，荆山属秦岭山脉。这三座山大体属于渭水流域，但只限陕西渭水段，不包括甘肃渭水段，而且荆山已经过了渭水入河处（即所谓河曲或渭汭）。岍山即五镇中的西镇吴山，吴山是秦系的五岳之一（见《尔雅·释山》），《九州》章没有提到。岐山、荆山见《九州》章雍州。

2．北方第一列山的第二段："壶口、雷首，至于太岳。"

【案】壶口山（在山西吉县）—雷首山（首阳山，在山西永济市）—太岳山（霍山，在山西霍县）一组是冀州西部的山，全部在山西。壶口山属于吕梁山脉，见《九州》章冀州。雷首山是中条山西端，《九州》章没有提到。太岳山冀州的岳山，见《九州》章冀州。

3．北方第一列山的第三段："厎（砥）柱、析城，至于王屋。"

【案】砥柱山（三门山，在河南三门峡市）—析城山（在山西阳城县，也叫析津山）—王屋山（在河南济源市）一组是冀州南部与豫州北部交界处的山。三门山在三门峡市的黄河水中。析城、王屋二山属于王屋山，在山西南部。王屋山是济水之源。这组山，《九州》章完全没有提到。

4．北方第一列山的第四段："太行、恒山，至于碣石，入于海。"

【案】太行山（在山西、河北交界处）—恒山（在山西、河北交界处）—碣石山（在河北昌黎县）一组是冀州东部的山，主要在山西、河北交界处和河北北部，属于中国大陆的第二台阶。太行山脉（王屋山以东）是其南段，恒山山脉是其北段，燕山山脉是其余脉，碣石山是燕山山脉的东端，已经延伸到海边。它们都属于广义的太行山山脉。恒山主峰大茂山是五岳中的北岳。《九州》章只提到碣石山，没有提到太行山和恒山。

5．北方第二列山的第一段："西倾、朱圉、鸟鼠，至于太华。"

【案】西倾山（在青海河南蒙古族自治县）—鸟鼠山（在甘肃渭源县）—朱圉山（在甘肃甘谷县）—太华山（在陕西华阴县）一组是梁州西部和雍州西部的山，主

禹迹考　　195

要在青海东部、甘肃南部和陕西境内。西倾山是桓水之源，最西。鸟鼠山是渭水之源，次之。朱圉山，顺序有误，应排在鸟鼠山后。太华山是五岳中的西岳，最东。这些山，主要是渭水一线的山，除西倾山，皆属秦岭山脉。西倾山见上《九州》章梁州，鸟鼠山见上《九州》章雍州，下《导水》章作"鸟鼠同穴山"。《九州》章没有提到朱圉山、太华山。华山很重要，一山分四州，与龙门西河构成九州东西板块的分界处。

6. 北方第二列山的第二段："熊耳、外方、桐柏，至于陪尾。"

【案】熊耳山（在河南卢氏、洛宁、宜阳一带）—外方山（在河南嵩县、汝阳一带）—桐柏山（在河南桐柏、信阳一带）—陪尾山（在山东泗水县）一组，除陪尾山在徐州，皆在豫州中部和南部。熊耳山、伏牛山是秦岭山脉的余脉。秦岭山脉从陕西入河南，分为三支，北支崤山，中支熊耳山，南支伏牛山。伏牛山向东北延伸，有所谓陆浑山（河南嵩县，古称陆浑），外方山即陆浑山，嵩山在其北面。《汉书·地理志上》颍川郡密县："古文以崇高为外方山。"崇高即嵩山，为五岳的中岳，班固以为外方山，其实真正的外方山是陆浑山。桐柏山是淮水之源，属大别山西脉。陪尾山是泗水之源，在山东泗水县，已入徐州之境。《九州》章没有提到这组山。

7. 南方第一列山的第一段："导嶓冢，至于荆山。"

【案】嶓冢山（在陕西宁强县）—荆山（在湖北南漳县）一组指秦岭山脉陕西段，属梁州东部和荆州西北部。嶓冢山见上《九州》章梁州，荆山见上《九州》章荆、豫二州。这是汉水以西的一组山。

8. 南方第一列山的第二段："内方至于大别。"

【案】内方山（在湖北钟祥县）—大别山（在河南、湖北、安徽三省交界处）一组是荆州北部的山。从顺序讲，内方应在荆山以东，大别应在内方以东。《汉书·地理志上》江夏郡竟陵县："章山在东北，古文以为内方山。"竟陵县在湖北潜江市西北，章山在其东北，学者推测，章山当在钟祥县。钟祥县在汉水上，汉水两岸都有山，西岸的山很小，是荆山余脉的东端，东面的山很大，叫大洪山。汉水是从荆山、大洪山之间流过。一般多以钟祥县汉水西岸的小山为内方山。大洪山是汉水流域的形胜之地，地跨随州、钟祥二市和京山县，西有荆山，北有桐柏山，东有大别山，有如方城，"内方"是不是大洪山，似乎也可考虑。随枣走廊在大洪山与大别山之间。[1]

9．南方第二列山："岷山之阳，至于衡山，过九江，至于敷浅原。"

【案】岷山（北起甘肃岷县，南至四川峨眉山，在长江以北）—衡山（在长江以南，位于湖南衡阳市以北，湘江西岸）—敷浅原（？）一组是长江流域的山，在九组中位置最南。《九州》章有岷山、衡山。岷山是梁州山，衡山是荆州山。它们相距甚远，根本不在一列，离九江也很远。《汉书·地理志上》："豫章郡历陵：傅阳山、傅阳川在南，古文以为敷浅原。莽曰蒲亭。"历陵在江西德安县，不在黄梅东，而在黄梅南。傅阳山只是一座小山，是否就是敷浅原，可疑。以上八组，凡言"至于"，后面都是山，傅与敷通，或即以傅阳山当敷浅原之由。但敷浅原，单从名字看，似乎是原。

四、导水章（九川）

《导水》章把下述23条水分为九组，即所谓"九川"。这九组水，第一组（弱水）和第二组（黑水）是一类。第三组（黄河）和第八（渭水和渭水支流）、第九组（洛水和洛水支流）是一类，属于黄河水系。第四组（漾水）和第五组（江水）是一类，属于长江水系。第六组（沇水）是一类，属于济水水系。第七组（淮水）是一类，属于淮水水系。这五类，除第一类是西北内陆河，都是入海的水系，可以"四渎"概括之。

导弱水，至于合离，余波入于流沙。导黑水，至于三危，入于南海。导河积石，至于龙门，南至于华阴，东至于厎（砥）柱，又东至

---

[1] 大别山，向有二说，班固以今大别山为《禹贡》大别（《汉书·地理志上》），杜预以今汉阳龟山（鲁山）为《禹贡》大别（《左传》定公四年注）。龟山太小，位置偏南，与荆山、内方、大别不在一列。

于孟津。东过洛汭，至于大伾；北过降水，至于大陆；又播为九河，同为逆河，入于海。嶓冢导漾，东流为汉，又东为沧浪之水；过三澨，至于大别；南入于江。东汇泽为彭蠡；东为北江，入于海。岷山导江，东别为沱；又东至于澧，过九江，至于东陵；东迆北会于汇；东为中江，入于海。导沇水，东流为济，入于河，溢为荥；东出于陶丘北，又东至于菏泽；又东北会于汶；又北，东入于海。导淮自桐柏，东会于泗、沂，东入于海。导渭自鸟鼠同穴，东会于沣，又东会于泾；又东过漆、沮，入于河。导洛自熊耳，东北会于涧、瀍；又东会于伊，又东北入于河。

1. 弱水："导弱水，至于合离，余波入于流沙。"

【案】"弱水"见《九州》章雍州，是九川中最北的河，故先叙之。《禹贡》体例，凡水出某山，如果源头清楚，例作"导水某山"，相反，不具山名。这里属后一种情况。《禹贡》弱水是今黑河与弱水的统称，从南往北流。上《九州》章已说，此水上游，祁连—张掖—临泽—高台段，现在叫黑河；下游，金塔—额济纳旗段，现在叫弱水。弱水内蒙古段，今名额济纳河。额济纳河出西夏语，意思是"黑水"。"合离"，合离山，在甘肃高台县东北，是弱水所经。"余波入于流沙"，指弱水流入内蒙古巴丹吉林沙漠，注入居延海。

2. 黑水："导黑水，至于三危，入于南海。"

【案】"黑水"，《禹贡》有两黑水：一为梁州黑水，在岷江上游；一为雍州黑水，则是疏勒河最大的支流。这两条河都叫黑水，使人疑惑。古人或把它们混为一谈，以至于把三危山搬到岷山附近，这是不对的。[1] 这里的黑水是雍州黑水，即流经敦煌三危山的黑水，《太平广记》卷四二〇叫沙州黑河。雍州黑水是九川中最

---

[1]《禹贡》郑玄注引《地记书》云："三危山在鸟鼠之西，南当岷山。"这是把两条黑水混为一谈，故把三危山搬到梁州黑水附近。《水经注·江水》，经有"洛水从三危山，东过广魏洛县南，东南注之"说，郦注引《山海经》"三危在燉煌南，与岷山相接，山南带黑水"（又见《禹贡山水泽地所在》），曰"又《山海经》不言洛水所导。《经》曰出三危山，所未详。"今本《山海经》无"三危在燉煌南"等语，郝懿行《山海经笺疏》以为可能出郭璞注。其误与《地记书》同。

西的一条河,叙在第二。这条河既非梁州黑水,也非张掖黑河。张掖黑河是《禹贡》弱水。上面已说,雍州黑水即今党河。党河发源于青海境内的祁连山南麓。它从野马南山和党河南山之间穿行,经肃北县城和敦煌市区,折而北,分为东西两支。东支北流,注入疏勒河(今已断流)。西支西北流,注入敦煌西北的哈拉淖尔(今已干涸)。"三危",即三危山。此山是祁连西部诸山中最北的一道山。它从敦煌东南,即千佛洞的对面,向西北延伸,一直穿过瓜州县的南面。"南海",在黑水之尾,应即党河西支注入的哈拉湖(即哈拉淖尔,蒙语的意思是黑湖)。此湖在敦煌西北,现在是一大片碱滩。[1] 它与青海哈拉湖同名。青海哈拉湖在黑水之首,敦煌哈拉淖尔在黑水之尾,黑水两头各有一个黑湖。

3. 河(黄河):"导河积石,至于龙门,南至于华阴,东至于底(砥)柱,又东至于孟津。东过洛汭,至于大伾;北过降水,至于大陆;又北,播为九河,同为逆河,入于海。"

【案】"河",黄河,四渎之一。《禹贡》九州,贡道以河为归。除青、扬二州,每章都提到河水。河水出现频率最高。"导河积石",古人说河出昆仑,但昆仑山西起帕米尔高原,横跨新疆、西藏、青海,全长2500公里,河源到底在哪里,古人不能确指。《禹贡》主张河出积石。积石山见《九州》章雍州,即今阿尼玛卿山,比起昆仑说具体了很多。积石山虽非真正的河源,但离真正的河源已经不太远。黄河河源在约古宗列盆地,位于巴颜喀拉山主峰雅拉达泽峰以东,阿尼玛卿山以西,并环绕阿尼玛卿山而北上。这两座山,巴颜喀拉山是昆仑山的南支,阿尼玛卿山是昆仑山的东支,皆属昆仑山的东段,如果笼统讲,河出昆仑也不能说错。"至于龙门",龙门即龙门口。"南至于华阴",华阴是华山以北,不等于今华阴市。华山以北,渭水与黄河交汇处是潼关,古代叫桃林塞。"东至于底柱",底柱即砥柱山,见《导山》章第三组,在河南三门峡市。底字本从厂,古文字写法,与砥为同一字。"又东至于孟津",孟津是黄河渡口,在河南孟县南。"东过洛汭",洛汭是洛水入河处,洛水在河南巩义市注入黄河。"至于大伾"(伾音pī),大伾即

---

[1] 清徐松说,党河是苏勒河(即疏勒河)的西源,经敦煌县城西,北流,"分为东西二支,东支东合苏勒河,西支注于淖尔","党河西支西流一百二十里,入哈喇淖尔"。参看朱玉麒整理清徐松《西域水道记》(外二种),北京:中华书局,2005年,卷三:哈喇淖尔所受水(127—170页)。

禹迹考 199

大伾山，在河南浚县。"北过降水"，降水即浊漳河。"至于大陆"，大陆即大陆泽，见《九州》章冀州。"又北，播为九河"，黄河又分为若干支流，号称九河，九河见《九州》章兖州。"同为逆河"，指九河皆北上入海。黄河很长，《禹贡》所述，可分三段：（1）积石—龙门—华阴段（河源—西河段），黄河从青海发源，经甘肃、宁夏、内蒙古，最后到晋陕峡谷，作几字形；（2）华阴—砥柱—孟津—洛汭—大伾段（南河段），是从渭水注河处东行，主要在河南省；（3）大伾—降水—大陆—九河—河口段（东河段），则是黄河北上注海的最后一段，主要在河南、河北。

4．漾（汉水）："嶓冢导漾，东流为汉，又东为沧浪之水；过三澨，至于大别；南入于江。东汇泽为彭蠡；东为北江，入于海。"

【案】"漾"，漾水，汉水三源之一，《禹贡》以为汉水正源，这里代指整条汉水。汉水是长江的支流。"嶓冢导漾"，漾水源出嶓冢山。嶓冢山见《九州》章梁州和《导山》章的第七组。"东流为汉"，汉水流经勉县叫沔水，流经汉中叫汉水。"又东为沧浪之水"，《水经注·沔水》："（武当县）西北四十里汉水中有洲，名沧浪洲。"武当县在今湖北丹江口市。汉水流经丹江口市叫沧浪之水。"过三澨"（澨音shì），《水经注·禹贡山水泽地所在》："三澨在邔县北。"邔县在汉水下游，今湖北宜城。澨字的本义是河堤。"至于大别"，汉水流经大别山西南。大别山见《导山》章第八组。"南入于江"，汉水在武汉三镇的汉口入江。"东汇泽为彭蠡"，指汉水入江后，东流，汇为泽，名曰彭蠡。"东为北江，入于海"，指江水出彭蠡泽而东北流，从江苏镇江市入海。北江在中江以北，是长江入海的主河道。

5．江（长江）："岷山导江，东别为沱；又东至于澧，过九江，至于东陵；东迆北会于汇；东为中江，入于海。"

【案】"江"，长江，四渎之一，见《九州》章梁、荆、扬三州。长江源出青海格拉丹东山的沱沱河和通天河。"岷山导江"，岷山见《九州》章梁州和《导山》章第八组。岷江源出岷山南麓，流经松潘、茂县、汶川，从都江堰市出峡，在乐山市纳大渡河、青衣江，最后到宜宾市汇入长江。《禹贡》以岷江为江源，《山海经·中山经》："又东北三百里，曰岷山，江水出焉。"与此说同。徐霞客《江源考》据"河源唯远"说，认为金沙江才是长江正源，岷江只是金沙江的支流。其实，金沙江的上游还有通天河和沱沱河。"东别为沱"，岷江以东有沱江。前面已说，江水支流皆可称沱，不一定指沱江。"又东至于澧"，长江入湖南，有四大支流：资、沅、湘、澧，澧水是其中之一，属于荆州。"过九江"，九江见《九州》章荆州和《导山》章第九组。"至于东陵"，具体地点不能确指，但从描述看，估计在九江之东。[1] "东迆北会于汇"，此"汇"即上"东汇泽为彭蠡"的彭蠡泽。"东为中江"，指经太湖入海的长江支流。上文有北江，这里有中江，照理还有南江，或说即从杭州入海的钱塘江。

6. 沇水（济水）："导沇水，东流为济，入于河，溢为荥；东出于陶丘北，又东至于菏；又东北会于汶；又北，东入于海。"

【案】"沇水"，济水上游。这里是以沇水代指整条济水。济水是四渎之一，见《九州》章兖、青二州。"导沇水"，此水源出河南济源县王屋山太乙池，但这里没讲导自哪座山。"东流为济"，沇水东流，也叫济水。"入于河"，此水初在黄河北，入于河，复出于黄河南。"溢为荥"，此水与黄河交会后，溢为荥泽。荥泽在河南荥阳市，位于黄河南，《九州》章作"荥波"。"东出于陶丘北"，济水东流，出于陶丘北。陶丘在山东定陶县，属于曹国故地。"又东至于菏"，"菏"指菏泽，在山东定陶东北。"又东北会于汶"，济水东北流，与山东大汶河交汇。"又北，东入于海"，济水北流，东入于海（渤海）。

7. 淮（淮水）："导淮自桐柏，东会于泗、沂，东入于海。"

【案】"淮"，淮水，四渎之一，见《九州》章徐、扬二州，是徐、扬二州的分界线。"导淮自桐柏"，淮水源出河南桐柏县桐柏山脉的胎簪山。桐柏山见《导山》章第六组。"东会于泗、沂"，泗、沂二水见《九州》章徐、扬二州。沂水注泗，泗水注淮，淮水入海（黄海）。

8. 渭（渭水）："导渭自鸟鼠同穴，东会于沣，又东会于泾；又东过漆、沮，入于河。"

【案】"渭"，渭水，黄河支流，见《九州》章雍州。"导渭自鸟鼠同穴"，渭

---

[1] 浙江省博物馆藏东陵鼎盖，铭文作"东陵厢，大右秦"，字体类似朱家集楚器，估计是楚国迁都安徽寿县后的器物，见《殷周金文集成》（修订增补本），第二册，1159页：02241。

水源出甘肃渭源县鸟鼠同穴山。鸟鼠同穴山，即《导山》章第五组的鸟鼠山。鸟鼠山和沣、泾、漆、沮四水俱见《九州》章雍州。渭水东流，进入陕西境内，沣水北注，泾水南注，漆、沮合流后也南注渭水，四水注渭，渭水注河。

9. 洛（洛水）："导洛自熊耳，东北会于涧、瀍；又东会于伊，又东北入于河。"

【案】"洛"，洛水，黄河支流，见《九州》章豫州。洛水源出熊耳山脉获舆山。"导洛自熊耳"，熊耳山见《导山》章第六组。"东北会于涧、瀍"，洛水东北流，在洛阳市与涧、瀍二水汇合。"又东会于伊"，洛水东流，在偃师市与伊水会合。"又东北入于河"，洛水与伊水合为伊洛水，最后在巩义市入河。

五、告成章

1. 成赋："九州攸同，四隩既宅，九山刊旅，九川涤源，九泽既陂，四海会同。六府孔修，庶土交征，厎慎财赋，咸则三壤，成赋中邦。锡土姓，祗台（以）德先，不距朕行。"

【案】"九州攸同"，九州一体。九州，参看《九州》章。"四隩既宅"，东南西北，每个角落，都有人居住。隩（音yù）是角落，宅是居住。"九山刊旅"，九山是九州之山，参看《导山》章；刊旅，指伐木除道，登临祭祀。"九川涤源"，疏浚九川，正本清源，理清九川的走向。九川，参看《导水》章。"九泽既陂"，九泽已修筑堤坝，蓄水为泽。九泽，参看《九州》章。《九州》章有大陆泽、雷夏泽、大野泽、彭蠡泽、震泽、云梦土泽、荥泽、菏泽、孟猪泽、猪野泽，不止九泽。"四海会同"，海内混一。四海，东海、南海、西海、北海。古之所谓海，本指放眼四望，昏晦无所睹的荒远之地，并不限于海洋。《尔雅·释地》："九夷、八狄、七戎、六蛮，谓之四海。"古人认为，荒远之地皆蛮族所居。"六府"，六个负责征收贡赋的部门。《礼记·曲礼》："天子之六府，曰司土、司木、司水、司草、司器、司货，典司六职。""庶土交征，厎慎财赋"，指征赋于国民，国民皆如数交纳。"咸则三壤，成赋中邦"，指把土田分为上中下三等，按其品级在国中征赋，已经大功告成。田分三等九品，参看《九州》章。"锡土姓"，赐封土和族姓。"祗台德先"，意思是敬德为先，"台"读以。"不距朕行"，意思是不违我行。

2．五服："五百里甸服：百里赋纳总，二百里纳铚，三百里纳秸（服），四百里粟，五百里米。五百里侯服：百里采，二百里男邦，三百里诸侯。五百里绥服：三百里揆文教，二百里奋武卫。五百里要服：三百里夷，二百里蔡。五百里荒服：三百里蛮，二百里流。"

【案】"五服"，五种纳贡层次。古代职贡分九服、五服两种，这里是讲五服。"五百里甸服"是讲王畿之内。"五百里"是以王城为中心，向四边各延伸五百里，画成方围，每边各长一千里，古人叫方千里。甸服是以王城居中，城外叫郊，郊外叫甸。合城、郊、甸三者而计之，其范围是方千里。下面五级仿此，"百里"是方二百里，"二百里"是方四百里，"三百里"是方六百里，"四百里"是方八百里。甸服的义务是交纳粮食："纳总"是连秆带穗一起交，"纳铚"（铚音zhì）是只交谷穗，"纳秸"是只交禾秆（"服"字是衍文），"（纳）粟"是只交未脱壳的谷粒，"（纳）米"是只交脱壳的谷米。铚本指割谷的短镰，引申为谷穗。"五百里侯服"是诸侯驻地。"五百里"是以王畿为中心，向四边各延伸五百里，画成方围，是方二千里。侯服的义务是保卫国土："采"是内臣的采邑，"男邦"是子男的封土，"诸侯"是诸侯的封土。"五百里绥服"是可以镇抚的地区。"五百里"是以侯服为中心，向四边各延伸五百里，画成方围，是方三千里。绥服的绥是安抚之义。这种地区，"三百里揆文教，二百里奋武卫"（揆音kuí），近一点靠文教怀柔，远一点靠武力镇压，其实是恩威并施。揆是揣摩斟酌之义。"五百里要服"是可以控制的地区。"五百里"是以绥服为中心，向四边各延伸五百里，画成方围，是方四千里。"要服"的"要"是约束之义。这一地区是所谓蛮族的居住区（夷）和流放犯人的地方（蔡）。"五百里荒服"是最为荒远的地区。"五百里"是以要服为中心，向四边各延伸五百里，画成方围，是方五千里。这一地区也是所谓蛮族的居住区（蛮）和流放犯人的地方（流）。

3．告成："东渐于海，西被于流沙，朔南暨，声教讫于四海。禹锡玄圭，告厥成功。"

【案】"东渐于海，西被于流沙，朔南暨，声教讫于四海"是说声教被于四方。

"海"和"流沙"是其东西二至,"朔南"是其南北二至。"暨"训及,犹言至也。"禹锡玄圭,告厥成功"是天赐玄圭于禹,标志大功告成。

今年是《禹贡》创刊八十周年,谨以此文纪念已经去世的地理学前辈,

2014年2月14日写于北京蓝旗营寓所

九州对照表一（号码是原书顺序,画线处是不同州名）

《禹贡》	《周礼·夏官·职方氏》	《吕氏春秋·有始览》	《尔雅·释地》
1.【两河惟】冀州	8.河内曰冀州	2.两河之间为冀州,晋也	1.两河间曰冀州
2.济、河惟兖州	5.河东曰兖州	3.河、济之间为兖州,卫也	6.济、河间曰兖州
3.海、岱惟青州	4.正东曰青州	4.东方为青州,齐也	9.齐曰营州
4.海、岱及淮惟徐州	9.正北曰并州	5.泗上为徐州,鲁也	7.济东曰徐州
5.淮、海惟扬州	1.东南曰扬州	6.东南为扬州,越也	5.江南曰扬州
6.荆及衡阳惟荆州	2.正南曰荆州	7.南方为荆州,楚也	4.汉南曰荆州
7.荆、河惟豫州	3.河南曰豫州	1.河、汉之间为豫州,周也	2.河南曰豫州
8.华阳、黑水惟梁州	7.东北曰幽州	9.北方为幽州,燕也	8.燕曰幽州
9.黑水、西河惟雍州	6.正西曰雍州	8.西方为雍州,秦也	3.河西曰雍州

九州对照表二

九州	周十六国	秦 郡	今省和自治区
冀州	晋、燕	雁郡、代郡、太原、河东、上党；广阳、巨鹿、恒山、邯郸、河内；上谷、渔阳、右北平、辽西、辽东	山西、河北、内蒙古、辽宁
兖州	卫	东郡	河北、河南、山东
青州	齐	济北、齐郡、胶东、琅琊	山东
徐州	鲁	薛郡、泗水、东海	山东、江苏、安徽

续表

九州	周十六国	秦　郡	今省和自治区
扬州	吴、越	会稽、九江、闽中	江苏、浙江、安徽、江西
荆州	楚	南郡、衡山、长沙、黔中、南海、桂林、象郡	湖北、湖南、广东、广西、贵州
豫州	周、郑、陈、宋、曹	砀郡、陈郡、颍川、三川、南阳	河南
梁州	巴、蜀	汉中、巴郡、蜀郡	陕西、四川
雍州	周、秦	内史、陇西、上郡、北地、云中、九原	陕西、甘肃、宁夏、内蒙古、青海

【案】九州之域大体接近西周封建的范围，此可佐证《禹贡》主体是西周作品。

最低限度参考书（只限原典）：

1.《山海经》：《五藏山经》和《海内东经》所附《水经》

2.《汉书·地理志上》

3.《水经注》卷四十《禹贡山水泽地所在》

（原载《中国文化》总第 39 期，2014 年春季号）

秦公簋及器盖铭文

《史记》中所见秦早期都邑葬地

秦早期都邑葬地的确定，对探索秦早期考古文化遗址的分布具有重要意义。

应当说明一下，本文所论"秦早期都邑葬地"，是指从非子封邑于秦到德公都雍以前秦先公、先君的都邑葬地。讨论仅限于此，是因为非子以前"秦"的称谓还不存在，德公以后秦的都邑葬地比较明确。

古书记载秦早期都邑葬地，主要材料保存在《史记》的《秦本纪》和《秦始皇本纪》附录的秦世系当中。[1] 前者是司马迁本《秦纪》而作，后者附载于该本纪太史公赞语之后，班固评贾、马赞之前，前人推测是别本《秦纪》，其来源虽不明，但文字简古，绝非后世附益。[2]

《史记》这两篇记述颇有不同，前人说解亦多分歧，今为之考辨如下。

一、非子初居西犬丘，但秦之称秦始于非子邑秦

司马迁作《秦本纪》，也像其他《本纪》、《世家》一样，是参考各种

---
[1]《史记·秦始皇本纪》详记襄公以来秦君居葬，但《秦本纪》于德公以下不言居葬。
[2] 梁玉绳《史记志疑》卷五。

先秦世谱写成,所以照例要有一番关于始祖和姓氏来源的交待。他所记非子以前的世系主要是交待秦人的族属来源,非子以后才是真正的秦史。

据《秦本纪》,秦是出自嬴姓氏族。嬴姓始祖据说是舜的虞官伯益(亦作伯翳)。虞官职掌畜牧,伯益的后世子孙很多都以养马御车著称。司马迁说,嬴姓分支众庶,"子孙或在中国,或在夷狄"。它们的居住活动范围和文化面貌彼此大不一样。

嬴姓氏族在夏、商、西周时代很有名,如属于费氏一支的费昌曾为汤御,属于鸟俗氏一支的孟戏和仲衍曾为大戊御,他们都是以御车而显名。这些人共事王室,据说曾被封为"诸侯",想必在"中国"领有封邑。但另外也有一些分支是在"夷狄",如商代末年被称为中潏的一支,据说"在西戎,保西垂",就一直住在西戎聚居活动的地区。

司马迁关于嬴姓各支,重点是讲中潏—蜚廉一支,因为秦人是从这一支发展而来。蜚廉的后代分两支:一支是季胜,另一支是恶来革。季胜一支,共事王室,其中最有名是造父。周穆王以赵城封造父,这就是春秋战国时很有名的赵氏。恶来革一支,后代有大骆。大骆住在西犬丘。

关于西犬丘,应当说明一下。第一,《史记集解》和《史记正义》把它定为周懿王所都犬丘是不对的。王国维据《水经·漾水注》指出,它的地望应在汉代的西县(今甘肃天水西南、礼县东北一带),[1] 当时属于西戎之地。第二,西犬丘又名西垂,西垂是具体地名而不是泛指西方边陲,王国维等人读西垂为西陲是不对的。因为春秋卫国也有一个叫垂而别名犬丘的地方(在今山东曹县北),《春秋》隐公八年:"春,宋公、卫侯遇于垂。"《左传》"垂"作"犬丘",杜预注:"犬丘,垂也,地有两名。"可见西垂是指西方的垂,正像西犬丘是指西方的犬丘一样,它是个具

---

[1] 王国维《秦都邑考》,收入《王国维遗书》,上海:上海古籍书店,第二册,《观堂集林》卷十二,8页正—10页正。

体地名。[1]

非子是大骆一族的庶支。大骆居西犬丘，非子最初也住在西犬丘。由于他擅长养马，"犬丘人言之周孝王，孝王召使主马于汧渭之间"。他到周王室来做事，才离开犬丘，后来被封于秦。

非子被封于秦，有一番经过：据说非子来到"汧渭之间"养马，"马大蕃息"，孝王对非子宠遇非常，打算改立非子为大骆嫡嗣，但阻于申侯之言，所立为申侯之女所生子成。这样，非子才被别封于秦。

申侯反对立非子为嫡所讲的一段话很重要。他说：

> 昔我先郦山之女，为戎胥轩妻，生中潏，以亲故归周，保西垂，西垂以其故和睦。今我复与大骆妻，生适子成。申骆重婚，西戎皆服，所以为王。王其图之。

这段话透露出，申人和大骆族为周人倚重，是因为他们的态度向背对周镇抚西戎有举足轻重的关系。这里申是西申，即大约住在今陕甘一带的申戎，属于姜姓之戎。大骆族从中潏起也一直住在西戎，其后代一直到秦孝公时还常常被中原诸夏卑视为"夷翟"。

非子虽然没能继嗣大骆，但孝王不肯亏待他，说是"昔伯翳为舜主畜，畜多息，故有土，赐姓嬴。今其后世亦为朕息马，朕其分土为附庸"，把非子封在秦，让非子承祀造父，也立为赵氏。秦人正式称秦就是从这里开始的。

秦之称秦始于非子邑秦，这一点很重要。因为无论探索秦的族属来源还是文化来源，都得从这一点向上追溯。

---

[1] 此则承裘锡圭先生提示。

长期以来，史学界一直有秦人是"东来"还是"西来"的争论。[1] 人们争论的其实并不是秦人本身。秦人本身，居住活动范围很清楚。他们争论的是秦人的族属来源和文化来源。诚然，这个问题可以追溯到很远：司马迁说，秦与徐氏、郯氏、莒氏、终黎氏（亦作钟离氏）、运奄氏、菟裘氏、将梁氏、黄氏、江氏、修鱼氏、白冥氏等东方嬴姓部族有着姓氏同源共系（它们大多属于东夷和淮夷系统）。但秦人不属于东方各支，他们是来自早在殷代末年即已定居在西戎地区的中潏一支。因此至少从殷末起，秦的直系先祖先是受西戎文化后则受周文化影响，在这些影响下形成自己的文化面貌，这一点完全可以肯定。

二、非子所邑之秦不在甘肃清水一带而在"汧渭之会"

1978年陕西宝鸡县太公庙秦铜器窖穴出土的秦公钟、镈，是一批罕见的春秋秦国重器。[2] 器铭一开头有"秦公曰：我先祖受天命，赏宅受国"一语，"赏宅受国"，"赏宅"是指非子受封邑，"受国"是指襄公被封为诸侯，这是秦人心目中了不得的两件大事。

非子受封于秦，从此他的后代便以秦为氏，这正像周之称周是始于太公迁居周原一样。秦邑地望的确定对研究秦史来说，正像周史研究中的岐周一样重要。

但秦究竟在哪里呢？传统说法都是把它定在今甘肃清水县附近，如：

(1)《史记集解》引徐广说："今天水陇西县秦亭也。"

(2)《史记正义》引《括地志》："秦州清水县本名秦，嬴姓邑。"

---

[1] 参看林剑鸣《秦史稿》，上海：上海人民出版社，1981年2月，32—33页注10。
[2] 卢连成、杨满仓《陕西宝鸡县太公庙村发现秦公钟、秦公镈》，《文物》1978年11期，1—5页。

(3) 同上引《十三州志》："秦亭，秦谷是也。"

徐广等人把秦邑定在天水东北的清水一带，清水一带当时有秦亭、秦谷大概不会有问题，但他们说秦亭、秦谷就是非子所邑之秦却明显是附会。因为此说与《秦本纪》的原文全然不符。

《秦本纪》原文写得很清楚：

第一，大骆族是分两支，成一支是住在犬丘，与戎杂处，而秦则是周人"分土为附庸"，最初是住在周地。[1]

第二，司马迁虽没有直接说非子所邑之秦究竟在哪里，但明确讲到文公四年，"至汧渭之会"，文公追述说："昔周邑我先秦嬴于此，后卒获为诸侯。"在该地卜居营邑。这个重筑的城邑显然与非子所邑之秦是同一地点，它应当就是非子当年为周孝王养马的"汧渭之间"。

所以，秦邑应在"汧渭之会"而绝不在甘肃清水一带。

当然，我们把秦邑定在"汧渭之会"，这只是划出一个大致的范围，其确切地点还需作进一步推定。

今天的"汧渭之会"，即千河和渭水交汇处，地点在宝鸡县千河公社西、宝鸡市卧龙寺东。渭水以北的塬区至此为千河截断，东面是凤翔塬，西面是贾村塬。千河就是穿过这两个塬由西北流注入渭。秦人是"养马世家"，他们逐水草而居，这一带当然很理想。非子当年在这里筑有秦邑，后来秦文公又重新回到这里筑城，都不是偶然的。文公筑的城，我们估计很可能就是陈仓（详见下文），非子所邑之秦既与文公所筑城邑为一地或者相近，则其地亦当在陈仓附近。

---

[1]《史记·周本纪》等篇记周太史儋之言，所谓"始周与秦国合而别"，"周与秦国合"就是指周人在岐周附近的汧渭之会赐邑于非子。

三、秦仲、庄公西略伐戎，收复西犬丘

非子、秦侯、公伯、秦仲四世，应当一直住在秦邑。秦仲三年，适当周厉王末年（前842年）。这一年发生国人暴动，厉王出奔于彘。事件引起的震动之一，是"西戎反王室，灭犬丘大骆之族"。它意味着周人用以镇抚西戎的据点被人拔掉了。这是一个不祥之兆，它预示了其后西周被灭的那次更大戎祸。

犬丘被灭在秦与西戎之间播下仇恨。秦人旧宗所居的故地被西戎占领，不啻为秦人切齿痛恨，也为周王室所不容。所以"周宣王即位，乃以秦仲为大夫，诛西戎"。但结果"西戎杀秦仲。秦仲立二十三年，死于戎"。

庄公继位，"周宣王乃召庄公昆弟五人，与兵七千人，使伐西戎，破之"，由于借助周王室的兵力，这第二次伐戎终于获得胜利，秦人收回了犬丘故地。犬丘被收复，有两个重要意义，一是秦人代替成一支继承大骆，由小宗跃居大宗；二是秦人代替成一支守西垂，庄公被周王室封为西垂大夫，秦人的活动中心转移到了西犬丘。

从庄公起，秦人从秦邑徙居西犬丘。庄公收复西犬丘，为其后秦人东进准备了后方基地。襄公创国，是由庄公奠立基础。庄公在秦史中的地位如同周史中的文王，所以襄公称公以后，庄公也被追称为公。[1] 他是秦史上很重要的一个人物。

---

[1]《诗·秦风谱》，孔颖达疏。

四、襄公东略伐戎，居葬均在西犬丘，"襄公徙都汧"之说不可靠

秦庄公收复犬丘是一个标志，至此，秦人的西略伐戎暂时告一段落。但庄公死后，襄公继位，正当周幽王之世。幽王晚年，发生郦山之难，西周被申侯勾结犬戎攻灭，周人退出岐、丰故地东迁，秦人的发展出现新的转机。

在郦山之难中，申、秦扮演着截然不同的角色。申、秦本与戎和周都有密切关系，但在这一事件中，申与戎是站在一边，秦与周是站在一边，壁垒分明。形成这种局面，一方面是因为申与周关系恶化，另一方面则是因为秦与戎为仇，周王室支持秦。

襄公时，秦与戎之间的攻战一直没有停息。最初这种争夺还是集中在犬丘一带，但自从周人弃土东逃，这种争夺便扩大开来。司马迁说，周室东迁，襄公护送有功，"平王封襄公为诸侯，赐之岐以西之地。曰：'戎无道，侵夺我岐、丰之地，秦能攻逐戎，即有其地。'与誓，封爵之"。从此秦正式列为诸侯。周人不但承认了秦对岐以西之地的所有，而且允许秦人从西戎手中夺取本为周人占有的岐、丰之地。于是，襄公的东略伐戎开始了。襄公东略伐戎，是他在位的最后五年（前770—前766年），《秦本纪》说："（襄公）十二年，伐戎而至岐，卒。"说明他曾一直进军到岐山附近。但岐以西是否都收复了呢？司马迁没有说，恐怕是还没有完全收复。襄公的东进还非常有限。

这时襄公的都邑在什么地方？《封禅书》说"秦襄公既侯，居西垂"，他仍然住在西犬丘。其葬地，据《始皇本纪》，也在"西垂"。可见当时秦人活动的中心还在犬丘一带。

襄公居葬均在西垂即西犬丘，这一点本来很清楚，但过去却流行一种"襄公徙都汧"的说法。这种说法又是怎么一回事呢？

按《秦本纪》"襄公二年"下《正义》引《括地志》云:"故汧城在陇州汧源县东南三里。《帝王世纪》云秦襄公二年徙都汧,即此城。"所谓"襄公徙都汧",主要就是指这段话。由于《正义》引《括地志》是注在"襄公二年"下,而原文却未言徙都之事,郭沫若先生遂推测"襄公二年"下"当有夺文",[1]似乎襄公确曾徙都于汧。《括地志》所说的汧是汉代的汧县,在今陕西陇县南,当汧水中游。如果襄公曾经徙都于汧,那么文公就应是沿汧水经今陇县而到达"汧渭之会"。

不过,襄公徙都汧的说法其实是靠不住的。因为《括地志》所节引的《帝王世纪》,他书引用,完全不同。《帝王世纪》记述秦都邑,有相当完整的一段文字保存在《太平御览》卷一五五内,原文是:"秦非子始封于秦,故《秦本纪》称周孝王曰朕分之土邑秦,本陇西秦谷亭是也。……及襄公,始受酆之地,列为诸侯。文公徙汧,故《秦本纪》曰公事〈东〉猎至汧,乃卜居之,今扶风郿县是也。"这段话完全是重述《秦本纪》,核之《秦本纪》,可知这里的"始受酆之地",是指"始受岐、丰之地";"文公徙汧"和"公事〈东〉猎至汧",是指"文公徙汧渭之会"和"公东猎至汧渭之会"。另外,《封禅书》《索隐》引皇甫谧说亦作"文公徙都汧也"。这都足以说明《括地志》引用《帝王世纪》是一种误引。所谓"襄公徙都汧","襄公"乃是"文公"之误,"徙都汧"也并非指徙都于陇县之汧,而是指徙都于"汧渭之会"。

《史记正义》引用《括地志》次在《秦本纪》"襄公二年"下,我们认为这并不能证明原文脱去"襄公徙都汧"等字。因为古人注释体例,有引附史事的一种,并非处处字合句应,这里《正义》所引不过是因为《括地志》转引《帝王世纪》正好也是讲襄公罢了。"襄公"后面还有"二年",我们怀疑是《正义》加上去的。总之,"襄公徙都汧"的说法是靠不住的。

---

[1] 郭沫若《石鼓文研究》,收入《沫若文集》,北京:人民文学出版社,1962年,第16卷,340页。

五、文公继续东略伐戎，初居西犬丘，后卜居汧渭之会，葬秦陵山

襄公死后，文公继续东略伐戎。《秦本纪》说"文公元年，居西垂宫。三年，文公以兵七百人东猎。四年，至汧渭之会"，卜居营邑。"十六年，文公以兵伐戎，戎败走。于是文公遂收周余民有之，地至岐，岐以东献之周。"至此，岐周之地尽被秦人占有。

文公最初"居西垂宫"，仍住在西犬丘，但后来麾兵东进，一直攻到汧渭之会，回到了非子所居的故地，在秦邑旧地重建了一座新的都邑。这座都邑，我们在前面说过，它应当就是文公十九年获陈宝以为祥瑞的陈仓。

陈仓的地望明确可考。据《元和郡县志》，陈仓城"有上下二城相连，上城是秦文公筑，下城是郝昭所筑"，上城"在今县东二十里"，即今宝鸡市东卧龙寺西北。《汉书·地理志》记载，陈仓城"有上公、明星、黄帝孙，舜妻育冢祠。有羽阳宫，秦武王起也"。文公十九年，在这个地方发现过一块色赤如肝、降自天上的宝石，被称作陈宝，"于陈仓北阪城祠之"（《封禅书》）。陈宝实际上是陨星。[1] 祠祭陈宝，一直到汉代犹不衰。秦汉时期的西北，陈宝祠与四畤一样有名，所谓"唯雍四畤上帝（即白、青、黄、炎四帝）为尊，其光景动人民唯陈宝"（《封禅书》）。可见这个地方很重要。陈仓地处汧渭之会，《秦本纪》于文公伐戎至汧渭之会不太久即提到文公于陈仓获陈宝，若说文公在这样短的时间和这样小的范围里另外筑有一座陈仓城，那是不能想象的。所以陈仓应即文公于汧渭之会所营之邑是不会有多大问题的。

《史记》关于文公的葬地，《秦本纪》记为"葬西山"，《始皇本纪》记为"葬西垂"。皇甫谧说西山"在今陇西之西县"，似乎与西垂是一回事。

---

[1] 傅云起《中国古代最早的陨星记录》（未刊稿）。

但这样理解恐怕并不一定对。

我们考虑，文公徙都汧渭之会后，其活动中心已经东移，其葬地当不在西垂，而就在附近。《史记正义》："《括地志》云：'秦宁（宪）公墓在岐州陈仓县西北三十七里秦陵山。《帝王世纪》云秦宁（宪）公葬西山大麓，故号秦陵山也。'按：文公亦葬西山，盖秦陵山也。"我们认为《括地志》以西山即秦陵山的说法是非常值得注意的。旧宝鸡县城有"左金陵、右玉涧、面渭水、背陵原"之称。秦陵山在陈仓县西北三十七里，从方位和里数看，地点应即今宝鸡市（旧宝鸡县治所在）正北之陵塬。陵塬自吴山绵亘而来，是该县的主山。《秦本纪》说秦文公"伐南山大梓"，《括地志》说"大梓树在岐州陈仓县南十里仓山上"，可见"南山"是对陈仓城址的位置而言。秦陵山既在陈仓县西北三十七里，称为"西山"也是十分合理的。

六、宪公至武公的都邑葬地平阳和衙

秦人从襄公起，基本上一直是沿渭水东进，向岐周之地扩展它的势力。如果说汧渭之会的陈仓是秦人东进过程中建立的第一个据点，那么平阳就是第二个据点。

秦宪公和武公，都城都在平阳。秦武公的葬地也在平阳。可见平阳是很重要的一个地方。《秦本纪》载："宁〈宪〉公二年，公徙居平阳。"平阳是宪公新立的郡邑，又叫"西新邑"（《始皇本纪》）。

关于平阳故城的地望，前人有以下说法：

（1）《史记集解》引徐广说："郿之平阳亭。"

（2）《史记正义》："《帝王世纪》云秦宁〈宪〉公都平阳。按：岐山县有阳平乡，乡内有平阳聚。《括地志》云：'平阳故城在岐州岐山县西四十六里,秦宁〈宪〉公徙都之处。'"

（3）《太平寰宇记》卷三〇："《三辅黄图》云右辅都尉理所,秦宁〈宪〉公徙居平阳即此地,今县东十五里渭水故郿城是也。"

按平阳故城当即今宝鸡县东阳平镇,与《正义》所说岐山县西四十六里之阳平乡为一地,而并非郿县故城。郿县故城说当由北魏改郿县为平阳县误托。平阳是宪公和武公所居都邑,这是没有问题的。但《始皇本纪》说出子(《年表》作"出公")"居西陵"(《索隐》"一云居西陂"),这个"西陵"在什么地方,现在已无从稽考,估计也应在平阳附近。

下面我们再来谈谈宪公和出子的葬地。

《秦本纪》说宪公"葬西山",《始皇本纪》则说宪公"葬衙"。别本《始皇本纪》(《史记索隐》引)说出子也是"葬衙"。这个衙在什么地方,也值得讨论。

《始皇本纪集解》说这个衙就是《汉书·地理志》的衙县。《汉书·地理志》的衙县,颜师古注说"即《春秋》所云'秦晋战于彭衙'"(见《春秋》文公二年)的彭衙。诚然,汉代的衙县确实是春秋时期很有名的秦邑。《国语·楚语上》记楚灵王欲城陈、蔡、不羹,使仆夫子晳向范无宇征求意见,范无宇举春秋各国史实为例表示反对,说明"国为大城,未有利者"。其中提到"秦有徵、衙","秦徵、衙寔难桓、景"。[1]讲的是秦桓公之子、景公之弟公子鍼由于封邑徵、衙逾制,对景公造成威胁,被排挤出奔于晋。可见徵、衙都是很大的城邑。

《国语》提到的徵、衙,徵又叫北徵(《左传》文公十年),即今陕西澄城县,衙即今陕西白水县东北之彭衙堡。它们都与宪公、出子时秦人活动的中心地区相距甚远,若说宪公、出子死后会葬到这样远的地方,未免不合情理。

---

[1] 此事亦见《左传》昭公十一年,其中没有提到鲁、晋、秦三国。

秦早期都邑葬地

我们考虑,《始皇本纪》提到的衙应当是另外一个衙。它应当就在西山即秦陵山一带,所以《秦本纪》说宪公"葬西山"。这里值得提出的是,1974年宝鸡市渭河南岸发现了西周𢀖伯墓,它的地点与我们估计中的衙比较接近。𢀖、衙古音可以互假。作为秦宪公、出子葬地的衙会不会就是古𢀖国之𢀖呢?这是耐人寻味的。

结 语

根据以上所述,我们可以勾画出秦人早期迁徙活动的大致路线:很明显,秦人早期活动的中心有两个,东面一个中心,是汧渭之会的秦即陈仓(围绕陈仓,西有秦陵山和衙,东有平阳),地点在今陕西宝鸡市东;西面一个中心,是西犬丘,地点在今甘肃天水、礼县一带。秦人最初是由周人赐邑,定居于秦,经过西略伐戎,收复其先大骆所居西犬丘;然后,又以西犬丘为根据地,东略伐戎,重返秦邑故地,营筑陈仓并徙都平阳。先

礼县大堡子山出土金饰牌

是由东而西,后是由西而东。其中居秦邑者有非子、秦侯、公伯、秦仲,居西犬丘者有庄公、襄公、文公(元年至三年),居陈仓者有文公、宪公(元年),居平阳者有宪公、武公,各历时三四十年至四五十年不等(参看附图、附表)。通过对有关文献的考证,我们指出,前人所谓的"西垂即西方边陲"说、"秦在清水"说、"襄公徙都汧"说、"衙即彭衙"说等等均不可信。特别是"秦在清水"说和"襄公徙都汧"说,给人造成错觉,似乎秦人从一开始都邑就在西犬丘附近,后来秦人是由汧水上游,经今陇县,顺汧水而下到达汧渭之会,自始至终是从西向东发展。这些说法尤其需要辨明。

本文主要是从历史文献学的角度考证秦早期都邑葬地，问题的证实还有待于考古学的发现。解放以来，考古工作者们对早期秦文化遗存已经做出不少有益探索，像陕西宝鸡市姜城堡、甘肃灵台景家庄、陕西宝鸡县西高泉发现的秦墓，陕西宝鸡县太公庙发现的秦铜器窖穴，都属于我们讨论的这一时期。[1] 这些发现主要集中在宝鸡市和宝鸡县，甘肃境内的发现报道还比较少。怎样从时间、地域两方面去确定这些发现在秦人早期历史活动中的位置，还需要做进一步的工作。我们希望这篇文章能对这一问题的探索提供某些线索。

最后附带说一句。三年前，我在一篇讨论秦铜器的文章中，已对秦早期都邑葬地的有关记述做过初步排比，[2] 可作本文参考。不过应当检讨的是，该文写作时，由于未做深入考虑，其中仍有若干地方谬袭前人成说，现在应依本文为准予以纠正。

---

[1] 王光永《宝鸡市渭滨区姜城堡东周墓葬》，《考古》1979年6期，564页；刘得祯、朱建唐《甘肃灵台景家庄春秋墓》，《考古》1981年4期，298—301页；卢连成、杨满仓《宝鸡县西高泉村春秋秦墓发掘记》，《文物》1980年9期，1—9页；卢连成、杨满仓《陕西宝鸡县太公庙村发现秦公钟、秦公镈》，《文物》1978年11期，1—5页。

[2] 李零《春秋秦器试探——新出秦公钟、镈铭与过去著录秦公钟、簋铭的对读》，《考古》1979年6期，515—521页。

附表　秦早期都邑葬地

先公、先君名	都　邑	葬　地
非子	秦（在今宝鸡市东千河、渭河交汇处）	不详（估计应在秦邑附近）
秦侯	同上	同上
公伯	同上	同上
秦仲	同上	同上
庄公	西犬丘（又名西垂，在今甘肃天水西南、礼县东北）	不详（估计应在西犬丘附近）
襄公	同上	西犬丘
文公	1）西犬丘（文公元年至三年） 2）秦邑故地（应即陈仓，在今宝鸡市东卧龙寺西北，文公四年至五十年）	西山（又名秦陵山，在今宝鸡市北陵塬）
宪公	1）秦邑故地（宪公元年） 2）平阳（又名西新邑，在今宝鸡县东阳平镇，宪公二年至十二年）	西山或衙（在今宝鸡市）
出子	西陵或西陂	衙
武公	平阳	平阳

（原载《文史》第 20 辑，1983 年 9 月）

礼县大堡子山出土秦子镈

周秦戎关系的再认识
——为《秦与戎：秦文化与西戎文化十年考古成果展》而作

35年前，我讨论过陕西宝鸡太公庙出土的秦公钟、镈，并顺便讨论过传世的秦公簋。[1]31年前，我讨论过德公都雍前的秦世系和都邑、葬地。[2]在这两篇文章中，我对秦人早期的活动中心和迁徙路线曾有所梳理，与后来考古学界的主流意见相反。这里有两种基本判断，一种是我和少数学者主张的"秦在汧渭之会"说，即陕西宝鸡说，另一种是多数学者主张的"秦在秦亭"说，即甘肃清水说。三十多年转眼就成过去，我对我的基本判断至今不悔。当时我曾说，"本文主要是从历史文献学的角度考证秦早期都邑葬地，问题的证实还有待于考古学的发现"。[3]现在，考古发现日益增多，如何从周、秦、戎的整体关系来重新检讨这两种观点，恐怕很有必要。我想借这个展览的机会，发表一点儿我个人的意见，抛砖引玉，就正于学界同仁。[4]

---

[1] 李零《春秋秦器试探——新出秦公钟、镈铭与过去著录秦公钟、簋铭的对读》，《考古》1979年6期，515—521页。

[2] 李零《〈史记〉中所见秦早期都邑葬地》，《文史》第20辑（1983年9月），15—23页。

[3] 李零《〈史记〉中所见秦早期都邑葬地》，《文史》第20辑（1983年9月），22页。

[4] 最近，笔者参加过北京大学和牛津大学组织的丝绸之路考察（2014年8月21日—9月4日）。此文是根据考察日记中的感想改写而成。

一、周、秦、戎的族源背景和通婚关系

夏、商、周三族，夏、商在东，周在西，一直是两大板块。周、秦都崛起于西土，与西戎杂处，有很深的西戎背景。周、秦、戎的活动舞台是《禹贡》九州的雍州。雍州之域，横跨今陕、甘、宁三省，陇山正好在三省交界处。陇山以西是甘肃，陇山以北是宁夏，陇山以东是陕西。

两周时期，周人是凭族姓识别来源不同的族。如祁姓传出陶唐，姚姓传出有虞，夏为姒姓，商为子姓，周为姬姓。东夷、淮夷传出太昊、少昊。太昊风姓，少昊嬴姓。祝融八姓主要是己、妘、曹、芈四姓。这些姓，不仅反映父系族源，也反映母系族源，以及不同族姓的通婚关系。如夏的女祖先是有莘氏女，名曰脩己（己姓）；商的女祖先是有娀氏女，名曰简狄（疑媿姓）；周的女祖先是有邰氏女，名曰姜嫄（姜姓），就从一个侧面反映出他们与其他部族的通婚关系。这些族姓有两周时期的铜器铭文为证，覆盖面甚广，并与文献记载高度一致，足证周人封建，范围确实广，《禹贡》九州的天下概念并非向壁虚构。

当时，雍州之域有六个族姓最值得注意。

1. 姬姓：姬姓最有名，当属周人。周人自豳迁岐，来自陇东、陕北的黄土高原，与西北戎狄有不解之缘。姬姓不止是周人的姓，也是很多少数民族的姓（有些可能是冒姓），如东周时期，骊山脚下的骊戎（与申通婚），山西的大戎（即狐氏，与晋通婚），[1]还有滹沱河流域的白狄（鲜虞、中山），他们也都是姬姓。

2. 媿姓：媿姓最有名，当属唐叔封晋的怀姓九宗，怀姓即媿姓。王国

---

[1] 晋献公娶大小戎子，见《左传》庄公二十八年。杜预注以大戎子为姬姓，小戎子为允姓。但《史记·晋世家》则以大小戎子为姊妹。

维说，媿姓是鬼方之姓。[1]鬼方来自贝加尔湖一带，初居内蒙古河套，号称河宗氏，后顺黄河南下，分别进入陕西、山西，东周以来集中在晋东南，号称赤狄。媿姓和姬姓都来自北方，但姬姓主要在陕西，媿姓主要在山西。媿姓属于北狄系统。

3. 姜姓：姜姓来自西方，属于西戎系统，与姬姓世代通婚（西周12王，至少有六个王娶自姜姓）。[2]学界公认，姜姓与氐、羌有关。氐、羌是藏族和羌族的祖先，历史上与汉族关系最密切（两者同属蒙古人种、汉藏语系）。他们从青海进甘肃，从甘肃进陕甘，从陕西进山西、河南，有许多不同分支，号称姜戎（或姜姓之戎，或姜氏之戎）。姜姓归附周人，有号称四岳之后的申、吕、齐、许。申，初在陕西，与周通婚，后分一支迁南阳，留在陕甘的叫西申，迁居南阳的叫南申。西申也叫申戎。吕，初封不详，后迁南阳。齐出于吕。太公吕尚佐文、武图商，有勋劳，封于齐，是周的舅氏，与周关系最密切。许国也从吕国分出。西周晚期，西戎为祸，主要是姜戎和犬戎。姜戎是姜姓，犬戎是允姓，二戎皆听命于申侯。周宣王三十九年，千亩之战，周师败绩于姜氏之戎（《国语·周语上》），从此元气大伤，降及幽王，被申侯率犬戎攻灭。《左传》两次提到姜姓之戎（僖公三十三年、襄公十四年），范宣子称其祖吾离，本居瓜州（今甘肃敦煌），[3]被秦人迫逐，离开瓜州，投奔晋国，晋惠公特意把他们安置在晋都南鄙，让他们帮助晋人打仗，好像罗马帝国的日耳曼雇佣兵。所谓"秦人迫逐"，从年代看，应指秦穆公伐戎。

---

[1] 王国维《鬼方昆夷猃狁考》："鬼方之为媿姓，犹猃狁之为允姓也。"见《王国维遗书》，上海：上海古籍书店，1983年，第二册：《观堂集林》卷十三，5页正。
[2] 参看谢乃和《金文中所见西周王后事迹考》，《华夏考古》2008年3期，142—152页。
[3] 瓜州即敦煌，见《左传》襄公十四年杜预注。顾颉刚《瓜州》认为，瓜州之戎从甘肃敦煌远徙山西、河南，路途太远，不可能，因此提出"瓜州"即"瓜人之州"说（陕西、甘肃、四川称傻瓜为"瓜人"），以为瓜州在秦岭山区。此说不可信。参看氏著《史林杂识初编》，北京：中华书局，1963年，46—53页。

4.允姓：王国维说，允姓是猃狁之姓。[1] 猃狁是该族自名，古书有许多不同写法，一类写法是獯鬻、薰育、荤粥，一类写法是混夷、昆夷、绲戎。猃狁之名，流行于西周，西周以后，寂然无闻。《左传》有所谓允姓之戎（僖公二十二年、昭公九年），盖其孑遗。这支戎人也叫陆浑戎（宣公三年，成公六年，昭公十七年、二十二年），本居瓜州，晋惠公、秦穆公迁其民于河南，始定居于熊耳山南，伊河上的嵩县，[2] 最后灭于楚。陆浑是其本名，与上述名称属于一系。古人有一种说法，允姓之戎出自塞种（Saka）。[3] 塞种即操东伊朗语的斯基泰人（Scythians）。古代西域是印欧人的游牧天堂，蒙古、突厥系的游牧人皆后来者。蒙古人种与高加索人种互为进退，主要在新疆东部和甘肃西部之间。《左传》说允姓之戎初居瓜州，他们很可能是印欧人或混有印欧人的血统。瓜州既有姜姓之戎，也有允姓之戎，两者相伴相随，正是活动于这一带。[4] 王国维治西北史地，尝为匈奴找源头。他说獯鬻、昆夷、猃狁即匈奴的前身，可能很有道理，[5] 但说鬼方是猃狁的前身则大谬不然。[6] 允姓来自西方（新疆和

---

[1] 王国维《鬼方昆夷猃狁考》，《王国维遗书》，第二册：《观堂集林》卷十三，5页正。
[2] 嵩县是陆浑戎所居，旧名陆浑。古人以山南为阴，陆浑戎也叫阴戎。
[3] 荀济《请废佛法表》引《汉书·西域传》："塞种本允姓之戎，世居敦煌，为月氏所迫逐，遂往葱岭南奔。"此说不见于今本《汉书》。
[4] 汉代常把西戎旧部混称为羌。顾颉刚说："通常一言羌人，便觉其在甘肃与青海，而不知其居于天山南路者正多也。"见氏著《天山南路之羌》见氏著《史林杂识初编》，69—73页。
[5] 匈奴是战国晚期崛起的族团，秦汉时期也叫胡（西人称Hun）。这一族团不断扩大，肯定包含许多不同的族群，但它的名称仍与獯鬻、昆夷、猃狁有继承关系。《史记·匈奴列传》把山戎、猃狁、荤粥、犬戎、赤狄、白狄和西戎八国统统当作匈奴的背景，这点似乎影响到王国维的判断，他是把鬼方与昆夷、猃狁视为一系。
[6] 王国维《鬼方昆夷猃狁考》视鬼方与昆夷、猃狁为一系，其说可商。第一，他举的出土器铭，梁伯戈铭之"卬（抑）魃（畏）方蛮"，实与鬼方无关；第二，他说獯鬻、昆夷、猃狁诸名皆畏、鬼二音之变，过于迂曲；第三，他虽承认"鬼方、混夷，古人无混而一之者，至混夷与獯鬻、猃狁，则又画然分而为二"，却仍以行文避复为辩，他所举例证，只有獯鬻、昆夷对举，猃狁、西戎对举，并无鬼方与獯鬻、混夷、猃狁对举；第四，鬼方的活动范围与猃狁的活动范围也不一样。他的全部论证，只能证明薰育、昆夷、猃狁为一系，不能证明鬼方与薰育、昆夷、猃狁为一系。

甘肃），中心在甘肃，属于西戎系统；媿姓来自北方（内蒙），中心在山西，属于北狄系统。王国维不别戎狄，把鬼方当猃狁的前身，此说不可从。

5. 姒姓：与上不同，来自东方（山西）。司马迁记姒姓12支，核心是夏后氏。夏人住在晋南、豫西。其他11支，杞、缯在山东，褒、莘在陕西，则是夏人扩张的结果。周人与他族联姻，除与姜姓互为姻娅，还娶姒姓女子。如文王后为太姒，幽王宠幸褒姒。太姒出自莘，[1] 褒姒出自褒。莘在陕西合阳，褒在陕西汉中。

6. 嬴姓：与上不同，来自东方（山东）。司马迁记嬴姓13支，主要是鲁南、苏北、皖北、豫东的土著，属于东夷和南淮夷。其中一支，西迁山西者为赵人的祖先，西迁甘肃者是秦人的祖先。嬴姓不仅与姜姓通婚（如大骆的配偶是申女），也与周王通婚（如秦武公的配偶是王姬）。[2]

二、《史记》的重要性

周、秦、戎是三角关系。西戎的中心在陇山西侧，周之旧都在岐山脚下。秦在陇山以东和岐山以西，正好在两者间。西周晚期，周、戎间的种种冲突，都与秦分不开。

《史记》讲秦，有两篇东西，一篇是《秦本纪》，一篇是《秦始皇本纪》，这是研究秦史的基本史料。秦立国前和立国后的历史，即秦国史，见《秦本纪》。《秦始皇本纪》只讲秦始皇的出身背景和生平经历，还有他的后继者秦二世，其实是秦代史，跟这里讨论的问题关系不大，但《秦始皇本纪》后附录了一篇秦世系，却很重要，是研究秦国史的重要参考。

---

[1] 文武图商，辛甲是股肱之臣，也出自莘。
[2] 李零《春秋秦器试探——新出秦公钟、镈铭与过去著录秦公钟、簋铭的对读》。

《史记》是以谱牒为框架的大历史，特别重视族源、世系和居邑、葬地。汉代和秦代，不仅年代相近，而且地土相袭。司马迁，世为太史公，遍览皇家图籍，他能看到的秦国史料最多。这些史料是萧何从秦代的皇家档案馆直接受，来源最可靠。

司马迁作《秦本纪》，他根据什么材料？答案是秦人的谱牒，即著名的《秦纪》。《秦始皇本纪》附录的秦世系，前人称为"别本《秦纪》"。这两篇东西，有些说法不一样，司马迁是以《秦本纪》为主，而以《秦始皇本纪》后面的秦世系为辅。他是把后者当这两篇本纪的附录。[1]研究秦世系，我们还是要以《秦本纪》为主。

《秦本纪》讲秦人的族源，主要是从中潏讲起。司马迁说，中潏父为戎胥轩，母为申侯之女，早在商周之际就投奔周人，定居西垂（西犬丘，在甘肃礼县），和戎人住在一起。中潏生蜚廉，蜚廉二子：长为恶来革，是秦人的祖先；幼为季胜，是赵人的祖先。恶来革以下的世系是：女防—旁皋—太几—大骆。大骆有二子：成与非子。非子养马有功，周孝王想立非子继嗣大骆，但阻于申侯之言，不得立，别封于秦。真正继承大骆的是成，而非非子。非子封秦前，只有秦人的族源史，没有秦史。我们不能把秦人的族源史与秦史混为一谈。

司马迁讲这一段，中潏到蜚廉和蜚廉二子，有些细节还不太清楚，恶来革到大骆只有五世，恐怕短了点。但大骆以下的世系比较可靠。大骆之族，活动范围主要在陇山西侧的天水一带，西有甘谷，南有礼县，北有秦安，东北有清水、张家川，没问题。问题主要是，大骆一支的居地并不等于秦人的居地。

---

[1]《史记》叙事，特点是兼存异说、各从主述，比如同一件事，有好几种说法，彼此不一样，怎么办？他的办法是采取口述史学的办法，讲秦以秦的史料为主，讲楚以楚的史料为主，彼此矛盾没关系。即使同一个国家或同一个人，只要有不同说法，也要适当保留，以一说为主，他说为辅。比如他讲老子，居然有三种说法。其实，西方古典作家写历史照样有这种体例。比如希罗多德的《历史》就是如此。

秦在什么地方？司马迁的描述是：

非子居犬丘，好马及畜，善养息之。犬丘人言之周孝王，孝王召使主马于汧渭之间，马大蕃息。孝王欲以为大骆适（嫡）嗣。申侯之女为大骆妻，生子成为适（嫡）。申侯乃言孝王曰："昔我先郦山之女，为戎胥轩妻，生中潏，以亲故归周，保西垂，西垂以其故和睦。今我复与大骆妻，生适（嫡）子成。申骆重婚，西戎皆服，所以为王。王其图之。"于是孝王曰："昔伯翳为舜主畜，畜多息，故有土，赐姓嬴。今其后世亦为朕息马，朕其分土为附庸。"邑之秦，使复续嬴氏祀，号曰秦嬴。亦不废申侯之女子为骆适（嫡）者，以和西戎。
…………

文公元年，居西垂宫。三年，文公以兵七百人东猎。四年，至汧渭之会。曰："昔周邑我先秦嬴于此，后卒获为诸侯。"乃卜居之，占曰吉，即营邑之。

这里，用着重号标注的句子意思很清楚：第一，非子为周孝王养马，在"汧渭之间"，即渭水以北，汧、陇之间；第二，周孝王"分土为附庸"，"邑之秦"，肯定在岐周附近；第三，文公东猎，卜居营邑，在"汧渭之会"。"汧渭之会"是汧水、渭水交汇处，与非子所封是同一地点，这一地点在宝鸡地区。

秦亭说或清水说，见《史记·秦本纪》的注释：
1.《史记集解》引徐广《史记音义》："今天水陇西县秦亭也。"
2.《史记正义》引阚骃《十三州志》："秦亭，秦谷是也。"
3.《史记正义》引李泰《括地志》："秦州清水县本名秦，嬴始邑。"

这三条材料皆晚出。徐广为东晋人，阚骃是北魏人，李泰是唐代人。学者宁信徐广、阚骃、李泰，不信司马迁，这是没有道理的。

学者要想否定"汧渭之会"说,司马迁是座绕不过的大山。

三、周、秦与西戎

周、秦与西戎有不解之缘。

戎字常与西字连在一起,狄字常与北字连在一起。[1] 周、秦起于西北,与戎、狄是老邻居。

这里所谓"西戎",主要指来自青海、新疆,聚集在河西走廊和陇山两侧,并沿渭水向山西、河南转进的民族,不包括陕西、山西、河北的姬姓之戎,以及属于北方系统的山戎(也叫北戎和无终戎)。

古书对西戎有什么记载?

(一)《尚书》

古书提到西戎,以《尚书》为最早。《舜典》说尧逐四凶,"窜三苗于三危"。"三苗"不是今苗族,而是住在三危山(在今敦煌、瓜州)一带的三支西戎。《禹贡》讲雍州,西界在黑水(今党河)、三危山,北界在弱水、合黎山。这二山、二水都在今甘肃西部。它提到"三危既宅,三苗丕叙",下文作"昆仑、析支、渠搜,西戎即叙"(今本错在雍州节最后),昆仑、析支、渠搜,就是《尚书》的"三苗"。这三支西戎都是逐水草而居,顺黄河北上,从青海进入甘肃。[2] 他们最理想的居地,当然是河湟之地和甘肃东部,但受华夏势力挤压,被迫往西走,住在河西走廊的西

---

[1] 王国维《鬼方昆夷猃狁考》:"戎者兵也,……其字从戈从甲,本为兵器之总称,引申之,则凡持兵器以侵盗者,亦谓之戎。""狄者远也,字本作逖,……后乃引申之,为驱除之于远方之义。"戎字亦指兵车。逖字亦作逷。前说或有可能,后说则非。狄是外来语,即丁零、铁勒、敕勒的早期译名。

[2] 李零《禹迹考——〈禹贡〉讲授提纲》,《中国文化》第39期(2014年春季号),69—70页。

端。《左传》提到的瓜州之戎可能就是这三支西戎的后代。

(二)《尚书大传》

周人的历史,从一开始就与戎狄分不开。如《尚书大传》把文王决虞芮之讼当文王受命之年,第二年伐于(即盂),第三年伐密须,第四年伐畎夷,第五年伐耆(即黎),第六年伐崇,第七年卒,其中就有伐畎夷。《史记·周本纪》也提到这七年之事,但顺序不一样,"畎夷"作"犬戎"。犬戎见《逸周书·王会》、《左传》闵公二年等。王国维认为,犬戎是猃狁在东周时期的名称。[1]

(三)《诗经》

猃狁是西周时期的允姓之戎。猃狁为祸,周伐猃狁,主要在西周晚期。猃狁见《小雅》的《采薇》、《出车》、《六月》、《采芑》,字作"玁狁"。王国维说,这些篇章都是厉、宣之际的作品,西周金文提到玁狁,也主要在这一段。[2]

(四)《左传》

《左传》提到两支戎人,都是因秦穆公伐戎,被迫东迁,归附于晋者。一是上面提到的姜姓之戎,旧居瓜州,后迁山西;二是上面提到的允姓之戎,旧居瓜州,后迁河南。

(五)《史记》

《史记》讲周史,有《周本纪》;讲秦史,有《秦本纪》。西戎无传,

---

[1] 王国维《鬼方昆夷猃狁考》,《王国维遗书》,第二册:《观堂集林》卷十三,12页正。
[2] 王国维《鬼方昆夷猃狁考》,《王国维遗书》,第二册:《观堂集林》卷十三,10页正—11页正。

只是作为戎祸和被讨伐对象,被这两篇文献顺便提及,再不然,就是当匈奴的背景,放在《匈奴列传》讲。《秦本纪》说,周人靠申、骆通婚以和西戎,西部也曾相对安定。但西周晚期,戎祸渐起。犬戎灭犬丘大骆之族,秦仲伐戎,战死于戎。庄公虽收复西犬丘,但戎祸已蔓延到陇山以东。其后,周幽王废申侯女而宠褒姒,导致申侯勾结犬戎灭西周。秦襄公将兵救周,护送周平王东迁洛邑,"平王封襄公为诸侯,赐之岐以西之地。曰:'戎无道,侵夺我岐、丰之地,秦能攻逐戎,即有其地'"。襄公伐戎至岐,卒。文公卜居汧渭之会,迁都陈仓,收岐以西之地,岐以东,献于周,这才站稳脚跟。

文公以后,秦伐戎,主要有下述事件:

1. 秦宪公伐亳戎(亳戎都荡杜,在陕西西安),见《秦本纪》。

2. 秦武公伐彭戏氏(在陕西白水)、邽戎(在甘肃清水)、冀戎(在甘肃甘谷)、小虢(在陕西宝鸡市陈仓区虢镇),设邽、冀、杜、郑四县,见《秦本纪》。

3. 秦穆公伐西戎八国:绵诸(在甘肃天水)、绲戎(即犬戎,在甘肃礼县)、翟戎(在甘肃临洮)、豲戎(在甘肃天水)、义渠(在甘肃庆阳、平凉)、大荔(在陕西大荔)、乌氏(在宁夏固原)、朐衍(在陕西定边),见《匈奴列传》。这八个国家,绵诸、绲戎、翟戎、豲戎在陇山以西;义渠、大荔、乌氏、朐衍,除大荔偏东,在陇山以北。

4. 秦孝公西斩豲戎之王,见《秦本纪》。

5. 秦惠文王伐义渠,取25城以为县,见《秦本纪》。

6. 秦昭襄王灭义渠,设陇西、北地、上郡,筑长城以拒胡,见《秦本纪》。

上述诸戎,分布甚广,但与周、秦关系最大,还是陇山西侧的天水一带。

天水一带是西戎各部的活动中心。如清水县白驼遗址、张家川县马家塬遗址和秦安县王洼遗址，都是战国中晚期戎人的遗址。这一时期，戎人相继归附于秦，礼器多取秦式，但葬车、车马器、兵器和饰牌，仍保持戎人特点。其中最引人注目，是三号墓出土了一件铜茧形壶（M3:8）。茧形壶，古人叫椑榼，秦地很流行。铭文在器底，为阳文"鞅"。这个字是铸造，不是后刻，字体与商鞅诸器的"鞅"字如出一辙，显然是秦文字。商鞅，前356年为左庶长，前352年为大良造，卒于前338年，商鞅变法在前356—前338年之间，墓地测年正在这一时间范围内。

天水、甘谷是秦武公伐邽、冀戎所设的邽、冀二县。天水不仅有邽戎，也是绵诸戎和獂戎聚集的地方。当时的邽县包括清水县。秦代从邽县分出上邽县，上邽故城在清水县城的西北。张家川是西汉陇县。礼县是西垂（西犬丘）所在，既是大骆之族的旧都，也是秦庄、襄二公的新邑。绲戎即犬戎，与之比邻而居。犬戎是住在犬丘（西犬丘）的戎。

清水、张家川靠近陇山，是关陇大道所必经。清水有秦亭村，位于清水县城以东，秦亭镇以西。秦亭村有北魏太和二十年残碑（现存百家村秦乐寺）。其东北盘龙村有清道光二十二年重修关山驿路碑。翻过陇山，山的东侧是今陇县。陇县店子村有秦的城址和墓地，有些考古学家说，这是襄公徙都汧的证据，陇县是襄公东进建立的新都。

其实，秦在秦亭说和襄公徙都汧说都靠不住，属于误用文献。我在《〈史记〉中所见秦早期都邑葬地》中已经澄清过这一点。

现在，考古学界，很多学者都把非子的封邑定在在甘肃清水县。理由是：目前，年代最早的秦遗址是清水李崖遗址，其次是甘谷毛家坪遗址，其次是天水的西山遗址、鸾亭山遗址和大堡子山墓地。他们相信，最早的秦不在陕西，而在甘肃。秦人是从清水，翻越陇坂，沿千河，从陇县经千阳到宝鸡到凤翔，一步步往东挪。所有文献记载的都邑，从西到东，按年代早晚，一个萝卜一个坑，都能找到相应位置，整个迁徙是一条线。

我不同意这种判断。

第一，问题不在年代，李崖遗址和毛家坪遗址，无论是否可以早到西周中期、西周早期甚至商代，都不能证明非子封在清水。因为秦是周孝王以来才有的概念，时间在西周中晚期之交。早于这一时期，只有大骆之族，没有独立的秦嬴，我们不能把大骆之族当作秦。

第二，清水秦亭距李崖遗址还有相当距离，当地没有任何考古证据，足以支持非子受封的秦就在秦亭，现在持清水说者也承认，秦不在秦亭。清水秦亭说出徐广，广为东晋人。其说晚出，并不能抹杀和代替司马迁的说法。秦在清水说肇于秦亭说，前提本身就有问题。

第三，秦亭以秦为名，这样的地名很多，不能证明秦在秦亭。秦亭以亭为名，从地名不难判断，只不过是古驿站。秦亭镇旧名秦亭铺，秦亭村旧名秦子铺。铺是驿站。秦亭只是关山驿路上的一个歇脚点。

至于襄公徙都汧说，我在《〈史记〉中所见秦早期都邑葬地》中也讲过，此说出唐《括地志》，不仅不见于《史记》，而且《括地志》引用的《帝王世纪》也非原文，其实是误用文献。

现在，为了探索秦文化，考古学家做了大量工作，积累了大量资料。考古材料和文献材料有矛盾，经常不是这两种材料本身有矛盾，而是我们对两者的关系吃不准，对它们的认识有矛盾。这里，关键不在考古可信还是文献可信，而在如何正确理解和运用这两种材料，把两者放在它们应有的位置上。这么多年，考古材料已经推翻了司马迁的说法吗？我看没有。

四、秦人是靠伐戎继周而崛起

嬴分两支，秦嬴在陇山东侧，骆嬴在陇山西侧，骆以和戎，秦以事周。秦人崛起是三部曲：西周晚期，戎势孔炽，先灭骆嬴，后灭西周，秦人收复西犬丘，护送平王东迁，周人弃土东逃，把西土留给秦，这是第一步；第二步，秦人从西犬丘出发，打回老家去，收复岐以西之地；第三步，秦人从宝鸡出发，一路上凤翔原，到岐山脚下，一路沿渭河走，向泾渭之会、洛渭之会、河渭之会不断挺进，代代伐戎，收复周人的故土。下面做一点讨论。

1. 商周考古，有所谓先商、先周，仿此，秦也有先秦。这个"先秦"不是指秦代以前的历史，而是指秦国以前的历史，即非子的族源世系。最近，清华楚简《系年》透露，武王克商后有武庚三监之叛，秦人的祖先"飞廉东逃于商盖氏（曲阜一带，即商奄）。成王伐商盖，杀飞廉，西迁商盖之民于朱圉（朱圉山），以御奴虘之戎（指西戎），是秦之先，世作周幹。周室既卑，平王东迁，止于成周，秦仲（秦襄公之误）焉东居周地，以守周之坟墓，秦以始大"。[1] 看来，嬴姓西迁，初居甘谷，后居礼县。礼县，古名西垂，也叫西犬丘，秦汉叫西县，秦人祭祀白帝（嬴姓始祖）的西畤就在西县。西垂一支，周孝王时有大骆。大骆二子，成以嫡子顺继大骆，住在西垂，非子是旁支，别封于秦邑。成与非子是一家，他们的遗物，从考古文化讲是一个系统，无法从器物型式加以划分，但骆嬴、秦嬴是两支，不能混为一谈。我们即使在甘肃境内发现早于西周晚期而又与秦有联系的东西，也不能认为就是秦的东西。

2. 秦之称秦，当从非子封秦算起，非子以前居西垂者，只有大骆一族。司马迁讲得很清楚，非子封秦，是周人"分土为附庸"，肯定住在岐周附近，而不是西垂附近。而且这个地点很具体，就是"汧渭之会"。清水也好，陇县也好，都不能叫"汧渭之会"，只有宝鸡才能叫"汧渭之会"。非子为孝王养马，封秦之前，或在汧陇一带（关山牧场一带），[2] 但

---

[1] 李学勤主编《清华大学藏战国竹简》（贰），上海：中西书局，2011年，下册，141—143页。这里所录是破读后的宽式释文。
[2] 其实，从陇县到千县到宝鸡到眉县，整个汧渭流域，都适合养马，如眉县杨家村出土盠驹尊就是很好的证明。

周人赐邑，还是在汧渭之会。秦与周密迩相处，还有一个证据。司马迁曾四次引用周太史儋的预言，"始周与秦合而别，别五百载复合，合十七岁而霸王者出焉"（《史记·周本纪》等），他说的"始周与秦合"指非子封秦，与周比邻而居，"而别"指秦襄公护送平王东迁洛邑，"别五百载复合"指平王东迁到秦灭周，中间隔了500年。"合十七岁而霸王者出焉"指秦王政灭周后17年，大举攻赵，由此揭开秦灭六国的序幕。我们从这段话看，秦与周本来住在一起，这点没法否认。

3. 申是西戎之首，既与周联姻，也与秦联姻，对安抚西戎最重要。西周晚期，周宣王宠褒姒，废申侯之女所生子，西周是被申侯勾结犬戎攻灭。犬戎即绲戎，学者多已指出，即西周金文屡见的猃狁。戎族之号，多冠居地，如邽、冀、翟、獂诸戎，莫不如此。犬戎之所以叫犬戎，当是因为住在犬丘（西犬丘）。犬丘不仅是犬戎所居，也是大骆所居。大骆妻是申侯女。司马迁说，大骆二子，周孝王更喜欢非子，想立非子为大骆的继承人，申侯坚决反对，理由是申骆联姻，西戎皆服，您能把王位坐稳，关键在这里。因此周孝王才把非子封在秦，号曰秦嬴。这个秦嬴是从骆嬴分出，别为一族。基于这一史实，我有一个概括：陇右为骆（骆嬴），陇左为秦（秦嬴）。骆与戎住一块儿，在陇山西侧；秦与周住一块儿，在陇山东侧。骆嬴是用来安抚西戎，秦嬴是用来入事于周。我认为，不别骆、秦是所有误解的根源。

4. 秦世系，非子—秦侯—公伯—秦仲四世是头一段。这一段，秦的都邑、葬地在汧渭之会。非子"赏宅"是秦史的第一件大事。其年代可从后面三代逆推。秦仲在共、宣时（前844—前822年），很明确。公伯立三年（前847—前845年），秦侯立十年，皆厉王时（前855—前846年）。非子跨孝、夷、厉三王（前？—856年），孝、夷在位短，主要活动当厉王时。西戎灭大骆之族在厉王末年，当秦仲三年（前841年）。这以后才只有秦嬴，没有骆嬴。西戎灭骆嬴，是西戎灭西周的先兆。

5. 秦公簋有"十又二公"。这十二公从谁算起？或说庄公，或说襄公，我认为，毫无疑问，应从庄公算起。襄公受封诸侯，秦器称为"受国"，当然是秦史上的大事，但庄公收复西犬丘，也是秦史上的大事。《史记》讲得清清楚楚，他是秦公，为什么不算？庄公西略伐戎，在宣王时。从此，秦人才放弃秦邑，以西垂为都，代替骆嬴一支，作西垂大夫。我们要知道，这是平王东迁的前提，也是秦史上的大事。庄公称公，跟武王取天下，仍尊其父为文王一样，古代帝王往往如此。庄公、襄公居葬在西垂，司马迁讲得清清楚楚，没问题。大堡子山有两座秦陵，不管是两个公各居其一，还是同一个公夫妻分葬，都只能是这两个秦公或其中的一个。在这二公之前，在这二公之后，西垂没有秦公的陵墓。

6. 犬戎灭西周，司马迁讲得很清楚，周平王弃土东逃，与秦襄公誓，最初只是让他收复"岐以西之地"。"岐以西之地"正是宝鸡，即秦人的老家。他虽伐戎至岐，但没能取得最后胜利，就死了。文公继续伐戎，才真正打回老家，岐以西归秦，岐以东献周。《史记·秦本纪》说："文公元年，居西垂宫。三年，文公以兵东猎。四年，至汧渭之会。曰：'昔周邑我先秦嬴于此，后卒获为诸侯。'乃卜居之，占曰吉。"司马迁讲得很清楚，文公新都和非子初封，两者在同一区域。这个新邑，现在还没找到，但毫无疑问，应在汧渭之会，即宝鸡一带。此话不能理解为人封在清水，但仪式在宝鸡举行。

7. 文公新邑与非子故都同在宝鸡，这里有四个祭祀遗址，有助于定它的大致范围。第一，五岳之前，只有四山称岳（泰山、霍山、嵩山、吴山），当时秦人的神山不是华山，而是吴山，吴山古称岳山，在宝鸡西北。顾颉刚认为，最早的岳山是这座山，姜姓所出的"四岳"就是这座山。[1]第二，文公梦黄龙，建鄜畤于凤翔三畤原上，在宝鸡东面。第三，文公祭

---

[1] 顾颉刚《四岳与五岳》，收入氏著《史林杂识初编》，北京：中华书局，1963年，34—45页。

陈宝，建陈宝祠于陈仓北阪城，陈仓北阪指贾村塬。第四，文公祭南山丰大特，建怒特祠于宝鸡南山，宝鸡南山也叫陈仓山。

8.宝鸡以千河分东西，渭河分南北，是秦人的龙兴之地，秦遗址多追随西周遗址。宝鸡旧名陈仓。陈仓之陈与陈宝有关。陈宝见《尚书·顾命》，列于宝石中，其实是陨石。陨星下落，穿越大气层，呼啸而过，有如鸡鸣。古人有许多传说，说陈宝是宝鸡所化，唐以来以宝鸡名县就是根据这类传说。《封禅书》说，"作鄜畤后九年，文公获若石云，于陈仓北阪城祠之"。陈仓北阪城是获石之所，应即最早的陈仓城。汉陈仓城在宝鸡斗鸡台。斗鸡台一带出土过很多著名的西周铜器。陈仓以仓为名，恐怕与漕运有关，如孙家南头遗址，不仅有春秋秦国大墓，也有汉代仓储遗址。汉陈仓城虽不必等于文公新邑，但文公新邑应在今宝鸡市陈仓区一带，还是八九不离十。

9.《史记·秦本纪》说，文公居西垂宫，葬西山；宪公徙居平阳，葬西山；武公居平阳封宫，葬雍平阳，未及出子。《秦始皇本纪》不同，作文公居西垂宫，葬西垂；宪公居西新邑，葬衙；出子居西陵，葬衙；武公居平阳封宫，葬宣阳聚东南。文公新都既然在宝鸡，陵随邑转，自应以《秦本纪》为是，也在宝鸡。《秦始皇本纪》的"葬西垂"是"葬西山"之误。西山，或本作岐西山，不在西垂，《帝王世纪》《括地志》谓即"岐州陈仓县西北三十七里秦陵山"。从方向和距离估计，可能在宝鸡市金台区陵原村一带，即大唐秦王陵（李茂贞墓）附近。宪公徙居平阳，也叫西新邑，旧说在阳平镇，现在多认为在阳平镇西边的太公庙。宪公葬地，《秦本纪》作西山，《秦始皇本纪》作衙，似乎是一回事。衙也可能就在西山一带。这个衙在哪里？过去我有一个大胆推测，衙即茹家庄、纸坊头、竹园沟出土铜器铭文上的弓鱼国之弓鱼（古音相同）。这三个地点，茹家庄、竹园沟在渭河南，与姜城堡、益门为一线，都在清姜水东岸。纸坊头在渭河北，正好在陵原南。当然这是假说，但其地点总以不离宝鸡者为是。武公葬宣阳聚东南，宣阳聚是平阳城下面的小聚落。宝鸡出土春秋秦铜器，地点很多，如金陵河以西有福临堡，千河以西有斗鸡台，千河以东有孙家南头、太公庙、大王村、阳平镇（秦家沟），从西到东，大体在一条线上，都在渭河北岸。渭河南岸则有渭滨区的姜城堡，与福临堡隔河相望。我怀疑，秦文公以来的四个秦君，其都邑、葬地是以汧渭之会为中心，大体沿渭河一线分布，在其上下，并逐渐向凤翔原东移。最近，太高庙探出大型车马坑，与从前出土秦公钟镈的祭祀坑很近，尤其值得注意。

10. 我相信，不仅非子故邑、文公新都可能在宝鸡，宪公、武公的西新邑平阳也应在这一带。我对秦在宝鸡说很有信心。秦史虽可上溯到周孝王，当西周中晚期之交。但秦真正崛起和壮大主要是庄、襄二公以来。我的印象，秦国铜器，似乎没有比大堡子山更早。不其簋是不是秦庄公的铜器，恐怕还不能最后敲定。秦式陶器，虽可上接西周，但数量最多还是周室东迁后的东西。陇山东侧，从西周晚期到春秋战国，序列比较完整。陇山西侧，虽有早一点儿的东西，但缺晚期的东西，特别是战国的东西。河西四郡设于西汉，河西走廊几乎看不到秦的东西，就连秦代的东西都没有，发现最多，主要是魏晋以来的东西。秦早期，非子以后和武公以前，除庄、襄二公，中心始终在宝鸡。秦是面向东方，踩着西周的脚印，一步步向东挺进，故都邑、葬地紧随其后，如雍城是傍岐周，咸阳是傍宗周（沣镐）。伐戎是巩固后方，继周是向前推进，更高目标是挺进中原。当然，这是后话。

2014 年 10 月 13 日写于北京蓝旗营寓所